吴颖惠　王陆　江虹◎著

变革与治理：
大数据时代的教师
专业发展

北京师范大学出版集团
BEIJING NORMAL UNIVERSITY PUBLISHING GROUP
北京师范大学出版社

图书在版编目(CIP)数据

变革与治理：大数据时代的教师专业发展/吴颖惠，王陆，江虹著.—北京：北京师范大学出版社，2021.12（2023.12 重印）

（现代极简教育技术丛书）

ISBN 978-7-303-27275-4

Ⅰ．①变… Ⅱ．①吴…②王…③江… Ⅲ．①师资培养—研究 Ⅳ．①G451.2

中国版本图书馆 CIP 数据核字（2021）第 194100 号

图书意见反馈：gaozhifk@bnupg.com 010-58805079
营销中心电话：010-58802755 58800035
北师大出版社教师教育分社微信公众号 京师教师教育

BIANGEYUZHILI：DASHUJUSHIDAIDEJIAOSHI
ZHUANYEFAZHAN

出版发行：北京师范大学出版社 www.bnup.com
　　　　　北京市西城区新街口外大街 12-3 号
　　　　　邮政编码：100088
印　　刷：保定市中画美凯印刷有限公司
经　　销：全国新华书店
开　　本：787 mm×1092 mm 1/16
印　　张：14.5
字　　数：229 千字
版　　次：2021 年 12 月第 1 版
印　　次：2023 年 12 月第 2 次印刷
定　　价：60.00 元

策划编辑：王剑虹　　　　　　责任编辑：王玲玲
美术编辑：焦　丽　　　　　　装帧设计：李尘工作室
责任校对：康　悦　　　　　　责任印制：马　洁　赵　龙

序

本书是首都师范大学王陆教授的团队与北京市海淀区教育委员会合作的"靠谱 COP"(The Teacher's Online Communities Of Practice，简称"靠谱 COP")项目的研究成果。"靠谱 COP"是一个视课堂为教师专业学习的场所，且基于大数据循证的教师教学行为改变支持系统，也是一种以大数据证据为决策与行动依据的教师专业发展实践范式。作为一种以科学化方式解决教师教育实践问题的全新范式，"靠谱 COP"还是一个由中小学教师、学科教研员和大学专家与助学者组织起来的学习型组织。目前，"靠谱 COP"项目已在全国 26 个省级行政区的 500 多所项目学校中推广应用，成为教育大数据领域中大学研究者与中小学教师合作的成功案例。

海淀区是北京市的科技文化教育大区，海淀区教育委员会高度重视教育科研工作，积极与王陆教授的团队合作，组织开展了"海淀区教师素养提升课堂大数据分析项目"，选择了海淀区 30 多所实验学校，历经三年的持续实验和研究，取得了丰硕的研究成果，用大量课堂教学行为数据，勾画出了教师专业发展的"实践路径"，建立起了教师专业发展的"实践模型"。本书是"靠谱 COP"项目在海淀区开展实验的经验与智慧的结晶，全面概括了项目实施三年来的实践研究过程、经验和反思结论，并依据大数据教育理论进行了科学阐述。

首都师范大学与海淀区教育的合作，充分证明了 U-S 协作型（University-School Collaboration）专业学习共同体在实践当中的可行性。为了帮助实验学校实现内涵发展，王陆教授的团队积极引入了优质的高校专业资源，与区域教育科研部门建立了长达五年的合作伙伴关系，并扎根海淀区学校三年，开展了基于大数据的教师专业发展研究，构建了一整套促进教师实践性知识增长的大数据支持体系，形成了不同视角、不同理念和不同话语体系的多元化实践研究体系。U-S 协作型专业学习共同体的建立，构建了大学与中小学的理想的合作伙伴关系，实现了大学与中小学的交流互动、共同发展。

海淀区教育科学研究院作为该项目的合作研究单位，委派专职研究人员，全程参与该项目的研究过程。项目组中，大学与中学教师联合借助大数据信息化手段，真实记录并深度分析了教师的课堂教育教学行为大数据，积累了大量的数据、教学课例、教学设计、教学案例等研究素材，通过基于综合证据链的全面分析和精准呈现，引导教师从全新的角度正视自身在课堂教学中的问题，促进教师不断自我更新、自我完善、自我专业发展，充分激发了教师的专业成长潜能。在实验学校里建立了一个又一个极为活跃的基于大数据循证的校本研修团队，聚焦课堂教学核心问题，组织开展集体备课、磨课，依据核心问题构建教学问题链，促使教师深刻理解学科育人本质，在课堂教学实践场景中促进教师专业发展，以学生核心素养的提升为落脚点，有效提高了实验学校的办学水平和教育教学质量。

"靠谱 COP"项目在海淀区的成功实践，在理论方面进行了创新性突破，在实践方面积累了丰富的经验，创立了一种新型的大学与中小学的合作模式，成为基于大数据循证的教育改革实践典范。总体来看，项目研究人员达成了以下教育共识。

第一，大数据应用正在深刻推动教育变革。

大数据时代的到来撬动着社会的发展，使人类的生活方式、产业发展、组织结构发生巨变。教育是大数据的重要应用领域，基于大数据的精确的教学诊断、个性化的分析与智能决策支持，在提升教育品质、提高教育质量、优化教育治理方面发挥着重要的作用。大数据在教育领域的深度应用，成为教育现代化进程的重要推手。无论是从思维、技术的角度来看，还是从学科的角度来看，基于大数据的数据思维原理、数据价值原理、知识发现原理、数据科学原理、数据治理原理都成为驱动教育变革的核心原理，为大数据驱动教育变革的实践探索提供了理论支持。

"靠谱COP"项目的特点和优势就是借助信息化手段，将大数据分析技术应用于学校管理与教育教学的各个方面，课堂是学校教育的主阵地，教育改革必须以课堂变革为突破口。项目组高度关注课堂教学的行为数据，借此聚焦教师教育思想与理念的变化，赋予数据重要的教育理论价值和实践指导意义。在此基础上，通过解读数据来审视一所学校内涵发展和教师专业发展的现实问题，构建教师专业发展的实践模型，寻找教师专业发展的实践路径，并以此为抓手，为学校内部治理体系开拓出一条新路径。

第二，大数据分析提升课堂观察的科学化水平。

"靠谱COP"项目致力于将大数据应用于中小学的课堂观察中，依托大数据进行综合分析与挖掘，以教师教学行为的改进为突破点，寻找解决课堂教学问题的新途径和新方法，推动以大数据技术为核心的课堂观察方法与技术的发展。在海淀区"靠谱COP"项目的实施过程中，项目组通过对实验学校进行课堂观察与分析，开展了基于大数据的循证研究，基于课堂教学行为大数据的教学诊断能够解决"拍脑袋"式的凭借个人经验与主观判断做出评价的听评课的弊端；通过量化课堂中的教与学行为，帮助教师精准找到课堂教学中的难题；通过对问题进行深入剖析促使教师对自己习以为常的做法进行反思，进而产生重构、发展自身实践性知识的强烈意愿。

借助课堂教学行为大数据分析，"靠谱COP"项目能够实现对教师实践性知识在二级维度和三级维度上的变化与发展情况的动态监控，及时调整助学策略，为不同群体的教师提供与其相匹配的学术支持服务、认知支持服务以及情感支持服务，从而持续推动教师实践性知识的发展。项目组借助抽象概括的方法与技术以及思维可视化工具，以课堂教学行为大数据为抓手，对教学中优秀的经验、方法与策略进行梳理和提炼，借助教育叙事研究报告、教师反思数字故事、优秀教学设计、教学研究论文等多种形式进行成果固化。基于大数据的课堂观察研修活动，强化了教师间的联结与交流，促进了不同教师群体间的有效的知识流动，促进了教师间的优势互补。

第三，大数据促使教师实践性知识快速增长。

教师实践性知识是教师对自身教育教学经验进行反思和提炼后形成的知识，具有动态生成性、内隐性、缄默性和个人性四个特征，体现了教师对于教育教学原理的认知与体验，是教师在实践过程中形成的教育教学经验类知识，也是教师专业发展的基石。教师实践性知识主要包括教育信念、自我知识、人际知识、策略知识、情境知识和反思知识。如果说教师的理论性知识可以通过读书、听课获得，那么教师的实践性知识就是在教育教学实践中使用和表现出来的知识。

大数据与互联网、云计算等信息技术相互作用，为教师构建了在线协同发展社区。比如，实验学校的教师可以将自己的教学案例上传到教师在线实践社区中，这个社区为教师共享、协同建构、优化创新实践性知识提供了平台，有利于教师研修共同体的建构。"靠谱COP"项目通过大数据分析，建立了课堂教学行为大数据资源库、优秀课例视频资源库、教师反思数字故事资源库、教育研究资源库等，为研修教师发展自己的实践性知识提供了优质的学习资源。在教师在线实践社区中，教师可以与来自不同学校、不同区域，甚至不同省市的教育同行开展研修活动。同时，项目组可以利用大数据的知识发现技术动态跟踪教师的研修行为与内容，并进行实践性知识分析，促进教师不断优化与改进课堂教学实践，形成新的策略，不断促进自身的实践性知识水平的发展与提升。

第四，大数据促使教师从经验反思走向循证实践。

教师专业发展是一个内外兼修的过程，大数据为这一过程提供了可视化路径，使教师的专业发展不再囿于自身经验和他人经验，而是走向循证，使教师建构专业认知系统的每一步都有据可循。融合大数据，对内建构专业化的知识系统，对外开展专业化的教学实践，建构起大数据时代的教师专业发展新路径，驱动教师专业发展秉持教育数据思维，发现有价值的、能表征教师发展的数据，使教师成长轨迹可视化，发掘优点与不足，有证可循，有据可依，以大数据驱动教师专业发展方向的确立。

教师的学习与工作无法一分为二，教师需要的不是简单地获得知识，而是在教学实践中对知识进行检验、反思、修正，可以说，教师专业成长是一个理论、实践、反思相整合的过程。在基于大数据的校本研修的过程中，教师以课堂教学行为大数据为证据支架，通过集体研讨和自我反思，将隐性的、模糊的、碎片化的个人体验，进行显性化、结构化和社会化，形成初级的本土教学理论，并在教学实践中不断地对这些理论进行补充和完善，使之能够迁移运用到不同学科、不同学段的相似教学情境中。

第五，大数据助推建立循证的学校治理模式。

学校循证实践是指学校基于证据的连续的、动态发展的实践活动。在大数据时代，学校有条件也有必要进行循证实践。学校发展过程中诸多的现实问题，都是办学实践中的问题，仅凭长年累月积累的教育经验与智慧有时难以解决，也难以取得令人信服的科学结论。大数据时代的便利就在于，借助一定的技术、平台支撑，大量的关于学生、教学过程、学校管理等方面的数据得以被保存、分析和提取，为循证实践提供了现实可能性。如果校长能够以挖掘的大数据中隐含的信息为证据，并依循这些证据来改进、提升、优化学校各项工作，那么，借助证据的佐证，将会得到更加符合教育规律、符合师生成长规律的方案，从而助力学校更加专业、科学、精准地解决现实问题，推动学校教育质量和育人品质走向不断优化、不断提升之路。

进入21世纪，强调证据的检索、筛选、运用和评价等，是教育科学发展、理性发展的时代精神的体现，更是大数据时代学校改革与发展的题中之义。循证实践是学校遵循科学和理性原则发展的行动证明，也是提升学校办学水平和教育质量必不可少的方法论指导。在错综复杂的改革条件与背景之下，在优质教育资源有限的前提之下，在学校特色发展、师生多元发展的需求之下，学校需要通过循证来把握本质、厘清关系、揭示因果，以此有效和有力地回应学校改革与发展中的种种问题，并对未来行动进行坚实可信的论证和建构。面向未来，循证理念为学校改革与发展提供了理论建构思路和实践改进方向，为学校开展各项工作有证可循、依证实践，促进优质教育资源价值最大化创造了一种可能性，并为学校在大数据支持和保障之下迈向高质量发展的新征程提供了具体可操作的方法。

总之，在教育高质量发展的时代，百姓的教育需求发生了显著的变化，即从原来的"有学上"发展为现在的"上好学"。学校必须借助教育信息化技术手段走上重品质、重内涵的发展道路。大学与中小学联合建立起紧密合作的协同发展共同体，通过大数据的循证实践，能够帮助中小学进行资源基础、文化特点、课程特色、教师培训、课堂教学等多个层面的数据诊断分析，促进中小学开展科学的教育改革实践，为区域基础教育优质均衡发展贡献思路与智慧。"靠谱COP"项目在海淀区的教育改革实验，无疑是一项值得推广的、科学有效的实践范式，为我国建立高质量基础教育服务体系提供了典型范例。同时，也探索出了一条以教师专业素养提升为核心的，依托互联网大数据技术推进学校内涵发展的实践新路径。

首都师范大学党委书记、校长

2021 年 9 月

在信息化时代，大数据在社会各领域中快速渗透，并应用广泛，习近平总书记提出："要运用大数据提升国家治理现代化水平。要建立健全大数据辅助科学决策和社会治理的机制，推进政府管理和社会治理模式创新，实现政府决策科学化、社会治理精准化、公共服务高效化"。互联网技术、物联网技术、5G 网络技术和人工智能等的快速发展，将教育的变革与治理推入大数据时代的浪潮之中。

"教育，需要技术。"这是 2021 年全球智慧教育大会召开期间被专家学者反复提及的一句话。技术不但可以为破解眼下的教育难题提供一定的方法和路径，也为教育面向未来的高质量发展提供了创新的支点和思路。尤其是开始实施"十四五"规划后，我国教育改革与发展的内、外部环境正在发生深刻变化，面向未来，人才培养目标更高，优质资源相对有限，教育决策更需要在遵循客观规律的前提下，借助大数据的分析与诊断，得出科学、优质、精准的证据，循证施策，提质增效。可以预测，大数据在促进教育高质量发展方面的地位和作用将会越来越重要。使教育发展步入重视数据、重视实证的新阶段，这是大数据时代教育改革的阶段性新特点。

当前，在教育实践领域，中小学在借助教育大数据进行决策、管理、优化教育教学等方面已经积累了一定的经验。自教育部 2018 年 4 月印发《教育信息化 2.0 行动计划》以来，教育信息化不断升级，技术作为教育变革的重要支持条件，进一步推动了信息技术与教育教学的深度融合。总体来说，技术之于教育的价值正在从"外在"走向"内化"、从形式走向内容、从浅表走向深层，技术不仅改变了教育的不同要素以及要素之间的关系，还重构了教育教学的新生态。在思想观念层面，人们逐渐认同：借助大数据来为教育教学过程赋能、支持管理决策的科学化与精确化是教育发展不可回避的新课题；但从学校运行的实际情况来看，与传统的经验型决策模式相比，从理念认同升级到在学校常态运行中应用、普及、推广和熟练使用大数据，仍需要做很多开拓性、探索性和研究性的工作，仍需要汲取来自实践的营养，去反哺和滋养更多的实践。

本书是北京市海淀区教育科学研究院和首都师范大学的专家与研究人员在海淀区 30 余所实验学校的大数据和案例的基础之上，针对大数据时代学校变革与发展的新使命、面向未来培养人才的新任务和教育大数据开发与应用的新挑战而倾力打造的一本学术专著。全书以大数据时代教育改革与发展所发生的颠覆性变化和面对的种种挑战为出发点，全方位地展示了中小学校借助大数据挖掘学校发展优势，寻找优化学校管理、提高教师数据素养与专业能力、提升课堂教学质量的路径和方法；全程记录了大学专家与中小学校校长、教师发挥各自优势，以"研究共同体"的形式来深化理论与优化实践的"双赢"模式；同时，对教育大数据未来的应用与发展趋势进行了预判和展望，是一本集理论指导与实践案例分析为一体的方法论书籍。本书具有以下几个特点。

第一，探讨了大数据驱动教学变革的五大原理。

本书具有较高的理论站位。本书对大数据驱动教学变革的原理进行了深入剖析，提出驱动教育变革的原理包括数据思维原理、数据价值原理、知识发现原理、数据科学原理和数据治理原理，为全书写作奠定了坚实的理论基础。基于大数据驱动教学变革的五大原理，本书提出了大数据驱动教学变革的目的、方式和途径，即大数据驱动教学变革是以教学实践改进为变革目的，以教师实践性知识管理为变革方式，以教师专业发展为变革途径的。

第二，呈现了大数据赋能学校发展的多维景观。

书中展现了丰富的实践案例。本书写作的素材来源于"靠谱 COP"项目在海淀区为期三年的项目实践，从学校宏观发展到课堂细节改进、从顶层设计理念到实践推进路径、从学校管理者到教师等各个层面、各个维度、各个环节都是本书的关注重点，本书通过大量的案例，形象、直观地展示了大数据与学校管理、教育教学深入融合，从"数据"到"证据"的实践过程。例如，大数据如何帮助学校管理者聚焦学校发展的特色与优势，提升治理能力，促进学校内涵发展？大数据如何帮助教师还原真实课堂情境中的关键事件，形成多维互证的结论，提升数据分析能力？如何根据教师课堂大数据的特征和集体研修需求来设计和开展教师集体研修活动，切实提升教师的课堂教学能力？如何通过探索大数据驱动教师实践性知识发展的策略与路径来驱动教师教学实践转型升级？等等。我们对这些学校关注、教师关切的现实问题均进行了深入的研究和科学的论证。

第三，破译了普通教师专业发展的"成长密码"。

本书以教师实践性知识的相关理论为依据，通过大量的数据与实践案例，记录了多位教师在大数据的助力之下不断改进和优化自身教育信念、教学知识和策略，逐渐成长为反思性教学专家的过程。同时，通过数据分析，阐明了教师实践性知识的重构与优化对教师专业转型升级的决定性作用，提炼出了从"新手教师"到"优秀教师"的职业成长"秘籍"：通过介绍借助教师实践性知识的发展来落实教师知行合一，促进教师专业成长，凸显教师职业主体性等方法，实现了对教师专业转型升级内在机理的深度剖析。

第四，展现了大学与中小学合作探究的共赢模式。

"靠谱(COP)"项目是大学与中小学校合作开展研究的新模式，通过合作，大学专家为教师信息技术素养的提升及教学能力的发展提供了社会的、规范的、资源密集型的、持续不断的学习支持服务，以此促进教师实践性知识增长和专业能力发展；而中小学教师借助与大学专家及其助学者团队的合作，突破了其自身专业理论研究、技术应用的阈限，借助大数据技术多维度解析和改进课堂教学行为，实现了提升信息技术素养、改进教学行为和提高实验学校课堂教学质量的目的。同时，通过大学专家的理论、资源和技术支持，中小学教师突破了教师专业发展中的瓶颈，获得了教师专业发展中的跨越式改变。大学专家则通过与实验学校合作的项目实践，获得了更宽广的研究与实践场域，能够更深入地验证、修改、完善课堂行为大数据分析技术在教学改进方面的理论框架，为之后的深入研究积累更多的第一手数据和生动的案例。

当前，传统的依赖于经验的学校治理与变革模式正面临着"数据驱动学校、分析变革教育"的挑战，教育方面新的政策不断出台，教育体系不断更新，借助大数据进行赋能，改革的效率和质量将会大大提高。我们希望，借助本书将大数据赋能学校发展的"海淀案例""海淀模式"和"海淀经验"推广到更多的学校中，使"数据思维""循证思维"成为促进学校变革与发展的有效工具。重视证据的检索、筛选、运用和评价，这是教育科学发展、理性发展的时代精神的体现，更是大数据时代学校变革与发展的题中之义。放眼世界，大数据的处理与应用正逐步将教育推向重视数据、重视实证的新时代。面对时代迅猛变化带来的种种压力，面对面向未来培养人才的重任，面对必须不断变革以适应并引领未来社会发展的要求，我们仍需进一步认识、挖掘并释放大数据的价值，这是新时期学校改革与发展的新使命，也是促进教育高质量发展的必经之路。

吴颖惠

2021 年 9 月

目　录
CONTENTS

第一章

大数据驱动教育深度变革

近年来，物联网、云计算、移动互联网等信息技术高速发展，构建了一个广阔的信息化空间，在此空间中，我们的生活、学习逐步数据化。2012 年联合国发布了《大数据促发展：挑战与机遇》白皮书，指出"大数据时代已经到来，大数据的出现将对社会各个领域产生深刻影响"。随着海量数据成指数型增长，人类社会逐渐步入大数据时代。

大数据时代的到来撬动着社会的发展，人类的生活方式、产业发展方式、组织结构发生了巨大变化。教育是大数据的重要应用领域，基于大数据的精确的教学诊断、个性化的分析与智能决策支持，在提升教育品质、提高教育质量、优化教育治理方面发挥着重要的作用。大数据的教育应用正在深刻推动教育领域的变革。本章主要从大数据驱动教育变革的原理、教育大数据原理导向下的教育深度变革这两个层面展开，探讨大数据何以推动教育深度变革，以及教育怎样实现深度变革，诠释大数据驱动下的教育深度变革。

【基本原理】

随着教育信息化进程的不断推进，大数据在教育领域得以深度应用，成为教育现代化进程的重要推手。无论是从思维、技术的角度来看，还是从学科的角度来看，基于大数据的数据思维原理、数据价值原理、知识发现原理、数据科学原理、数据治理原理都成为驱动教育变革的核心原理，为大数据驱动教育变革的实践探索提供了理论支持。

在大数据时代，数据渗透到人类生产生活的每个角落，已经成为诸多行业和领域中解决问题必不可少的手段和工具，在教育领域中亦是如此。诸如学校拥有的环境资源、师生在教学过程中的一言一行，在大数据技术的支持下均可被量化为具体数据。可以说，只要教育活动不断进行，数据就会源源不断地产生。然而，如何看待和认知这些数据至关重要。从传统视角来看，这些数据可能只是单纯意义上的数字，只是教学活动中产生的、对教学无价值的数据，但如果转变角度，以审视的眼光分析数据背后的意义，则能从数据中挖掘出更为深刻和丰富的教育内涵。

维克托·迈尔-舍恩伯格（Viktor Mayer-Schönberger）在其经典著作《大数据时代：生活、工作与思维的大变革》中指出，大数据时代的来临引发了思维方式的转变。人们开始从传统的关注经验逐渐转变为关注数据。对教育工作者来说，将教育数据思维作为基础思维，对教学的创新变革亦具有重要价值。

数据思维有多层含义：一是在思想上重视大数据的思维态度[1]；二是利用数据创造有新价值的思维能力[2]；三是在大数据存在和发展过程中，对可能和现实、必然和偶然、原因和结果、部分和整体、精确和模糊等一系列思维范畴有整体认识[3]。总体来说，数据思维紧紧围绕大数据这一核心，以人们所获得的数据为基础，是人们利用数据知识和数据技能对事物及其未来发展进行分析、比较、抽象和预测，进而对事物形成理性判断的思维过程。这一过程往往带来更深刻的认识和更高的数据价值。

教育数据思维包含数据量化思维、数据关联思维、数据驱动思维和数据反馈

---

① 张弛：《大数据思维范畴探究》，载《华中科技大学学报（社会科学版）》，2015，29（2）。

② Jimerson J. B.，"Thinking about Data：Exploring the Development of Mental Models for 'Data Use' among Teachers and School Leaders,"Studies in Educational Evaluation，2014，Vol.42，pp.5-14.

③ 张弛：《大数据思维范畴探究》，载《华中科技大学学报（社会科学版）》，2015，29（2）。

思维四个要素。① 数据量化思维要求以可量化的指标描述和解释教育现象，将数据作为基础证据，用客观事实而非主观经验说话。数据关联思维是指在数据量化思维的基础上，基于全样本数据统计，得出事物之间的相关关系，将注意力从"为什么"的因果关系上转移到"是什么"的问题上。数据驱动思维需要以数据量化思维和数据关联思维为前提，将数据作为决策、管理、评价的动力源泉，做到有章可循、有理可依。数据反馈思维则要求个人运用数据量化思维、数据关联思维，发挥主观能动性，通过各类数据驱动结果进行个性化解读，从而做出及时反馈，干预事物的发展方向。

大数据时代的思维方式具有敏捷性、开放性、前瞻性和个性化四个特征。② 在数据思维的指引下，教育工作者在准备教育资源、选择教学方法、开展教育评价和制定教育决策时能通过数据快速抓住关键信息，并多方面、多角度地思考问题，预测事物或者现象之间的关系，从而开展个性化教育。

(1)数据思维要求教师重视以学生为中心的课堂内容的设置，量化学生以往的学习节奏、学习步骤和学习进度等数据，并以此为依据，重新制定科学、高效、有针对性的教学方案。如此，教师一方面可以强化学生现有的学习优势，挖掘学生的潜力；另一方面可以针对学生的学习薄弱点，有的放矢地开展差异化教学，弥补学生的不足。

(2)数据思维要求教师主动建立数据意识，根据学生的个性化学情，分析学生对知识点的掌握情况，进而适时调整教学方法，做到有针对性地进行教学。同时教师应能够主动运用数据分析结果进行教学实践，并借助基于数据的反思优化教学方法。如此一来，教师可以应用数据解决教学中遇到的具体问题，体验数据带来的教学价值。

(3)数据思维要求教师改变单一的考核方式，运用课堂参与评分、作品成绩考核、学业水平测试等多种评价方式，综合评价学生各方面的发展情况。教师可以尽可能全面地收集学习过程数据，以关联的视角看待学习态度、学习能力、学习方法以及最终的知识点掌握之间的关系，发现学生存在的或潜在的教育问题，把握学生

---

① 李新、杨现民：《教育数据思维的内涵、构成与培养路径》，载《现代远程教育研究》，2019，31(6)。
② 张燕南、赵中建：《大数据时代思维方式对教育的启示》，载《教育发展研究》，2013，33(21)。

学习行为特征，并据此给出有针对性的教育反馈，进一步调整后续教学计划。

(4)数据思维要求教师将教育数据转化为对自身教学决策有参考价值的结论，并在数据驱动下做出最优决策。教师借助教育大数据，可以及时发现问题、解决问题，从而更好地对教育系统进行调控；可以分析不同阶段数据的变化规律，以便对未来可能的发展趋势或可能出现的问题进行预测；可以以定性和定量相结合的方式量化教育结果，以此对教育发展做出更全面、更科学的决策。

二、数据价值原理 >>>>>>>>

2015年，国务院在印发的《促进大数据发展行动纲要》中明确提出，要启动"公共服务大数据工程"，建设教育文化大数据。这一行动表明，教育大数据已经引起人们的高度关注。教育大数据汇聚了成千上万的以往看不到、采集不到的或不被重视的小数据，并通过关联分析挖掘出了它们之间的隐藏联系，为广大教师提供了明确教育问题、制定解决对策的依据，揭示了许多经验和规律之外的客观存在，使得平平无奇的简单数据产生了巨大的应用价值。教育变革需要综合考虑经济、文化、社会等因素，而大数据最擅长的就是从繁杂的交叉领域的数据中寻求有意义的关联。因此，发挥数据价值原理，让数据开口说话，才能有效助力教育深度变革。

数据价值原理认为，在数据为王的时代，数据已经成为一种无形的财富和资产，以往以功能为价值的观点已经转化为以数据为价值的认识。然而，数据本身并不产生价值，数据价值的大小与其体量大小也并非绝对的正相关。数据的价值是通过人类对数据的分析、解读和应用而体现出来的。人们将有意义的数据解释为信息，信息在头脑中存储为知识，知识经过理解内化为智慧，从而被赋予价值。犹如一座等待开发的"金矿"，只有被实实在在地发现并利用起来，才能凸显其重要性。

大数据注重相关关系，通过对数据的分析与挖掘，展现数据背后隐藏的教育发展规律等。大数据的数据价值通过大数据的描述性分析、诊断性分析以及预测性分析体现出来，进而促进教育的变革发展。从描述性分析到诊断性分析，再到预测性分析，逐步由浅层分析走向深层分析，难度越来越大，但是所体现出来的教育数据价值效应越来越大。

第一，描述性分析是指对所采集的教育数据进行描述性统计分析(发生了什么)。通过描述性分析，人们可以发现教育发展的现状、模式、规律以及总体趋势，为教育管理者全面且准确地了解当前教育热点与难点提供支持。

第二，诊断性分析是在描述性分析的基础上进行的更深入的缺陷诊断与优势识别，可以钻取到数据的核心，揭示导致相关结果的原因(为什么会发生)。通过诊断性分析，人们可以发现教育现象背后深层次的问题，精确定位症结所在，并进行精准的定向支持。

第三，预测性分析主要是在教育数据中分析教育行为或事件的关联关系、发展模式等，并对此行为或者事件发展的趋势进行预测(可能会发生什么)。通过预测性分析，人们可以预判某一教育事件未来发生的可能性与时间点，帮助教育管理者提前做好教育方案。

三、知识发现原理 >>>>>>>>

大数据研究与应用的主要目的之一是知识发现，以为知识创新与知识服务提供支撑。[①] 然而知识发现的基础和前提是数据，数据处理的理论、方法与技术的进步，必然会影响知识发现的结果。随着互联网的普及与应用，海量、异构、动态的数据一方面使传统的软、硬件技术越来越无法胜任存储、计算等任务，计算机专家们面临技术上的挑战；另一方面，也使数据逐渐凸显出来的价值越来越受到人们重视。[②] 互联网的存在使得许多的人类行为互动数据得以留存，如社交媒体数据、电子商务数据、电子邮件数据等；同时，以云计算、大数据、人工智能为核心的新一代数据处理技术已经能够在一定程度上对这些体量庞大且模式结构复杂的数据进行统计性分析和归纳了。整体而言，数据的规模沉淀，以及数据的存储技术、处理技术等技术的飞速发展为知识发现奠定了坚实的基础。

[①] 靳嘉林、王曰芬：《大数据环境下知识发现研究的变化及其发展趋向》，载《数字图书馆论坛》，2018(5)。

[②] 罗俊、罗教讲：《数据密集型知识发现的边界与陷阱——以美国大选预测为例》，载《学术论坛》，2017，40(3)。

知识发现较为成熟的定义由菲亚德(Fayyad)等人于1996年提出，指从数据集中提取有效的、新颖的、潜在有用的、可理解的模式的非平凡过程。[1] 其中，模式是对数据集特征的描述，识别出模式意味着为数据建立一个模型，发现数据的内在结构，产生对数据集的高级描述。"有效的"指所发现的模式对于新的数据有一定的可信度；"新颖的"指所发现的模式是以前未被挖掘出的新知识；"潜在有用的"指所发现的模式能够为用户提供直接的经济价值或指导用户进行有意义的活动；"可理解的"指所提取的模式容易被用户识别和掌握；"非平凡"指知识发现过程是自动化或半自动化的，并有一定程度的智能性，而仅发现所有数据的总和不能算作一个知识发现过程。大数据的知识发现原理是指利用先进的数据处理技术从海量的数据中进行数据挖掘、数据分析与数据建模，进而提炼与萃取隐性的、未知的和有应用潜力的信息的原理，其遵循 DIKW (Data-Information-Knowledge-Wisdom)链条，即客观数据通过输入传递系统成为物理信息，物理信息经社会传递转化为可接收的客观信息，可接收的客观信息经主体吸收转化为带有主体价值判断的主观信息，主观信息经结构化、体系化成为知识，知识的综合运用构成智慧。[2]

在教育领域中，大数据的知识发现原理重点体现在结合教育实际问题，利用技术手段依据数据进行教育建模，进而做出数据驱动的教育决策，最终支持教育改革发展方面。教育建模活动包括理论建模与算法建模两种方式。[3] 理论建模主要是基于建模对象的发展规律的相关研究成果，形成调查的量表和数据采集点，并依托大规模的调查数据得到相应常模，再通过专家访谈、专家评估等方式对常模进行评估，最后结合教育相关理论提炼出一套教育模型。理论建模是由上而下的，而算法建模是由下而上的，是以机器学习算法为核心的，即先确定各维度下最底层指标的计算方法，再将这些指标进行聚合，最终得到维度算法模型。具体流程包括：原始数据汇聚与预处理→潜在变量生成→特征变量提取→模型构建→模型验证迭代。[4] 在真实的教育场域下，通常是将理论建模与算法建模结合使用，

---

[1] Fayyad U., Piatetsky-Shapiro G., Smyth P., "The KDD Process for Extracting Useful Knowledge from Volumes of Data,"Communications of the ACM, 1996, 39(11), pp. 27-34.

[2] 王宜鸿、叶鹰：《DIKW 概念链上数据科学的理论与技术基础简论》，载《图书馆杂志》，2020，39(12)。

[3] 郑勤华、陈耀华、孙洪涛等：《基于学习分析的在线学习测评建模与应用——学习者综合评价参考模型研究》，载《电化教育研究》，2016，37(9)。

[4] 郑勤华、陈耀华、孙洪涛等：《基于学习分析的在线学习测评建模与应用——学习者综合评价参考模型研究》，载《电化教育研究》，2016，37(9)。

通过模型能够发现某一对象的当前状态与发展趋势，进而为其后续发展提供有针对性的指导和干预。

四、数据科学原理 >>>>>>>

随着大数据的影响不断加深，科学研究范式在经历了实验范式、理论范式和计算机模拟范式后，逐渐发展出"第四范式"——数据密集型科学。该范式以数据为核心，集以往三种范式之长，不仅依靠计算机进行模拟仿真，还基于仿真结果进行智能分析，得出推理结论。诸如以数据密集型科学为基础的学习分析技术和数据挖掘技术，既能有效分析学生的个性化需求，引导他们更清晰地了解自己的学习状况，又能帮助教师及其他教育管理者有针对性地分析学生学情、动态规划教学内容、合理选择教学方法并妥善做好教育决策，它们也成为大数据在教育领域中的具体应用，有力地促进了教育变革。

数据科学是建立在概率模型、统计学、机器学习、数据仓库、可视化等多种理论和技术之上的[1]，整合了统计学、运筹学、应用数学、计算机科学和信号处理工程的思想的学科[2]。国内相关著作《数据学》也归纳了数据科学的两个主要内涵：一是研究数据的科学，即数据科学研究数据本身，包括数据的类型、状态、属性及变化形式和变化规律；二是关于数据的科学，即为自然科学和社会科学研究提供一种新的数据方法，其目的在于揭示自然界和人类行为的现象和规律。[3]从第二个层面来看，数据科学与数据密集型科学存在相通之处，都借助海量数据进行预测、探索、理解和干预，既强调近似、简化的必要性，又重视对数据分析结果的解读。[4]

大数据中的数据科学原理依托"第四范式"，构建了专门的研究手段与技术工具，从而创新了人才培养方法，优化了教育评价，重构了教育管理流程。

---

[1] 杨京、王效岳、白如江等：《大数据背景下数据科学分析工具现状及发展趋势》，载《情报理论与实践》，2015，38(3)。

[2] Galeano P.，Peña D.，"Data Science，Big Data and Statistics，"TEST，2019，28(2)，pp. 289-329.

[3] 叶鹰、马费成：《数据科学兴起及其与信息科学的关联》，载《情报学报》，2015(6)。

[4] Blei D. M.，Smyth P.，"Science and Data Science，"Proceedings of the National Academy of Sciences of the United States of America，2017，114(33)：pp. 8689-8692.

首先，大数据充分发挥互联网和智能感知等技术的数据采集能力，助力人才培养的个性化，核心包括个性化教育服务机理、优质化教育服务供给、情境化教育服务适配与可信化教育服务保障等。[①] 基于此，大数据中的数据科学原理能够加速个性化教育服务关键技术的突破，助力实现规模化培养与个性化教学之间的有机统一。

其次，随着以大数据、物联网、人工智能等为代表的新一代信息技术与教育教学的不断融合，全方位、伴随性、实时化的教育大数据采集与分析正在成为现实，这为建立一套更为科学、完善的新型教育评价体系提供了新的助推器。大数据中的数据科学原理从数据思维与计算方法两方面提升了人们对教育过程的建模、分析与评测能力，实现了对各种教育行为的科学化度量和评价。第一，基于多模态数据建立教育评价模型；第二，基于大规模实时计算方法对教育全时空数据进行实时处理与动态分析，满足针对教育全过程开展建模分析的需求，最终实现科学化教育评价。

最后，在大数据发展的背景之下，传统的教育管理决策正从经验主义向数据主义转变，教育管理决策中的角色参与和信息流向更趋向多元与交互，为推动教育管理由"粗放式"向"精细化"转变提供了机遇。大数据中的数据科学原理在教育管理中的功能体现(计算教育学)可以提升教育管理的动态监测与智能决策能力，加强对教育系统多层级、教育业务全流程、教育资源全生命周期的精准化管理，比如开展关于师生发展、教学过程、基础设施、教学资源、学校治理和区域教育投入及效益等的全方位持续性监测；运用聚类分析、规则推理、时间序列分析、神经网络等数据分析与智能计算方法，构建支持智能优化和动态演进的教育决策模型，实现对教育目标与过程的精准化管理。

五、数据治理原理 >>>>>>>

教育是一个由政治力量、学术力量、市场力量及社会力量等多方主体共同参与的，涉及环境、资源、人事以及认识等多种因素，包含管理、教学等多个环节

① 刘三女牙、杨宗凯、李卿：《计算教育学：内涵与进路》，载《教育研究》，2020，41(3)。

的复杂过程。一方面，大数据时代，教育本身的复杂性不仅衍生为教育数据大体量、多类型、高产速的特点，同时也加重了数据孤岛、数据质量不高、数据价值密度低差等问题。要解决这些数据问题，深化教育数据价值，就必须开展数据治理。另一方面，教育信息化迈入 2.0 阶段以后，以教育管理信息化推动教育治理现代化①成为人们的共识。教育数据治理作为教育管理信息化的重点工作和核心环节，有助于提高教育质量、保障决策科学、提升决策效率②，对实现教育治理现代化，促进教育变革也具有重要意义。

从静态观点来看，教育治理是有关数据决策权和职责的体系③；从动态观点来看，数据治理是围绕数据全生命周期进行数据资产管理的活动集合。④⑤ 无论如何二者都涉及数据从属和治理权责两个方面，都需要回答由谁治理、治理什么以及怎样治理三个问题。教育数据治理是围绕教育数据而展开的，以教育行政主管部门、数据治理工作组和其他利益相关者为治理主体，以充分发挥教育数据价值为治理目标，基于统一的数据管理平台及一系列技术环节的，涉及数据标准、数据质量以及数据开放共享等核心治理内容的活动集合。

第一，数据治理有助于实现数据标准化。统一的数据标准是海量数据在存储、使用时能够被有效控制和管理的关键条件。数据治理要解决的首要问题就是数据标准化问题，实现数据标准化能够使得教育单位与教育机构的信息系统建设有据可依，不再出现因为供应商不同而使有关数据无法读取、共享和交换的情况。

第二，数据治理有助于提升数据的可用性。数据质量问题集中体现为数据的"不可用"，一方面是数据本身错误，包括记录缺失、字段缺失、值域不匹配、数据重复记录等情况；另一方面是数据本身是正确的，但由于其他原因（如标准不一致、接口不兼容等）无法调用、无法共享，从而造成数据难以使用。数据经过治理之后，其质量将得以提升，进而确保数据分析和挖掘的可信度与有效性。

---

① 杜占元：《杜占元：以教育管理信息化推动教育治理现代化》，载《教育发展研究》，2015，35(3)。

② 许晓东、王锦华、卞良等：《高等教育的数据治理研究》，载《高等工程教育研究》，2015(5)。

③ The DGI Data Governance, "The DGI Data Governance Framework," http://www.datagovernance.com/the-dgiframework/，2020-03-05.

④ PTAC, "Data Governance and Stewardship," https://dasycenter.org/data-governance-and-stewardship/，2020-03-05.

⑤ DATA International，*The DAMA Guide to the Data Management Body of Knowledge*，New Jersey，Technics Publications，LLC，2009，pp. 4-13.

第三，数据治理有助于消除数据孤岛问题。数据在组织内部生成的价值是有限的，跨部门、跨单位的数据共享才能放大教育数据的使用价值。数据治理能促进数据在同类教育单位之间(如各大高校、各省市教育主管单位)以及教育单位与其他数据用户之间(如面向社会的数据开放)的流动共享，使得这些单位或用户能掌握更多的数据资产，为教育行业发展带来巨大效益。

【应用领域】

在大数据时代，数据驱动为教育共治注入鲜活力量，使教育共治转型为"基于证据"的实时协同治理，现代教育实践更是数据驱动的理性实践。在大数据的驱动下，数据鸿沟和信息孤岛逐渐被打破，在开放互动、协作共赢的大环境中，教育利益共同体中的每个人都是教育治理的参与者，共同为推动教育现代化进程服务。教育治理从静态走向动态，治理方法由经验推断变为数据预测，治理过程具备动态生成性来满足信息化时代教育动态发展的需求。数据驱动的教育治理为教育教学的深度变革提供了全方位的战略支持与实践指导，能充分调动起政府、社会和学校等多方力量开展基于教育全数据的教学诊断、研究与实践改进，提升教育深度变革效能。

一、大数据驱动课堂教学结构变革 >>>>>>>

教育信息化已经迈入了 2.0 阶段，信息技术与教育也从整合阶段过渡到了融合阶段。信息技术支持下的教育变革更是从形式上的创新转变为内涵上的创新，来实现教育系统的深度变革。作为推动教育现代化的核心技术，大数据驱动下的教育深度变革体现了大数据与教育系统各结构要素的深度融合。教育系统由学校教育、家庭教育、社会教育和终身教育等多个部分组成，其中学校教育是整个教育系统的核心组成部分。课堂教学是学校教育的主阵地，课堂教学结构是学校教育系统的主要结构。[①] 所以，要实现教育系统的深度变革，最核心的目标是要实

---

① 何克抗：《如何实现信息技术与教育的"深度融合"》，载《课程·教材·教法》，2014，34(2)。

现课堂教学结构的深度变革。

课堂教学结构由教师、学生、教学内容和教学媒体四个要素组成。[①] 在大数据驱动下，课堂教学结构四要素的地位和作用都发生了变化。大数据为教师和学生在知识管理方面提供了极大的便捷：教师和教材不再是学生获取知识的主要途径，学生真正成为学习的主人，可根据自身需求、兴趣、认知水平获取知识，进行意义建构。相应地，教师的"知识权威性"逐渐减弱，教师更多地是引导、支持、推动学生学习，这充分体现了"教师主导－学生主体"的教学模式。同时，大数据还可以发挥其"所见即所得"的知识发现作用，将教与学过程中师生获得的知识水平进行可视化呈现，使教师的课堂教学行为和学生的学习行为更加立体化和形象化，起到深度描绘师生教学画像的作用，这更有利于实现在真实情境中对师生进行评估。

大数据与教学内容的深度融合使教学可以追根溯源。(1)在知识资源层面，大数据为教学内容提供了丰富的教学资源，将现有知识体系可视化为知识图谱，呈现出明确的细分知识点，划分出明确的知识依赖路径。在教学中，依赖这种知识图谱可以使教学内容的选择突破现有参考资源的限制，将教学内容和与此类知识相关的背景性知识、基础性知识、情境性知识和实践性知识连接起来，为学生留出探究知识的空间，有利于学生的知识建构，可增强知识获得的体验性。同时，基于大数据和各类智能技术，将优质资源汇聚，使资源得以流动，实现全民共享，特别是让资源可以流向教育资源贫困区，这样能有效地促进教育公平。(2)在教师层面，教师可以基于大数据编制优质、科学的教学设计。利用大数据创建学生画像，在课前全面了解每位学生的认知水平、技能水平和个性特征，以此为依据设计个性化的教学目标、高效的教学活动和全面的教学评价。例如，基于学生的学习画像建构高效、和谐、能充分发挥组内每位学生个性特征的学习小组。另外，教师在教学实践过程中会形成、积累丰富的实践性知识，这些实践性知识是教师对自己的教育教学经验进行反思和提炼后形成的，更多的是教师的隐性知识，通过课堂教学行为可以显性化。教师的实践性知识是教学设计的源泉和

---

① 何克抗：《〈教育传播与技术研究手册(第四版)〉：主要缺陷与不足——对美国〈教育传播与技术研究手册〉(第四版)的学习与思考之七》，载《开放教育研究》，2017，23(6)。

归宿①，教学设计的各组成要素都需要融合教师的实践性知识。教学设计是教学内容的重要载体，利用大数据分析可以实现对教师实践性知识的量化，以数据明确优势和不足，提出新的教学计划，将改进的策略体现在教学设计中，数据与策略融合，不断改进教学实践。(3)在学生层面，大数据强化了学生认知次序和学科知识次序相结合的教学内容组织原则。② 利用大数据记录并分析教学活动中学生的学习行为，可以直观地了解学生认知发展的内在程序性与连贯性，对学生由已知到未知、由感知到理解、由巩固到应用、由具体到抽象、由易到难、由简到繁、由近及远、由外到内、由旧到新等认知次序的水平与状态做出相对准确的判断，基于此调整教学内容出现的先后次序与形式样态，使教学内容更容易被学生掌握与理解。此外，基于大数据对师生教学活动情境的动态记录与分析，可以判断学生在有效地学习特定的教学内容时受到了哪些因素的影响，在规避、适应、协同这些影响因素的基础上优化、组织教学内容，从而获得最优化的教学内容组织效果。

教学媒体是师生之间开展教学活动的重要工具。随着信息化技术的发展，教学媒体也在不断寻求着自身的变革，它不仅是教师教学的工具，更是学生自主学习、认知建构、协作交流的工具；教学媒体支持下的师生交互也逐渐走向双向乃至多向。大数据驱动下的教学媒体变革朝着人性化的方向发展，更具智慧性。在大数据的支持下，教学媒体不仅可以主动地表征知识，更能快速、实时地挖掘、分析师生行为与教学内容，根据教师的教学特征和学生的学习特征为师生实时推送个性化的内容，并对有学习失败风险的学生发出预警；与大数据融合的教学媒体，不再是简单的教与学的工具与载体，它逐渐发展成有生命的"有机体"，能主动参与知识的建构，使教学具有生成性③，促进实践性知识的不断产生；基于大数据做出智慧决策，教学媒体通过实时感知教学环境的变化，可使师生的学习更具临场感和沉浸性。

只有大数据与课堂教学结构四要素真正实现深度融合，才能有效地引发深度

---

① 刁秀丽、宋正国：《教师实践性知识是教学设计的源泉和归宿》，载《电化教育研究》，2009(2)。

② 王天平：《大数据诱发教学深度变革的实现方式》，载《中国教育学刊》，2017(9)。

③ 张刚要、李艺：《教学媒体：由技术工具论、工具实在论到具身理论的范式转换》，载《中国电化教育》，2017(4)。

变革，即将教师、学生、教学内容和教学媒体的地位、作用与形式落到实处，进行实践。课堂是教育教学的主阵地，而改进课堂教学的关键因素是教师，教师的角色定位是将学生、教学内容和教学媒体连接起来，在教学实践中促使和推动其他要素充分发挥各自的功能与作用。信息化时代，教学的深度变革需要教师来引导，北京大学教育学院的陈向明教授也指出："任何教育变革，最终都要落到一线教师身上。"所以，大数据驱动下的教学变革首先要从教师及其开展的教学实践切入，驱动教师和教学实践的发展朝着教育现代化的方向转型升级。

二、大数据驱动教学实践转型升级 >>>>>>>

随着教育教学改革进程的不断推进，教师实践不断转型，教师的教学理念从"知识传授"转变为"人的发展"，强调"为发展而教"；教师的角色也从"被动的知识传授者"转变为主动的"教育研究者""反思实践者""专家型教师"；学生也从"知识接受者"转变为"知识的意义建构者"，强调"核心素养"的培养；课堂的形态由"讲授型课堂"转变为以"启发式、合作式、探究式"为主的课堂；学校更能充分体现其培养人、发展人的职能。

教师是教学实践改革的主体力量，是学校和课堂以及所有教育渠道开展教学变革的关键活动者。[①] 数据驱动的教学实践的深度变革需要围绕教师的课堂教学实践展开，教师和实践是两个关键因素。将教学数据与教师的知识和经验相融合，持续反思、创新与改进，展开反思性的实践活动，不断提升教学实践的质量。

大数据驱动下的教学实践的转型升级要紧紧围绕教师展开。教学数据与教学经验相融合：采集教师课堂教学行为大数据，深入分析，发掘特征，聚焦问题，精准定位，将基于数据的定量观察和客观分析与基于经验的专业能力相融合，提取策略，并在实践中不断迭代，验证策略与优化实践并行。深入挖掘教学数据，创新反思性实践路径：通过深度挖掘课堂教学行为数据来驱动对教学实践的反思，挖掘数据，聚焦课堂教学的优势与不足，从教学实践中的具体问题出发，确

---

① 赵中建：《全球教育发展的历史轨迹——国际教育大会 60 年建议书（1934—1996）》，522 页，北京，教育科学出版社，1999。

定精确起点；教师教学行为数据的客观呈现为教师改进教学明确了方向、提供了支架，同时基于数据的分析又能起到客观评价教师教学实践的作用；对教师教学行为数据的分析，可以起到量化、可视化教学行为的作用，有利于使教师明确自身的不足以及要努力的方向，为教师提升专业素养确定精准目标。从学校的角度出发，组织学校内教师开展校本研修，有利于起到集思广益、群策群力的作用。从教师课堂的教学实践拓展到校本研修的教学实践，通过发掘学校教学行为大数据，深入分析与改进，形成具有学校特色的反思性实践，提升学校整体教学质量。

三、大数据驱动教师实践性知识发展 >>>>>>>>

教师的实践性知识是教师专业发展的基石，是教师对自身教育教学经验进行反思和提炼后形成的，体现出了教师对于教育教学原理的认识。如果说教师的理论性知识可以通过读书、听课获得，那么教师的实践性知识就是在教育教学实践中使用的和表现出来的知识。教师的实践性知识具有动态生成性、内隐性、缄默性和个人性四个特征。包括教育信念、自我知识、人际知识、策略知识、情境知识和反思知识。

1. 教育信念

教育信念是教师真正信奉的，在教育实践中体现出来的教育观念，具体可表现为对"教育的目的是什么？""学生应该接受什么样的教育？""什么是'好'的教育？""'好'的教育应该如何实施和评价？""如何看待教师职业？"等问题的理解。教师的教育信念是积淀于教师个人心智中的价值观念，通常作为一种无意识的经验假设支配着教师的行为。它是应用型的，通过教师的行动得以实现和表现，教师的不经意行为往往最能体现其教育信念。它与教师个人生活史(特别是学习经历、关键人物、事件和时期)的关系密切，外在的教育理论对其影响比较小。

2. 自我知识

自我知识是教师的自我概念、自我评估、自我教学效能感、对自我调节的认识等。此类知识主要体现在教师是否知道运用"自我"进行教学，是否了解自己的特点(性格、气质、能力等)和教学风格，能否扬长避短(扬长补短)、适度发展，能否从错误中学习，并及时调整自己的态度和行为等方面。教师自我概念的形成与教师对反馈信息的敏感度有关。如果教师乐于并易于接收外界信息，通常能够获得比较现实的自我概念，找到提高自我效能感的有效途径。

3. 人际知识

人际知识反映的是教师对学生、同行、家长的感知和了解，其中包括教师对学生的感知和了解（是否关注学生，受到学生召唤时是否能恰当地做出回应，是否能有效地与学生沟通）；热情（是否愿意帮助学生）；激情（是否有一种想要了解周围世界的渴求和一种想要找到答案并向别人解释的欲望，能否用这种激情感染学生）。教师与学生的关系具有一种特殊的个人品质：教师不仅仅向学生传授知识，而且会以一种个人的方式体现自己所传授的知识。因此，教师在与学生交往时会身体力行地表达自己对某些人际交往原则（如公平、公正、分寸、默契）的理解。教师的人际知识还反映在课堂管理中，如对学生群体动力的把握、班级管理惯例、体态语、教室的布置等。

4. 策略知识

策略知识主要指教师在教学活动中表现出来的对理论性知识的理解和把握，主要基于教师个人的经验和思考。此类知识包括：教师对学科内容、学科教学法、教育学理论的理解，对整合了上述领域的教学学科知识（Pedagogical Content Knowledge）的把握，将原理知识运用到教学中的具体策略（如比喻和类推），对所教科目及其目标的理解，对课程内容和教学方式的选择和安排，对教学活动的规划和实施，对教学方法和技术的采用，对特殊案例的处理，选择学生评估的标准和手段等。

5. 情境知识

情境知识主要透过教师的教学机智反映出来。教学机智是教师做出瞬间判断和迅速决定时自然展现的一种行为倾向，它依赖于教师对情境的敏感性（根据情境的细微差异调节自己行为的实践原则）、思维的敏捷性、认知的灵活性、判断的准确性、对学生的感知、行为的变通性等。它是教师直觉、灵感、顿悟和想象力的即兴发挥，在一瞬间把握事物的本质；表达了教师对学生的深切关注，是"有心"（thought-ful）与"无意"（thought-less）的巧妙结合。教学机智帮助教师克服理论与实践之间的分离，反思与行动同时发生。

6. 反思知识

反思知识是一种实践取向的反思，表现为"对实践反思，在实践中反思，为实践而反思"。教师可以用语言描述自己的行为和思考，也可以对自己的经验进行系统梳理，甚至对自己反思的方式进行反思。批判反思型教师不仅进行反思，而且还对自己所处的权力场域以及自己与他人的关系进行批判。

在大数据驱动下，教师的实践性知识的发展路径实现了转型升级。大数据与互联网、云计算等信息技术相互作用为教师构建了在线协同发展社区，为教师共享、协同建构、优化与创新实践性知识提供了平台，有利于教师研修共同体的建构。

(1)共享：教师可以使自身具备的实践性知识显性化，形成教学案例并上传至社区，在社区中将教师们的智慧结晶进行凝聚；同时社区中已有的课堂教学行为大数据资源库、优秀课例视频资源库、教师反思数字故事资源库、教育研究资源库等多种形式的再生资源库能为研修教师发展自己的实践性知识提供优质的学习资源。

(2)协同建构：在社区中，基于同一研修主题，可将来自不同学校、不同区域，甚至不同省市的教师聚集在一起，利用知识管理工具，实现实践性知识六个维度的协同建构，使教师的实践性知识发展不再局限于个人和所在学校，以群策群力的形式不断提升教师自身实践性知识的水平。

(3)优化与创新：利用大数据的知识发现技术可以动态跟踪教师的研修行为与内容，并进行实践性知识的分析。通过对认知临场大数据的分析和对教师的实践性知识大数据的分析，动态监控教师的实践性知识的六个维度的变化，并及时以个性化的方式反馈给教师，教师结合课堂中的教学实践不断优化与改进教学，形成新的策略，不断促进自身的实践性知识水平的发展与提升。

四、大数据驱动教师专业能力提升 >>>>>>>>

教师队伍专业化是推动教育发展的重要因素。习近平总书记强调："国家繁荣、民族振兴、教育发展，需要我们大力培养造就一支师德高尚、业务精湛、结构合理、充满活力的高素质专业化教师队伍。"教师的专业化是教育发展的基础，在信息技术为社会构建的终身学习环境中，教育者在传递终身学习观念的同时更要亲身去实践，做到知行合一。

无论是从教育发展的角度，还是从教师自身不断提升的角度，教师都要持续走在专业化的道路上，来适应甚至是促进信息技术驱动下的教学变革。教学实践的转型升级是教学变革的最终目的，教师的实践性知识发展的转型升级是走向教学深度变革的方式，教师专业化发展的转型升级是通往教学深度变革的最重要的途径。教师不断完善、提升自身专业素养，在适应信息化社会的同时，更能引导教学实践走向深度变革。

在信息化社会中，多样化的信息技术为教师专业发展提供了丰富的资源支持与技术支持，其中大数据技术更能为教师专业发展提供支持，促进教师专业发展从经验反思走向循证实践。大数据驱动教师专业发展秉持教育数据思维，发现有价值的、能表征教师发展的数据，将教师成长轨迹进行可视化呈现，发掘优点与不足，以数据驱动发展方向的确立。以大数据驱动教师专业发展的转型升级，使教师成长路径清晰明了，有证可寻，有据可依。

教师专业发展有三种价值取向：理智取向、实践-反思取向和生态取向。理智取向强调教师个人知识、技能与素养的提升；实践-反思取向重视教师对教学实践的不断改进与优化；生态取向则要求教师群体的共同发展。所以，教师专业发展方向要融合三种取向，既要强调个体的反思实践与改变，更要强调群体的力量，协同进步，反思教学实践，促使教学实践走向深度变革。大数据驱动下的教师专业发展是数据为三类价值取向赋能并使教师专业发展在实践中不断提升的过程。

在大数据的驱动下，数据渗透教师活动的各个环节与阶段，为教师成长的每一步提供证据，教师的个体发展路径和群体发展路径都朝着循证改变的方向转型升级。在个体发展层面，开展基于数据证据的经验反思与实践反思，挖掘教师教学行为大数据，发现优势与不足，通过数据分析察觉发展的需求，设计提升策略、开发活动，在教学实践与反思活动中，基于数据证据验证策略是否能满足需求，在改进、实践、反思的循环路径中，最终实现教师由内而外的发展；在群体发展层面，开展基于数据诊断的教师学习共同体研修活动，教师共同体的研修相对于共同增长知识与技能，更强调共同体基于经验与知识，利用数据诊断协同建构成长策略，融合数据和知识经验，运用批判性思维评估其他教师的成长过程，真正实现群体的共同发展。教师专业发展是一个内外兼修的过程，大数据为教师的内外兼修提供了可视化路径，使教师的专业发展不再基于自身经验和他人经验，而是走向循证，促使教师建构专业认知系统的每一步都有据可循，融合数据对内建构专业化的知识系统，对外开展专业化的教学实践，从而建构起大数据时代的教师专业发展新路径。

在教育信息化2.0时代，大数据与教师、学生、教学内容和教学媒体深度融合，推动着教育走向深度变革。在这一过程中，教学实践的转型升级是教育变革的根本目的，数据驱动的循证评估与改进成为教学实践质量提升的核心手段，教学实践改进的关键因素是教师，教师专业发展对于提升教育改革的深度和质量具有重要作用，其中教师的实践性知识是教师专业发展的基石，所以，大数据驱动下的教育变革要从教学实践、教师、教师的实践性知识三个基础因素出发，融合数据全面驱动三个因素转型升级，将变革落到实处，从根本上进行变革。

【实践探索】

大数据技术应用于教学改革实践的主要途径之一是，大学和中小学合作开展基于大数据的课堂教学改进实验项目。在项目合作过程中，中小学可以借助与大学的合作，突破其自身专业理论研究与技术应用的阈限，将大数据技术与教育教学深度融合，实现促进学生发展、教师发展和学校发展的最终目的。在这种合作关系中，大学可以获得更广泛的研究场域，以便更深入地验证、修改、完善有关理论；中小学则可以获得来自大学专家的理论、资源支持，从而打破教师专业发展中的瓶颈，获得教师专业发展中的跨越式改变。

"靠谱COP"是"教师在线实践社区"的简称，该项目以首都师范大学王陆教授为首席专家，组建了一支50余人的专家助学团队，以首都师范大学信息化环境下的教师专业发展为主要研究方向，与各地中小学合作开展"靠谱COP"项目研究，构建了一个由中小学教师、大学专家及助学者组成的、正式学习与非正式学习相混合的学习型组织。

"靠谱COP"项目的主要内容包括教师专业发展支持、课堂诊断与改进、专项教学法提升和科研绩效提升等多项项目活动；项目研究的主要方式是借助课堂教学行为大数据等方法与技术，帮助教师丰富、改善和重构有关"如何教与如何支持学生学"的实践性知识，持续监测与提升学校课堂教学质量，促进中小学教师的专业发展，最终实现学校的快速发展与整体办学水平的提升。

"靠谱COP"项目在全国共有500多所实验学校。2018年，"靠谱COP"项目团队与北京市海淀区合作，利用课堂教学行为大数据开展循证教学改进实践研究，在30余所中小学校开展了"海淀区教师素养提升课堂大数据分析项目"。北京市海淀区基础教育以体量大、样态多而著称，区内既有一批依托于国家重点高校、在全市乃至全国闻名的优质名校，也有一批地处北部农村地区或城乡接合部，由于历史、规划和环境等原因正处于上升期的发展中学校，这些发展中学校在教育治理、教师专业发展与转型、教学改进方面的提升空间较大，发展需求强烈，因此这些学校先后申请加入了"海淀区教师素养提升课堂大数据分析项目"，成为"靠谱COP"项目的海淀区实验学校。

为了精确诊断实验学校的发展现状、特色、优势和主要问题，促进实验学校的内涵发展，在项目启动前期，海淀区对实验学校展开了全面调研，对学生全面健康发展、学校管理、教育教学质量、学校教师专业发展等几个维度的数据进行了重点分析，找到了"学校治理""教师专业发展""教学提升"等制约学校发展的几个主要问题。针对这些问题，"靠谱COP"项目团队制订了项目实施计划，以"校长""教师"两个群体为主要服务对象，在"海淀区教师素养提升课堂大数据分析项目"的实施过程中，通过校长领导力培训为校长赋能；通过教师集中研修、网络研修和校本研修三位一体的支持服务，改善教师专业学习与培训研修的供给结构，提升教师专业发展能力；以课堂为主阵地，通过对课堂教学行为进行大数据分析，改进教学实践，提高课堂教学质量。为实现信息技术与教育教学融合创新提供了示范引领，为撬动教育供给侧改革提供了创新性的思路与可行的途径。

基于这样的背景，本书分别从大数据撬动教育治理、驱动教学的实践转型升级、驱动教师的实践性知识发展以及驱动教师专业发展等层面，全面阐述了"靠谱COP"项目的理念和在海淀区实验学校进行的项目实践，以"海淀区教师素养提升课堂大数据分析项目"实施过程中的部分优秀案例为蓝本，总结、提炼了基于大数据撬动学校教学变革的经验与反思。

第二章

大数据撬动教育治理

教育治理的研究受到国内外学界日益广泛的关注，成为中西方社会学、教育学和心理学领域的研究热点之一，大数据时代赋予了教育治理现代化新的内涵和愿景。本章聚焦大数据时代的教育治理的基本概念和基础理论，聚焦教育治理的具体问题，通过案例剖析和理论建构阐明了大数据时代教育治理的三个基础理论：教育治理中的协同治理理论、教育治理中的治理机制理论和教育治理中的数据驱动理论。

【聚焦问题】

"靠谱 COP"项目在推进"海淀区教师素养提升课堂大数据分析项目"的过程中，为了精准寻找海淀区实验学校在学校治理方面的短板和相应的解决办法，于项目启动之前，对实验学校进行了一次深度调研。

调研数据显示，目前海淀区实验学校在学校治理方面的短板主要体现在如下几个方面。第一，学校尚未建立起基于过程的学校教学质量保障机制，无法有效统筹课程、教材、教学和评价等环节，教育教学得不到有力和有效的支撑。第二，由于缺乏相对统一的标准，教师对教学质量的看法与书记、校长等学校领导存在着明显的分歧，教师与学校领导之间对教学质量的认识很难达成共识，尚无一致的标准。第三，多数学校的教师培训制度尚待完善，教师专业发展档案参差不齐，也缺乏具体的指导意义。第四，多数学校中的青年教师缺乏清晰的专业发展目标。第五，多数学校的教师管理制度没有完全发挥激励作用，没有有效激发教师的积极性和创造性，教师缺乏职业幸福感。第六，部分学校的章程未能充分反映出本校广大教职员工、学生的意愿，大家未形成共同的理念与价值认同。第七，学校中的师生申诉调解机制不够健全和畅通，师生缺乏相应的求助机制。第八，部分学校与家长的合作程度较低。一方面，部分家长希望学校能够定期组织家长参加学习活动，呼吁学校与家庭建立畅通的沟通机制；但另一方面，部分家长参与子女教育过程的态度与水平比较差，少部分家长基本不了解子女所在学校的现状，对子女教育"无感"。

如何在有限的时间周期内，精准帮助海淀区实验学校在学校内部治理出现较多问题的情况下实现学校发展、教师发展和学生发展，成为"靠谱COP"项目的一个重要研究方向。

【理论支持】

国内学者从政府管理的角度关注治理理论始于 20 世纪 90 年代中后期，并于 20 世纪末逐渐成为研究的热点之一。党的十九大报告明确将"实现国家治理体系和治理能力现代化"作为全面建设社会主义现代化国家的重要内容。

从全球这一宏观视野来看，宏观层的教育治理目标是利用自身优势制定符合大众利益的教育目标和准则，以确保全球的教育项目能够通过干预得到良好的落实。联合国教育、科学及文化组织(简称联合国教科文组织)一直在全球教育领域发挥着重要的领导作用，其参与全球教育治理的目标规划可以划分为两大目标。一方面，联合国在《世界人权宣言》(*Universal Declaration of Human Rights*)中提出"人人都有受教育的权利""高等教育应根据成绩而对一切人平等开放"。因此，推动教育这一基本人权的落实，保障所有人都能够公平地享有受教育的权利成为联合国教科文组织参与教育治理的根本目标。联合国教科文组织在推动教育发展中的作用日益凸显，让成员方乃至全球教育工作者意识到了教育应当承担的使命和责任，促使更多的力量加入教育治理和变革中。另一方面，联合国教科文组织也在积极变革其组织制度与机制，以实现更好的教育治理目标。例如，联合国教科文组织在《2002—2007年中期战略》（*Medium-Term Strategy 2002—2007*）中对组织的定位和目标进行了详细阐述：联合国教科文组织在未来应成为"思想的实验室""标准的制定者""信息的交流中心""成员方能力的建设者"和"国际合作的推进者"等。

教育治理的中观目标会因不同国家和不同区域的主体特征不同，以及面对的问题的显著差异性而存在显著差异。在我国，党的十九大报告提出了"两个一百年"奋斗目标，以及实现中华民族伟大复兴的中国梦。国家政策映射教育方针，当前我国的教育改革目标十分明晰，即基本实现教育现代化，基本形成学习型社会，进入人力资源强国行列。因此，在教育治理方面同样需要与时俱进，具体的教育治理目标就是发展具有中国特色、世界水平的现代教育。这一目标蕴含了三层深意：首先，中国的教育治理目标必须要致力于传承中华优秀文化，扎根中国大地，践行中国特色社会主义道路，以及服务于社会主义发展；其次，教育治理目标要具有国际视野，以开放包容的态度借鉴其他国家优秀的教育治理经验；最后，教育治理目标要具有鲜明的时代特色，不断改革创新、与时俱进。教育治理既是我国教育事业发展的重要组成部分，也是实现教育事业发展根本目标的重要路径。

教育治理的微观目标主要聚焦于区域、组织或部门，其个性化更加突出。在我国，教育治理的微观目标是指向教育的良性发展的，旨在建立公平优质的教育格局，因此教育治理的目标涉及质量、伦理和效能三个维度。第一，在质量维度上，微观教育治理应当致力于提升区域教育服务水平和质量，教育质量高低的评判标准在于大众对学生的发展水平是否满意，教育治理应当关注公众的利益诉求，以学生发展为根本，将公众诉求落实到提升教育质量的实践中去；第二，在伦理维度上，微观教育治理要做到关怀弱势群体，促进教育公平，教育领导者要通过相应的政策制度关注弱势群体的利益诉求，并积极跟进弱势群体的教育改善状况，另外要调动弱势群体参与教育治理的积极性，引导弱势群体自主表达教育需求；第三，在效能维度上，要聚焦管理效能的提升，具体包括决策效能和改进效能两个方面，所谓决策效能是指在有目的、有组织的决策活动中所表现出来的效率与效果，所谓改进效能是指依据决策实施治理过程中的改进效果。

一、协同治理理论 >>>>>>>

协同治理(Collaborative Governance)理论属于交叉学科理论，来源于西方，是由来自自然学的协同论和来自社会科学的治理理论相融合而形成的。协同治理理论的发展先后经历了跨部门协同理论[①]、SFIC(Starting conditions-Facilitative leadership-Institutional design-Collaborative process)理论[②]、协同型公共管理与协同政府理论[③]、整合性框架与执行框架[④]等不同阶段。从协同治理理论的发展过程可以看出，当前该理论还具有很强的异质性和多样性，而且至今尚未形成清晰一致的理论框架。[⑤]

协同治理是指多主体围绕共同的愿景和治理目标与规划，在一定的组织结构、权力体系的基础上建立的较为持续、固定的治理机制。协同治理最主要的特征是摒弃管理主体的单一性，实现治理主体的多元化，各主体间的协同性、行动的程序性、管理的规范性和目标的效益性也是其显著特征，其本质是实现共同行动、耦合结构和资源共享。[⑥] 协同治理特别强调多元主体的相互信任，强调主体协调、合作治理社会公共事务，以达到最大限度地增进和维护公共利益的目的，动态维持集体行动的最佳状态。[⑦] 协同治理的追求是不断寻求最有效的治理结构，不断检视和改善治理理论，从而提升治理效果水平。

在我国教育治理现代化的场景中，协同治理具有突出的内在特点和理论框架。我国教育治理以价值目标、制度设计、行为选择和条件环境为核心要素，更加注重治理体系的系统性、整体性和协同性。

---

① Bryson J. M., Crosby B. C., Stone M. M., "The Design and Implementation of Cross Sector Collaborations: Propositions from the Literature,"Public Administration Review，2006，66(1)，pp. 44-55.

② Ansell C.，Gash A.，"Collaborative Governance in Theory and Practice,"Journal of Public Administration Research and Theory，2008，18(4)，pp. 543-571.

③ O'Leary R.，Vij N.，"Collaborative Public Management: Where Have We Been and Where Are We Going,"American Review of Public Administration，2012，42(5)，pp. 507-522.

④ Emerson K.，Nabatchi T.，Balogh S.，"An Integrative Framework for Collaborative Governance,"Journal of Public Administration Research and Theory，2012，22(1)，pp. 1-29.

⑤ 赖先进：《国家治理现代化场景下协同治理理论框架的构建》，载《党政研究》，2020(3)。

⑥ 胡颖廉：《推进协同治理的挑战》，载《学习时报》，2016-01-25。

⑦ 盛欣、姜江：《协同治理视域下高等教育治理现代化探究》，载《当代教育论坛》，2018(5)。

第一，树立协同愿景，形成协同治理的动力源泉。教育治理的根本目的是改善和促进人的发展。要实现教育的协同治理，首先要实现的就是教育治理体系内部各治理主体的协同合作，为此，首要任务是建立共同的目标和协作意愿。教育治理不能仅具有工具理性，更重要的是要具有价值理性。因此，教育治理是价值判断和事实判断的结合体。在教育治理中，要通过树立协同的共同愿景，厘清治理的价值取向，充分调动人的积极性，使多元治理主体在促进与改善人的发展中能够让更多的人具有自主感、胜任感和归属感，形成协同治理的动力源泉。

第二，搭建协同渠道，保障动力的持续供给。促进协同治理的制度不仅是实现协同的关键，也是实现协同治理的关键。制度是规范社会行为的规则。通常制度的种类繁多，也就构成了多样性的协同渠道。赖先进教授指出，按照表现形式，制度可以分为成文的制度和不成文的制度；按照具体形态，制度包括体制机制、法律、法规和政策等；按照规定的内容，制度可以分为实体性制度和程序性制度；按照层次，制度可以分为根本制度、基本制度和重要制度等。制度所搭建的协同渠道会促使多元治理主体进行角色定位与转换。例如，扮演指挥和控制角色的治理主体需要在协同治理中转换为引导者的角色，扮演被动执行角色的治理主体需要转换为参与者和合作者的角色等。

第三，促进协同行为，提升治理效能转化。将制度优势转化为治理效能，促进协同行为的发生是实现教育治理现代化的关键。根据社会交换理论和社会认同理论，协同行为是指组织成员通过与其他成员的合作、交易与竞争，对组织的社会和心理环境产生维持和改进作用，从而提高组织绩效的行为。一般协同行为包括协同互助、自觉尽责、变革与创新、维护和谐关系、奉献、服从与自我提升等维度[1]，协同行为的核心内涵是合作与利他[2]。协同行为可能会产生协同优势，即过程效率（Process Efficiency）、供给灵活（Offering Flexibility）、交易协同（Business Synergy）、质量提升（Quality Improvement）和创新（Innovation）。[3] 需

---

[1] 祝军、何清华、叶丹丹等：《基于扎根理论的重大工程组织公民行为模型》，载《工程管理学报》，2017，31（1）。

[2] Rubin R. S.，Dierdorff E. C.，Bachrach D. G.，"Boundaries of Citizenship Behavior：Curvilinearity and Context in the Citizenship and Task Performance Relationship,"Personnel Psychology，2013，66（2），pp. 377-406.

[3] Mei Cao，Qingyu Zhang. *Collaborative Advantage as Consequences*，London，Springer，2013，p. 192.

要注意的是，协同行为并不必然会获得成功，也有可能使主体陷入协同行为的集体困境中。有研究者指出，在以协同行为为基础提升治理效能转化的过程中，目标、权力、信任、成员结构和领导力是影响协同优势是否能够产生的关键。[①]

第四，形成协同环境，为协同活动提供支撑与催化剂。协同环境是指以协同为基础，所构建的一种联系紧密、目标统一、资源整合的优化组织结构。[②] 协同环境中所开展的协同活动包括目标协同活动、技术协同活动和资源协同活动三种。目标协同活动的支撑与催化需要具体的协同机制，协同机制可以将个人或部门的分目标统一起来，在协同环境中建立趋同的价值追求，使得参与治理活动的多元主体能够拥有共同的大目标。教育中的技术既包括以物化成果产出为标志的"硬技术"，也包括专业领域中的智慧、经验和方法等构成的"软技术"。为此，技术协同活动其实就是对"硬技术"和"软技术"进行获知、决定、实施、确认和扩散等的一种治理过程，在这一治理过程中，往往会借助信息管理系统等工具支撑与催化系统本身的整体功能优势和放大系统内聚后的创新效应。教育治理中的知识资源是资源协同活动是否能够取得良好效能的体现。为此，资源协同活动要解决好与知识生产、知识演化、知识传播、知识转移和知识创新等有关的关键问题，只有这样才能提升治理效能。

二、治理机制理论 >>>>>>>

机制可以表述为在正视事物各个部分存在的前提下，协调各个部分之间的关系，以便使各个部分能更好地发挥作用的具体的运行方式。理解机制这个概念，最主要的是要把握以下两点：一是事物各个部分存在是机制存在的前提，因为事物有各个部分存在，就有一个如何协调各个部分之间的关系的问题；二是协调各个部分之间的关系所指向的一定是一种具体的运行方式。

治理机制是指治理权力运行的结构、功能，以及它们之间的相互关系。[③] 教育治理机制会以一定的运作方式把教育治理中的各个部分联系起来，使它们能够

① 鹿斌、金太军：《协同惰性：集体行动困境分析的新视角》，载《社会科学研究》，2015(4)。
② 胡昌平、晏浩：《知识管理活动创新性研究之协同知识管理》，载《中国图书馆学报》，2007, 33(3)。
③ 王海莹、秦虹：《现代职业教育治理机制理论、条件与趋势》，载《天津市教科院学报》，2019(1)。

协调运行而发挥作用，这个过程中也包含着人为的组织因素。教育治理机制往往由法规政策、章程制度等构成。教育治理机制具体包括：教育治理决策机制、教育治理执行机制、教育治理监督机制、教育治理协调机制和教育治理服务机制。[①]

第一，科学决策是教育治理决策机制的主要特征。决策就是组织或个人为了实现某种目标而对未来一定时期内有关活动的方向、内容及方式进行选择或调整的过程。决策本质上是人类的思维活动，是大脑的认知活动。教育治理决策确定了教育治理的运行方向，为教育治理的发展做出了质的规定，其决策水平直接关系到教育治理的效能。李德毅院士曾经指出："脑认知的本质等同于大数据认知。"目前基于大数据的教育治理机制正在逐渐形成。基于大数据的科学决策包括了量化数据、数据转换为信息、信息转化为知识、知识涌现智慧四个过程，可以说大数据正在颠覆传统的、线性的、自上而下的决策机制，非线性的、面向不确定性的、自下而上的决策机制在逐步形成。

第二，精细执行是教育治理执行机制的主要特征。一方面，教育治理可以借助大数据技术，精细化地了解多元主体的政策需求，对政策执行过程中可能出现的问题进行精准预测，保证政策最优化和公众利益最大化；另一方面，参与教育治理的多元主体克服了传统的由中央到地方层层推进式的政策执行模式，可以在协同过程中充分地分工合作，创新政策执行方式，形成"精准推进政策落实，细化政策实施方案，最终实现精细执行"的执行机制。

第三，实时监督是教育治理监督机制的主要特征。以往的教育管理也具有监督机制，但由于反馈系统方法与技术较为落后，无法做到实时监督反馈，所以管理效果也受到了一定程度的影响。这一问题在互联网大数据时代已经得到了有效解决。教育治理在大数据技术的支持下，不仅可以开展网络监督，还可以实现形成性的、实时性的监督、评价与反馈，由此将单纯的实时监督转化为教育治理的实时服务，更好地服务于教育治理中的多元主体，形成了监督与服务的双重机制。

第四，民主协商是教育治理协调机制的主要特征。民主协商的基础是信息公开和平等对话。在当今的互联网和大数据时代，多方渠道对话，以及信息公开和

变革与治理：大数据时代的教师专业发展

---

① 申霞、夏豪杰：《大数据背景下教育治理运行机制现代化》，载《教育研究与实验》，2018(6)。

信息查询的便捷性，使得民主协商成为可能。民主协商可以使得参与教育治理的多元主体地位更加平等，大家可以在信息交流与信息分享的平等对话过程中，平衡各方利益，多角度地理解治理问题，实现真正的均衡合作，从而形成协调机制。

第五，人本服务是教育治理服务机制的主要特征。人本服务是建立在个性化服务的基础之上的，在教育治理的多元主体中，由于各主体的角度不同，需求不同，对教育的理解也有差异，所以个性化服务就变得非常重要。办出让人民满意的教育，需要教育治理机制满足现代化要求，提高教育治理水平，以科学的决策、精细的执行、实时的监督服务和民主的协商实现教育治理服务的人本化、个性化，使教育治理成果为人民所用，这不仅是教育治理现代化的重要目标，也是教育治理服务机制的重要作用。

三、数据驱动理论 >>>>>>>

数据驱动是一个实践领域和一种实践形态，包括技术、资源和思维三维要素，这三维要素统一于大数据驱动的实践之中，并与人的实践能力密切相关。[1] 大数据驱动的本质是信息驱动。[2] 数据的共享，能够通过挖掘与洞察复杂数据背后存在的联系与规律而提升治理的决策能力，使大数据转变为重要的决策资源，从而形成一种认识事物、理解现象的新思维。

现代教育实践是数据驱动的理性实践。当前，教育治理正在由经验驱动转变为数据驱动，在教育治理理念、教育治理环境、教育治理方法和教育治理模式上均发生了巨大的转变。

第一，数据驱动下的教育治理理念变革。教育治理理念由传统的"管理者"理念向现代的"服务者"理念转型。数据信息的全面开放和共享使得信息孤岛、信息黑箱和信息不对称等问题得到了有效解决，数字鸿沟正在走向消亡，人类信息化社会已经开始向智慧型社会发展，数据信息已经被内化为社会行为主体共享的资

---

[1]　黄其松、邱龙云、冯媛媛：《大数据驱动的要素与结构：一个理论模型》，载《电子政务》，2020(4)。

[2]　[英]维克托·迈尔-舍恩伯格，肯尼思·库克耶：《大数据时代：生活、工作和思维的大变革》，65页，盛杨燕，周涛，译．杭州，浙江人民出版社，2012。

源。在这一大背景下，教育治理已经不可能是政府的一元治理，而是需要学校、社会和政府多元参与、民主协商、合作共赢。这种多主体参与的教育治理模式体现了教育治理的高度的开放性、普遍的参与性、广泛的互动性、极大的包容性，也与数据驱动的社会属性相契合。

第二，数据驱动下的教育治理环境变革。教育治理环境的两个重要变革：一是，由以线下治理环境为主向线上线下混合的治理环境转变；二是，由"自上而下"的治理环境向"上下联动"的治理环境转变。以往的教育治理环境主要在线下，随着互联网和大数据的广泛应用，海量的非结构化和半结构化的教育数据涌现并被存储于云端，使得线上线下的混合式数据治理成为提高教育治理效能的关键因素之一。以往的教育治理环境是政府主导下的自上而下的单向管理，这种单向管理不利于教育治理过程中的多方互动以及基于民情的教育政策的制定①；而借助大数据的数据驱动，采用上下联动、平等协作的多元的教育治理体系，多主体之间可以借助各种技术平台平等对话、互动协商，这种双向的上下联动的治理体系能够更广泛地收集广大民众对教育的根本诉求，促进政府制定更人性化的教育政策，并做好为广大民众提供教育的个性化服务的准备。

第三，数据驱动下的教育治理方法变革。治理方法由之前的以经验推断为基础转变为以数据预测为基础。以经验推断为基础的治理方法，在新时代的背景下显露出了很多不可避免的问题。大数据时代拥有着无可比拟的技术优势：移动终端和互联网的发展为教育管理部门与教育政策决策机构提供了更为全面和丰富的大数据资源；云端技术的广泛应用，使得各种非结构化和半结构化的数据存储更加便捷、可靠；人工智能系统的开发和使用促进了数据处理能力的提升，大数据的数据挖掘与知识发现方法和技术可以将事后补救型治理转变为事前预警型治理。因此，大数据的数据驱动为教育治理方法由经验推断转变成数据预测提供了必要的技术支持和保障。

第四，数据驱动下的教育治理模式变革。教育治理模式由静态治理向动态治理转变。随着社会生产力的高速发展，静态的治理模式已经不能满足社会转型的需求。在大数据的数据驱动下，动态治理已经成为可能。借助物联网等技

---

① 林慧：《职业教育治理现代化的内涵、要求与路径》，载《教育与职业》，2015(32)。

术的动态数据监测已经扭转了以往的单一的静态调查状况，可以实时全程地实现过程性监控，让教育治理真正进入"随动而谋"的状态。借助大数据的数据挖掘算法，可以随时完成新的知识发现，让教育治理的过程具有动态生成性，从而满足教育发展的动态需要。大数据的全样本特征解决了局部数据或抽样数据的片面性问题，既有利于从宏观的视角把握教育发展问题，也有利于发现与诊断教育治理过程中的问题与弱点。大数据技术的有效整合与科学分析，还有利于发现教育治理过程中新的管理规律与新的教育规律，助刀再造教育决策流程与教育决策支持服务，实现教育决策服务的定制化、个性化与精准化，促进生成更有针对性的教育治理方案与策略，帮助多元主体寻找到解决教育问题的最佳方案。

【实践探索】

"靠谱 COP"项目针对海淀区实验学校的治理目标就是将实验学校转变为百姓家门口的好学校。为此，"靠谱 COP"项目在海淀区的项目实施过程就是实现持续的教育治理的过程。

在海淀区，"靠谱 COP"项目首先通过各种途径和方式倾听实验学校的诉求，了解实验学校的具体需求；在此基础上，充分发挥区域教育管理部门的统筹领导作用，加大外部要素投入力度，对实验学校的校园文化、教育制度、治理方式、师资队伍和课堂教学等进行有针对性的改进，给予学校"输血式"的外部支持；引导实验学校开展自我评估，明确学校优势，寻找制约学校发展的关键因素，发现学校进一步发展的"着眼点"，寻找牵一发而动全身的学校改进"触发点"，并由此对学校的发展进行系统设计和整体规划，制定学校改进方案，集中力量帮助学校解决制约学校品质提升的关键问题，使学校内部形成不断自我更新、自我完善的"造血式"自主发展模式，最终实现学校办学水平和教育教学质量的全面提升。

在北京市海淀区"靠谱COP"项目的启动之初，区域教育管理部门、实验学校、大学与企业的专家团队(以下简称"靠谱COP"团队)等共同组成项目组，开展了多部门协同、多层次配合的教育治理组织架构。

区域教育管理部门在多层次教育治理组织架构中发挥着宏观调控的作用，担任了"管理者"角色。首先，区域教育管理部门建立了与实验学校"一对一"的联系制，每位领导联系一至两所学校。其次，区域教育管理部门的领导建立了下校机制，他们每月至少到对口实验学校考察一次，了解实验学校发展的现状、需求和问题，并及时组织力量予以解决，再根据实验学校的意愿和特色，促成区域内一所名校与实验学校建立"姊妹校"，定期监督交流、帮扶的具体进展。最后，区域教育管理部门关注对口实验学校的改革发展，及时了解实验学校各项目的进展情况，督促实验学校按照统一规划和安排进行学校治理建设；充分运用领导自身的宏观调控能力，加强教师培训、数字资源和专家资源等向对口实验学校的输送。

海淀区基层科研单位在多层次教育治理组织架构中发挥着中观层面的资源供给和统筹协调的核心中介作用，担任了"指导者""督导者"和"评估者"的复合角色。借助自身的科研优势，联合高校、科研院所的专家资源，运用"评估—分析—改进"的模式，整体摸清了每一所实验学校的发展现状，协同外部专家帮助学校明确自身发展的优势和短板，为每所学校量身定制了改进方案，抓住教师这一关键性因素，通过具体的教育治理活动激发教师的育人活力，使之成为海淀教育发展的中坚力量，凭借团队的技术优势，在质量、伦理和效能三个维度上开展了专项治理。第一，在质量维度上，"靠谱COP"团队致力于提升实验学校的教育服务水平和教学质量，结合实验学校的课堂教学，本着以学生发展为本的理念，进行了第一轮的课堂教学行为大数据监测；第二，在伦理维度上，"靠谱COP"团队更加关心教师专业发展中的弱势群体，在课堂教学行为大数据测量结果中，更加关注弱势群体的教师专业发展诉求，并积极跟进弱势群体的教育改善状况，通过向学校管理层反映弱势群体的需求，形成有利于弱势群体发展的政策机制，以调动弱势群体教师参与教育治理的积极性；第三，在效能维度上，"靠谱COP"团队主要聚焦治理效能的提升，具体包括决策效能和改进效能两个方面的提升。

海淀区实验学校的校领导与教师在多层次教育治理组织架构中的角色十分复杂，他们既是多元治理主体的核心，又是提升治理效能的关键，更是具有主观能动性且拥有丰富先验知识与经验的人，可以说他们担任着"办学主体"的角色。根据伯利纳的研究，"靠谱COP"项目海淀区实验学校的教师可以分为新手教师、胜任教师和成熟教师三类[1]，不同教师群体不仅在专业知识的丰富性上有显著差异，在专业行为上也存在显著差异，因此他们的专业发展愿景也会有较大差异。

在项目启动之初，"靠谱COP"团队对海淀区实验学校的新手教师、胜任教师和成熟教师三个不同教师群体的常态课课堂进行了63个维度的课堂教学行为大数据基线调研和6个维度的实践性知识大数据基线调研，以求发现每所学校、每个教师群体的专业发展特征。在基线调研中，对课堂教学行为大数据的分析显示出了目前"靠谱COP"项目海淀区实验学校的课堂教学存在9个短板，如图2-1所示。

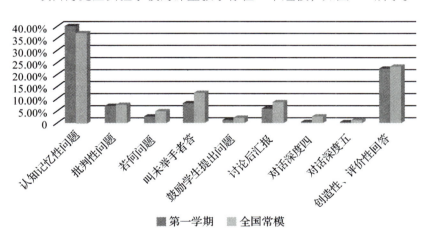

图 2-1　基线调研中发现的实验学校课堂教学中的短板(2018 年)

图2-1表明，在63个维度的课堂教学行为大数据中，实验学校三个教师群体共同存在的教学短板有9个。其中：(1)在问题类型上，教师提出的认知记忆性问题其数据高于对应的全国常模数据，批判性问题其数据低于对应的全国常模数据，若何问题其数据低于对应的全国常模数据。这组数据证据链反映出教师的课堂教学明显缺乏高阶问题，对学生的批判性思维和迁移创造性知识与能力的培养

---

① Berliner D. C. ，"The Development of Expertise in Pedagogy，"Beginning Teachers，1988，p. 35.

明显不足。(2)在师生互动方式上，教师叫未举手者答的行为其数据低于对应的全国常模数据，鼓励学生提出问题的行为其数据低于对应的全国常模数据，讨论后汇报的行为其数据也低于对应的全国常模数据；师生之间的对话主要为浅层对话，深度四和深度五的对话其数据都低于对应的全国常模数据。这组数据证据链反映出师生的交互质量不高，而且对不同层级的学生教师的关注度有所欠缺，在教学中缺乏以学生的观点引领和发展课堂的教学意识与行为。(3)学生的创造性、评价性回答其数据低于对应的全国常模数据，反映出课堂的生成性不足。

教师的教学行为是由其实践性知识，也就是关于如何教和如何学的知识决定的。同时，教师课堂教学行为的改进也会影响，甚至会重构教师的实践性知识。所以教师的教学行为与其实践性知识之间存在着耦合性，这也是教师专业发展的复杂性的具体体现。在基线调研中，对六个维度的实践性知识大数据的分析显示出：情境知识是明显的短板，且策略知识、反思知识、人际知识和教育信念都处于比较低的水平，具体如图 2-2 所示。

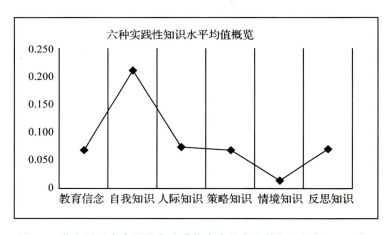

图 2-2　基线调研中发现的实验学校存在的实践性知识短板(2018 年)

图 2-2 反映出，情境知识是海淀区实验学校三个教师群体实践性知识中的共同的短板。教师的情境知识一般是透过教师的教学机智反映出来的。教学机智是教师做出瞬间判断和迅速决定时自然展现的一种行为倾向，它依赖于教师对情境的敏感性(根据情境的细微差异调节自己行为的实践原则)、思维的敏捷性、认知的灵活性、判断的准确性、对学生的感知、行为的变通性等。教学机智不是一种按步骤、分阶段的逻辑认识过程，也不是一种简单的感觉或无意识的行为，而是

教师直觉、灵感、想象力等的即兴发挥，在一瞬间把握事物的本质，同时教学机智也展现了教师"有心"（Thoughtful）与"无意"（Thought-less）的巧妙结合。教学机智可以帮助教师克服理论与实践之间的分离问题，促使反思与行动同时发生，即在行动中反思。有研究者指出，教师的情境知识是教师实践性知识的主成分[①]，与教师在课堂中提出批判性问题的行为具有显著的正相关关系[②]，与教师研修活动中的探究型行为和付诸应用行为也有显著的正相关关系。

海淀区"靠谱COP"项目确立了项目实施的五大治理目标：

第一，明确办学目标，完善规章制度。构建与学校现阶段发展相适应的内部治理体系，不断提升校长的领导力和干部的管理能力，使学校的管理水平在原有基础上得到进一步提升。

第二，构建学校发展愿景，促进师生共同发展。统一思想，形成共识，不断提高学校干部和教师的综合教育能力与水平，努力打造一支理念先进、师德高尚、业务精湛、结构合理、充满活力的发展型教师队伍。

第三，推进教育教学改革，让学生有真实的获得感。实施以学生发展为本的教育教学，遵循教育规律，科学育人，结合学校学生的实际需求，建立学生个性化学习与成长的资源支持系统，为每一个学生提供适合的教育。

第四，完善学校课程体系，建设学校特色课程。落实国家义务教育课程标准和方案，围绕社会主义核心价值观及学生核心素养，结合学校所在社区的社会文化状况，完善课程体系建设。

第五，健全学校安全管理制度，确保学生健康成长。加强校园文化建设，健全学校安全教育的管理制度，构建全纳、安全、包容、幸福的和谐校园。

在上述目标的指引下，作为"靠谱COP"项目海淀区实验学校，每所学校都依据自己的办学文化、价值取向和发展特色等，提炼出了自身的治理愿景，图2-3为西二旗小学提炼出的学校治理愿景的示意图。

西二旗小学的教育治理目标是：在"我是一面旗"的总的办学理念下，以深化课程改革为核心，以师生发展为根本，遵从生命的自然规律，围绕培育"身""德"

---

① 王陆、彭玏、李瑶：《优秀教师的实践性知识特征——基于大数据的知识发现》，载《课程·教材·教法》，2019，39（2）。

② 王陆、彭玏、马如霞：《大数据知识发现的教师成长行为路径》，载《电化教育研究》，2019，40（1）。

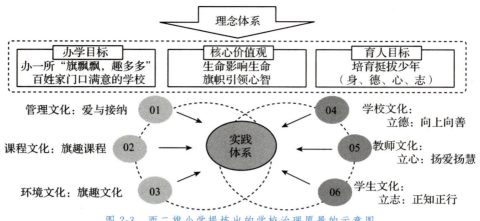

图 2-3 西二旗小学提炼出的学校治理愿景的示意图

"心""志"挺拔的西二旗少年这一育人目标，办一所"旗飘飘，趣多多"百姓家门口满意的学校，让每一个西二旗学子都能够个性独立、幸福发展。西二旗小学的教育治理重点有：(1)建立学校高效管理机制，加强学校品牌建设；(2)依托互联网创建教师的学习型组织，借助大数据驱动教师专业发展；(3)创新教科研模式，掌握基于大数据的教研方法，提高学校教学质量；(4)利用互联网等新技术加强家、校、社联动，建设和谐校园。

二、大数据驱动创新协同治理机制 >>>>>>>

协同治理理论中有价值目标、制度设计、行为选择和条件环境四个核心要素。当多元治理主体建立起共同的价值目标时，就需要进行协同治理制度的设计，也就是要建立大数据驱动的协同治理机制。在海淀区"靠谱COP"项目中，通过所搭建的协同治理渠道，建立了大数据驱动的五个治理机制：教育治理决策机制、教育治理执行机制、教育治理监督机制、教育治理协调机制和教育治理服务机制。

第一，大数据驱动的教育治理决策机制。大数据驱动的教育治理决策依据阿科夫(Ackoff)提出的 DIKW 模型，需要经过"数据(Data)—信息(Information)—知识(Knowledge)—智慧(Wisdom)"的连续转化过程及一系列信息处理过程才可以形成。[1] 海淀区"靠谱COP"项目中的大数据驱动的教育治理决策机制如图2-4所示。

---

① Ackoff R. L. ，"From Data to Wisdom,"Journal of Applied Systems Analysis. 1989，16(1)，pp. 3-9.

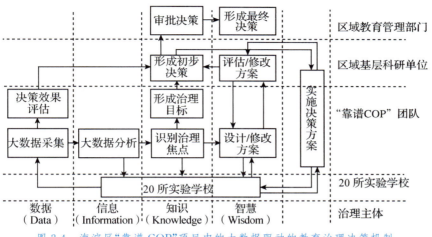

图 2-4 　海淀区"靠谱 COP"项目中的大数据驱动的教育治理决策机制

图 2-4 反映出形成大数据驱动的教育治理决策机制的过程是一个复杂的非线性的自下而上的过程，可以大体概括为形成初步决策、执行决策、评估决策、修改完善决策和形成最终决策五个步骤，这形成了一个自优化的闭环系统。在大数据驱动的教育治理决策机制形成的过程中，每一个治理主体都参与了决策，但他们的决策作用和决策角色都有所不同。具体来说，海淀区"靠谱 COP"项目实验学校既是决策依据的产生源，又是实施决策治理方案的主体；"靠谱 COP"团队为区域基层科研单位提供了基于大数据的决策支持服务，助力区域基层科研单位形成初步的决策机制，同时为实验学校提供了决策方案的实施服务；区域基层科研单位作为决策机制中的核心，要对"靠谱 COP"团队提供的初步决策方案和治理焦点进行评价，进而形成决策；区域教育管理部门要对形成的决策进行审批，并最终在区域内建立这个机制。正是借助图 2-4 所示的海淀区"靠谱 COP"项目中的大数据驱动的教育治理决策机制，大数据得到了充分的共享，项目组通过挖掘与洞察复杂数据背后存在的联系与规律提升了治理的决策能力，使大数据成为一种重要的决策资源。

第二，大数据驱动的教育治理执行机制。教育治理执行机制的难点在于解决冲突，而大数据的预测功能和可视化功能能够有效而精准地帮助参与治理的多元主体加深对治理执行的理解，改进粗放的治理执行机制，更加精细化地执行教育治理过程。海淀区"靠谱 COP"项目中的大数据驱动的教育治理执行机制如图 2-5 所示。

图 2-5 反映出大数据驱动的教育治理执行机制是一个多主体协同、多层次互动的，由合作行为、竞争行为和制衡行为等多种行为构成的复杂系统。这一大数

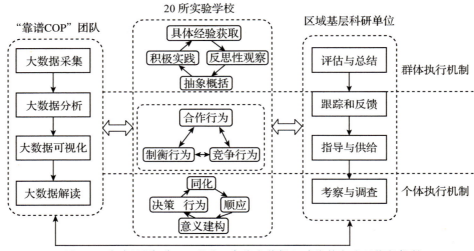

图 2-5　海淀区"靠谱 COP"项目中的大数据驱动的教育治理执行机制

据驱动的教育治理执行机制需要有两个前提条件：(1)多元治理主体需要具有统一的发展意愿，即参与治理的多元主体需要具有统一的治理愿景和治理目标，这也是消解冲突的重要保障；(2)多元治理主体需要站在利益契合点上，这样才能完成治理的执行，即参与治理的多元主体每一方都能够从参与的治理活动中获得所期许的、有价值的利益，形成互惠互利格局，从而减少冲突的发生。图 2-5 所示的大数据驱动的教育治理执行机制包含了个体执行机制和群体执行机制两个不同的层次。个体执行机制以多元治理主体中的个体为单元，来自三个不同治理主体——实验学校、区域基层科研单位和"靠谱 COP"团队的每个个体在治理执行过程中都会经历由大数据驱动的同化、顺应、意义建构，产生决策，并由决策产生行为的过程。例如，海淀区"靠谱 COP"项目实验学校中参与项目研修的教师在聆听和观看了"靠谱 COP"团队所展示并解读的可视化后的课堂教学行为大数据后，就会将所获得的信息进行转换，或者纳入自己原有的认知图示中，即产生同化，或者引发原有认知图示的改变以接受新的信息，即产生顺应，随后会由此产生改进教学的决策，并在今后的教学过程中通过自我监控产生改进行为。群体执行机制以来自海淀区"靠谱 COP"项目的实验学校、区域基层科研单位和"靠谱 COP"团队的成员所组成的团队为基本单元(群体)，每个群体在治理执行过程中都会经历由大数据驱动的具体经验获取、反思性观察、抽象概括和积极实践的过程，并由此在治理执行过程中产生基于经验的学习[1]，从而获得经验、验证经验、改造经验和重构经验。

第三，大数据驱动的教育治理监督机制。在海淀区"靠谱COP"项目中，与传统的教育治理监督机制不同，大数据驱动的教育治理监督机制首先借助大数据驱动，将一元化的监督主体转变为多元化的监督主体，区域教育管理部门、实验学校、区域基层科研单位和"靠谱COP"团队都是教育治理监督的主体，由此构成了外部监督机制和内部监督机制。其次，借助大数据驱动可以有效提高监督机制的覆盖面，不仅可以监督静态的对象，还可以监督动态的对象；不仅可以监督显性的对象，还可以监督隐性的对象。例如，以前不可能监督到的教师课堂教学行为和教师的实践性知识，在大数据驱动下，都是可以监测到的，图2-6为海淀区"靠谱COP"项目中实践性知识大数据驱动的部分实时监督仪表盘。

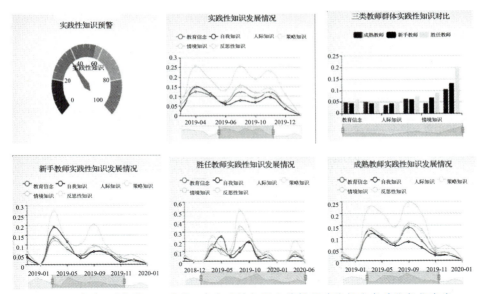

图2-6 海淀区"靠谱COP"项目中实践性知识大数据驱动的部分实时监督仪表盘

第四，大数据驱动的教育治理协调机制。大数据驱动的教育治理协调机制的实质是多元主体围绕治理目标，在信息基础上进行互动的认知、沟通、协调和控制过程，由此，大数据驱动的教育治理协调机制遵循4C模型，即认知（Cognition）、沟通（Communication）、协调（Coordination）和控制（Control）。大数据驱

① Kolb A. Y.，Kolb D. A.，"Experiential Learning Theory：A Dynamic，Holistic Approach to Management Learning，Education and Development，" In *Handbook of Management Learning*，*Education and Development*，ed. Armstrong S. J.，Fukami C.，London，Sage Publications，2008，pp. 42-68.

动的教育治理协调机制包括目标协调、内容协调、关系协调、资源协调和利益协调等，采用信息分享的协调方式，深化理解和意义协商，并通过项目进度汇报会、专题研讨会、教师论坛和校长论坛等方式促进多方对话，促进多元治理主体的和谐共进。

第五，大数据驱动的教育治理服务机制。大数据驱动的教育治理服务机制是以为多元治理主体提供知识服务为核心的。大数据驱动的知识服务是以大数据的收集、组织、分析、重组过程为基础，根据多元治理主体的具体问题和个性化环境，直接融入多元治理主体解决问题的过程，有效支持知识应用和知识创新的服务。杨卉教授的研究指出，知识服务的流程共有五个主要步骤，即服务需求分析、服务策略制定、知识活动设计、知识活动支持和服务反馈。在海淀区"靠谱COP"项目中，针对教师网络研修，解决教师实践性知识治理问题的知识服务机制，如图 2-7 所示。

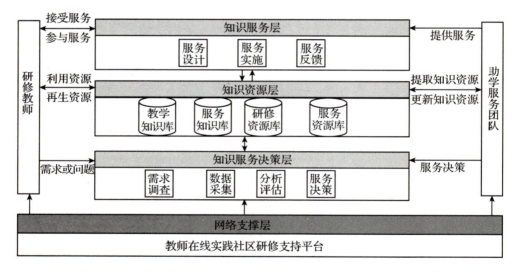

图 2-7　海淀区"靠谱 COP"项目中教师网络研修中的知识服务机制①

图 2-7 表明，在海淀区"靠谱 COP"项目中，知识服务机制是由四个层次构成的，每个层次又包含多个功能模块。第一层是网络支撑层，这一层是知识服务提供者实现在线知识服务的支撑环境，处于该层的教师在线实践社区研修支持平台是专门用于支持教师与教师之间、教师与知识服务提供者之间互动交

① 杨卉：《教师在线实践社区知识服务模式研究》，载《电化教育研究》，2016，37(4)。

流，开展研修活动，进行知识治理的平台，在知识服务中处于基础层。第二层是知识服务决策层，在该层中，知识服务提供者在大数据驱动下，依据所获得的研修教师的课堂教学行为大数据和实践性知识大数据，通过分析和评估，决策并制定出有针对性的知识治理服务的具体方案。第三层是知识资源层，该层主要包括教学知识库、服务知识库、研修资源库、服务资源库。资源层中的知识库和资源库会随教师的知识治理活动的开展而不断更新和优化，是一种动态资源。第四层是知识服务层，这一层是知识服务决策的实现层，由服务设计、服务实施和服务反馈三个过程组成。服务设计是指对知识治理服务决策的具体化，包括对服务目标、服务策略、知识提供者组织等的具体化，服务实施包括教师研修活动设计、组织、监控等过程，服务反馈则是指收集和分析教师对知识治理服务的反馈，以及教师研修取得的绩效数据，其分析结果会作为改进与完善服务质量的依据。

三、大数据驱动促进协同治理效能转化 >>>>>>>

海淀区"靠谱COP"项目为了避免多元治理主体陷入协同行为的集体困境，支持大数据驱动下的多元治理主体协同互助、自觉尽责、变革与创新、维护和谐关系、奉献、服从与自我提升等维度的合作与利他的协同行为，在优化协同治理行为时紧紧抓住了目标、权力、信任、成员结构和领导力五个关键要素，显著提升了决策效能和改进效能。

第一，协同行为的目标要以树立起来的协同治理愿景为出发点，在产生协同行为的时候，参与治理的多元主体在项目启动之初形成了一切决策都要以协同治理愿景为依据的共识。因此，在多元治理主体整体形成的共同愿景下设计自己的行动目标，就保证了协同行为的一致性和协调性。

第二，在协同治理中，权力指的是话语意义上的话语权力。作为一种技术，大数据被认为是当代治理变革的技术引擎之一，通过网络等信息技术设施，能够在很大程度上抹平、消融多元治理主体之间的信息沟壑，推动权力结构的优化。[①]

---

① 杨敏：《"国家—社会"互构关系视角下的国家治理与基层治理——兼论治理技术手段的历史变迁及当代趋向》，载《广西民族大学学报(哲学社会科学版)》，2016，38(2)。

大数据可以从三个方面推进权力的合作：第一个方面，大数据作为一种价值，其对开放与共享理念的鼓励，有利于缓解信息不对称现象，尤其方便治理主体对决策信息的获取与分析，促使更多人针对同一议题发表见解并实施行动，形成针对具体议题的行动压力。例如，在以往的教学行为改进中，相关建议多数以专家的判断为准，但在海淀区"靠谱COP"项目中，可以为教学行为的改进提供建议的不只有专家，研修教师也可以通过自己解读大数据来获取具体经验，从而获得他们自己认可的改进切入点，由此使得研修教师更容易产生自主感、胜任感和归属感，为形成持续改进的内驱力奠定重要的基础。第二个方面，大数据作为一种技术，可以量化一切，结构化与非结构化的数据的整合与使用，能够降低信息的失真率，提升决策信息的完整性，从而支持治理主体更科学、更理性地做出选择。第三个方面，大数据作为一种资源，可以存储权力运行的轨迹，保障治理的公开性和透明性，大数据库和平台可以方便不同治理主体间的沟通与交流，驱动权力的合作。①

第三，由于大数据改变了信息流动的路径和权力运行的向度，变传统的单线垂直流动为裂变式扩散，促进了信息的传播和公开，所以多元治理主体之间的信任就变得极其重要和关键。在海淀区"靠谱COP"项目中，由于主要是对课堂教学行为大数据和实践性知识大数据进行监测，在项目启动之初，研修教师和"靠谱COP"团队之间尚未建立起信任关系，对于"靠谱COP"团队提供的数据化课堂教学评价，研修教师普遍表现出抵触情绪。为此，在项目开展之初，"靠谱COP"团队一直在宣讲评价即服务、评价即学习的理念，并且通过基于大数据的增值性评价，让研修教师看到自己课堂教学行为的改进与进步，通过这些途径逐步建立起信任关系。项目还通过多主体的频繁交流与沟通逐渐让各个主体产生信赖感，信赖促进了多方合作，多方合作又加深了彼此的信任。

第四，在协同治理的多元主体当中，成员结构会影响协同行为的产生，一般会有5种典型的成员结构，如图2-8所示。②

① 刘建义：《大数据、权利实现与基层治理创新》，载《行政论坛》，2017，24(5)。
② 王陆：《信息化教育研究中的新内容：互动关系研究》，载《电化教育研究》，2008(1)。

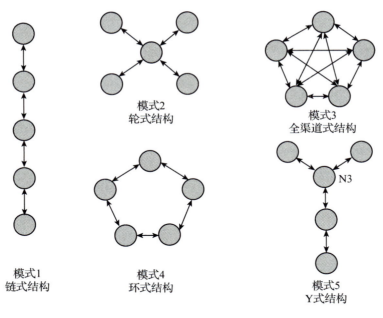

模式2
轮式结构

模式3
全渠道式结构

N3

模式1
链式结构

模式4
环式结构

模式5
Y式结构

图 2-8　典型的成员结构示意图

图 2-8 中所示的链式结构是一种逐级纵向传递的层级式结构，具有产生协同行为的基本条件，但信息传输效率较低；轮式结构是一种以核心人物为中枢的网络结构，这种结构具有高稳定性和成员的满意度低的特点，不同主体保持协同一致的意愿不高；环式结构表示组织中的距离是成员之间交流的最大障碍，临近成员之间可以有沟通，距离远一点的成员之间则可能不存在任何沟通，协同行为不易产生；全渠道式结构，也称为网状结构，成员之间高度互动，但缺乏有力组织，是一种成员有高满意度的互动模式，但是较难产生协同行为；Y 式结构也是一种逐级传递结构，但节点 N3 为一个关键节点，它既有上级节点，也有下属节点，这种结构结合了链式结构与轮式结构的特点，不仅具有产生协同行为的基本条件，也能提升不同主体产生协同行为的意愿。海淀区"靠谱 COP"项目就采用了Y 式结构，其中区域基层科研单位就是关键节点。

第五，领导力就是一种行动力。刘峰教授指出，领导力是指决策力与影响力的乘积。[①] 基于大数据的决策力是指借助大数据来驱动的决策能力，基于大数据的影响力是指借助大数据技术改变他人的思想和行动的能力。信息化领导力是指

---

① 刘峰：《创新思维与领导决策力》，载《群众》，2015(7)。

借助多种信息技术工具和信息化资源，通过对信息进行收集、整理、加工与处理，提升洞察力，优化决策力，提高影响力，并激励和影响组织成员，促进组织可持续发展与创新超越的能力。① 所谓基于大数据的洞察力是指借助大数据分析技术而获取事物本质的能力。

在海淀区“靠谱 COP”项目中，项目组运用了课堂教学行为大数据和实践性知识大数据，通过重塑认识论，利用大数据的可视化功能让教学行为清晰可见并被条分缕析，帮助研修教师拥有了对课堂行为的描述和表达能力，并建立起概念系统，从而提高了研修教师的洞察力，使研修教师能够对课堂里所发生的行为具有清晰的认识，促进了行动中反思和行动后反思的发生。同时，项目组还运用大数据改革了方法论，采用科学研究“第四范式”②，通过“发现、总结”的方法，从课堂教学行为大数据的分析中发现教学现象，再总结、归纳教学现象，得出对教学规律的深入认识；研究过程也简化为“定量—定性”，即先开展针对教学行为大数据的定量研究，再对定量研究的发现与结果进行定性的分析与总结，显著提升了治理主体的决策力和治理效能。为了进一步提升治理主体的影响力，项目组采取了基于大数据的知识发现方法与技术，所谓知识发现其实就是数据挖掘的一种更广义的说法。基于大数据的知识发现服务是指从数据集中识别有效的、新颖的、潜在的、有用的，以及最终可理解的知识，从而将专业领域中的数据转变为专业领域中的知识，为知识传播、知识分享、知识转移和知识创新提供必要保障的过程。③ 项目组利用大数据的知识发现方法与技术，不仅发现了很多的新知识、新规律，也极大地扩展了研修教师的知识边界，使他们在专业群体中更具影响力。

四、大数据驱动催化协同治理成果产出

经过两年四个学期的协同治理，海淀区“靠谱 COP”项目已经形成了良好的协

① 王陆：《未来学校前进之路——校长信息化领导力的愿景与实现》，载《中小学信息技术教育》，2010(10)。

② Tolle K. M.，Tansley D.，Hey A. J. G. “The Fourth Paradigm：Data-intensive Scientific Discovery，”Proceedings of the IEEE，2011(8)，pp. 1334-1337.

③ 王陆、马如霞：《基于教育大数据的知识发现方法与技术》，58～61 页，北京，北京师范大学出版社，2019。

同治理环境，大数据驱动催化下的协同治理成果初显成效。

第一，大数据驱动下的教育治理理念发生了变革。在海淀区"靠谱COP"项目中，大数据驱动下的教育治理理念是自下而上发生变革的。"靠谱COP"项目为课堂观察提供了一种全新的方法与手段，实验学校借助与"靠谱COP"团队合作的机会，借助课堂教学行为大数据寻求深化学校课堂教学变革的方法和路径。各个实验学校借助课堂教学行为大数据总结了本校课堂教学SWOT[SWOT为Strengths（优势）、Weaknesses（劣势）、Opportunities（机会）、Threats（威胁）的缩写]分析结果，明确了校本研修方向。具体体现在：通过所获取的本校课堂教学行为大数据，结合本校的实际情况，各实验学校对课堂教学中的优势、劣势、机会和威胁等不同方面进行了深入分析；洞察课堂教学行为背后的原因，分析教学过程中所产生的问题；带领本校师生在教学变革及教师专业发展的过程中不断审视自己，找到学校未来发展的突破点，借助课堂教学行为大数据的研究促进学校教育治理水平的提升。

清华大学附属中学上地小学就在上述过程中发生了办学理念的变革。学校在传承清华大学附属中学和原清河第五小学的精神气质与理念的基础上，结合大数据诊断分析校情和未来发展需求，对学校办学理念的整体架构进行了设计，形成了"两环一线""诗意前行"的教育理念文化体系，如图2-9所示。

图2-9 清华大学附属中学上地小学的办学理念

图2-9展示了清华大学附属中学上地小学的办学理念：以"让纯美的生命诗意前行"的办学目标为指引，内环是育人目标和校训，解决"培养什么人"的问

题，外环则以校风、教风、学风"三风"建设为抓手，解决"怎样培养人"的问题，整个体系蕴含着尊重、包容、开放、多元的诗意文化。学校的办学愿景是：创建一所精致的、没有围墙的优质育人的品牌学校，"精致"是指办学标准要遵循科学、彰显审美、塑造品质，指学校教育的一切都追求精心、精细、精巧、精美的设计与实施，以达精致之品质；"没有围墙"是指以开放的视野最大限度地丰盈学校办学资源，为学校创设优良的育人环境提供有力保障，同时以包容的胸怀、丰富的人才资源，不拘一格，挖掘潜能，成全、成就多元多样的自我。

第二，大数据驱动下的教育治理环境发生了变革。海淀区"靠谱COP"项目建立了"自治—协商"型的教育治理环境，并且分三个层级进行了建设，外部环境建设、内部环境建设和自我环境建设，分别对应宏观层、中观层和微观层三个层级。"自治—协商"型的教育治理环境强调治理主体内部的原动力建设，强调"管、办、评"分离，促进治理环境工具理性与价值理性的统一，强调发挥协同治理的制度优势，推动治理环境优化，提高治理成果的产出。

首先，进行的是实验学校的外部环境建设，区域教育管理部门发挥在协同治理中的统筹领导作用，为实验学校引入了丰富的外部资源，建设了多种奖励机制，搭建了实验学校发展的多维平台，为实验学校的发展营造了宽松良好的发展环境，也为实验学校取得治理成果奠定了重要的基础，提供了保障。其次，区域教育管理部门帮助实验学校进行了内部环境的建设，引入"靠谱COP"团队，通过多方协同建立起校长和教学干部的专项培训机制、研修教师团队的校本研修机制，通过"输血式"的方法，用科研课题引领实验学校对学校的发展进行深入研究与改进，形成了团结、积极、稳定、向上、分享、互助的内部治理环境。最后，实验学校自身通过与"靠谱COP"团队的紧密合作和与区域基层科研单位的密切合作，吸纳多方优质资源，建立健全学校内部管理机制，丰富与改善了校内的自我环境建设，形成了外部环境、内部环境与自我环境的融合共生，极大地提升了治理效能，取得了显著的治理效果。

第三，大数据驱动下的教育治理方法发生了变革。大数据驱动下的教育治理方法的核心由经验推断型的治理转变为以数据预测为基础的治理，其中有三大难点问题：数据准确性不高、数据一致性不强和数据标准性不足。实验学校在项目实践过程中，通过一系列的探索，创新性地解决了这三大难题：首先，以数据的深入应用提升数据质量。以往课堂教学行为大数据和实践性知识大数据都是掌握在大学与企业专家手中的资源，在海淀区"靠谱COP"项目中，通过集中培训、校本研修和"靠谱COP"团队线上与线下的辅导，每位参加项目的研修教师都掌握了5种以上课堂教学行为大数据的采集与分析方法。同时，项目的网络研修支持平台在教师的个人中心主页上通过人工智能的机器学习算法实时动态地为每位研修教师呈现其实践性知识可视化的结果，形成了"数据越用越准"的效果。[①] 其次，以数据处理技术提升数据质量。在海淀区"靠谱COP"项目中，通过建立大数据全国常模数据库集群，以及通过计算机算法对数据奇异点进行监测和清洗，极大地提高了数据质量和数据安全性。最后，以数据的跨域应用提高数据质量。"靠谱COP"团队建立了一个分布在全国25个省的500多所实验学校的大数据共享的生态系统，不同地区可以选择不同的全国常模数据库中的数据资源进行数据对比或数据分析，实现了共享与外部验证同步的数据质量提升的效果。

第四，大数据驱动下的教育治理模式发生了变革。大数据时代的教育治理倡导协作共赢，已经从传统的单向的自上而下的治理模式转变成上下协作的多元治理模式，不再只有单一的治理中心，而是多主体多中心的协司治理。大数据时代的教育治理是以学校为主阵地的，通过政府、学校、社会的共同参与、民主对话、协作协商，发挥治理主体间的纽带作用，这样才能实现教育治理现代化的推进。在海淀区"靠谱COP"项目中，学校治理能力的提升通过以下三种途径来实现：(1)建立现代学校制度，完善学校内部治理结构。建立现代学校制度是促进学校治理能力体系和治理能力现代化的关键，要与时俱进，设计和建构符合时代发展的与各方面改革相适应的规则体系。现代教育制度最大的特点可以用"依法办学、民主监督、自主管理和社会参与"四个短语来概括。(2)优化资源配置机制，提升学校外部的治理功能。学校外部的治理主要是指处理学校外部的资源配置与分配问题，学校外部的治理，不仅要依靠政府的力量，还需要借助社会中的各种力量，通过完善的制度规范，优化资源配置机制，以提升学校外部的治理功能。(3)全面推动依法治校，将学校教育纳入法制轨道。"依法治校"不仅是学校实现自身升级转型、推进素质教育、深化教育领域体制改革的驱动力，更是推动学校治

---

① 徐峰、吴旻瑜、徐萱等：《教育数据治理：问题、思考与对策》，载《开放教育研究》，2018，24(2)。

理体系和治理能力现代化的必然要求。

如何消解学校变革中所催生出的诸多矛盾，以及如何在学校日常研究性变革实践中提升领导与管理工作的有效性与合理性，是大数据驱动下教育治理模式变革中的关键问题。为了解决这些关键问题，"靠谱COP"项目设立了学校校长领导力专题培训，这成为破解海淀区"靠谱COP"项目实验学校治理难题的又一重要举措。"靠谱COP"团队的首席专家王陆教授设计了"理解信息化教学领导力""大数据的价值与意义""从数据到证据的教学领导力"以及"大数据提升领导力的实践"四个维度的专题培训内容，通过校长领导力改进工作坊、校长圆桌论坛、现场会等多种形式，丰富了校长和领导干部的认知，为海淀区"靠谱COP"项目实验学校提供了一条依托大数据提升教育教学质量的科学治理之路。通过一年的专题培训，实验学校的校长有效提升了基于大数据的决策力、反思力、执行力和创新力，确定了大数据驱动下的团队建设、激励机制、科学评价、精准培训、信念提升与搭建平台的学校治理路径。表2-1中介绍了三所实验学校校长在专题培训中针对本校问题进行的SWOT分析。

表2-1　三所实验学校基于大数据的SWOT分析及突破点

学校	Strengths（优势）	Weaknesses（劣势）	Opportunities（机会）	Threats（威胁）	学校教学质量提升的突破点
学校1	教师具有问题设计意识，注重师生互动，课堂中教师能够以学生为中心	创造性问题以及师生对话深度有待加强，问题结构有待优化，生生互动与评价需提升	大数据分析技术丰富了校本研修的主题，各个学科团队的凝聚力增强	教师结构有老龄化的趋势，青年教师缺乏专业引领	问题系统设计，基于4MAT模型的反思性实践模式的校本研修
学校2	推理性问题、创造性问题的比例较高，教师会有意识地解决学生个性化的学习问题	回应方式单一，师生行为转换率较低，教学中明显缺乏对高阶思维的培养	学校在"靠谱COP"团队的帮助下开展了规范的学科教研活动，教师精神面貌积极向上	教师的信息技术水平有待提升，教师缺少在课堂中进行有效性提问的策略与方法	高质量的小组合作学习，基于课堂教学行为大数据的教学质量评价与跟踪

学校	Strengths（优势）	Weaknesses（劣势）	Opportunities（机会）	Threats（威胁）	学校教学质量提升的突破点
学校3	如何问题较多，注重学生策略性知识的获得，创造性问题、批判性问题的比例相对较高	课堂中没有鼓励学生提出问题，缺少以学生的视角提出问题、解决问题的学习活动	教师已经能够从不同角度运用大数据分析课堂，具有一定的数据意识，也具有一定的数据分析素养	教师实践性知识不够优化，"靠谱COP"项目平台中生成性资源的利用率还有待提升	非线性的动态的教学设计方法与策略，基于鼓励学生提出问题的专项校本研修

　　表2-1表明，通过所获取的本校课堂教学行为大数据，结合本校的实际情况，海淀区"靠谱COP"项目实验学校的校长已经可以依据数据证据链对本校发展中的优势、劣势、机会与威胁进行深入分析，洞察课堂教学行为背后的原因，审视与分析教学过程中所产生的问题，并能够初步确定带领本校教师进行改进的首要切入点和突破点。其中，西二旗小学的李春梅校长表示："学校将利用'靠谱COP'团队对课堂教学行为大数据的诊断分析结果，开展提升教师问题设计的有效性的校本研修活动。教师可以通过观看课堂视频录像进行反思，针对多次上课后的大数据进行对比分析，真真切切地感受大数据对课堂教学改进的指引作用，从而全身心投入自己的教学改进中。"清华大学附属中学上地小学的张红校长也表示："'靠谱COP'团队利用数据对学校课堂教学进行的诊断分析，有利于学校管理者更深入地了解本校的课堂教学情况，更全面地了解不同学校课堂教学之间的差别。希望今后学校能够进一步扩大课堂观察的辐射作用，对更多的教师进行常态课背景下的课堂观察，并且建立长期跟踪反馈的机制，从而更好地帮助教师改进课堂，帮助校长及教学干部优化管理。"经过一年的校长信息化领导力专题培训，每位海淀区"靠谱COP"项目实验学校的校长都表示：这种基于学校实际情况制定的培训有理念、有内涵、有载体、有方法，能够有效帮助校长和领导干部梳理与明晰工作思路，找准工作方向，提升学校的管理智慧。校长们还认为，"靠谱COP"团队为各校量身定制的校本研修方案非常符合学校的学情，希望在区域基层科研单位的支持以及"靠谱COP"团队的助力下，运用更多的大数据技术工具和思维方法思考学校的改进问题，借助大数据的研究促进学校教育教学质量的提升。

海淀区"靠谱 COP"项目在有限的时间周期内，在现有软、硬件基本不变的前提下，注重挖掘实验学校内部资源和潜力，促进实验学校内涵发展，精准帮助实验学校在生源基础相对薄弱、教师队伍结构欠佳、内部治理出现较多问题的情况下实现了学校发展、教师发展和学生发展的目标。其中，实验学校的课堂教学质量的提升与改进是核心问题。海淀区"靠谱 COP"项目在实验学校中开展的"海淀区教师素养提升课堂大数据分析项目"不是一个简单的科研项目，而是一个行动计划，采取行政帮扶和科研引领相结合的方式协同推进。依据行动研究的"情况调研判断—反馈研究—自我参与式研究"的框架，可以抽取出海淀区"靠谱 COP"项目在大数据撬动教育治理领域中的三个重要经验，这也可体现随着治理过程的深入从数据到证据的升华过程。

一、精准决策，找到教学改进突破点 >>>>>>>

大数据驱动的教师专业发展起始于行动计划的每一个阶段，其目的主要是为下一步的行动奠定基础，或是矫正行动计划。同时，大数据驱动的教师专业发展其实也是对行动是否能够达成提升教学质量这一治理目标的形成性评估，贯穿于整个治理过程中。大数据驱动的教师专业发展一般采用现场课堂观察的方法，也会配合必要的访谈法等收集资料，还会通过网络研修进行实践性知识的分析。海淀区"靠谱 COP"项目实验学校的研修教师会与"靠谱 COP"团队一起采集数据、收集资料，并会在资料的收集过程中参与课堂教学的变革。

要将数据转化为寻找教学改进点、突破点的决策证据，就必须加强微观数据与宏观决策之间的实质性连接。在参照大数据常模的前提下，不是仅停留在片面的工具性结果评价的层面上，而是形成多维度的数据证据链，挖掘数据背后的专业知识，与参与教师专业发展的多元主体进行深入沟通，只有这样才能形成科学化和民主化的精准决策，帮助实验学校研修教师找到教学改进突破点。这一环节需要专业的大数据服务团队给予支持，其目的不在于演绎行动计划的目标或评价目标的价值，而在于描述"计划"与"行动"之间的实在关系。

二、实时反馈，监督治理效能提升情况 >>>>>>>>

按照时序，大数据驱动治理反思发生在大数据驱动教师专业发展之后，即专业的大数据服务团队需要将教师专业发展的结果向治理主体进行反馈，并为他们进行深入的数据解读，之后作为治理主体的海淀区"靠谱COP"项目实验学校的干部与研修教师才能进行行动后反思。基于大数据的教师专业发展结果可以实时产生，所以数据诊断结果可以做到及时反馈。大数据的教师专业发展证据链可以聚焦教学的微观层面，使原本模糊的教育活动通过数据逐步被清晰地描述出来。同时，大数据还可以超越个体与局部的相对静态的视野，让治理主体更容易发现问题所在，更清晰地反思可能存在的治理弱点和盲区，建立起动态治理的宏观视野，这有利于进一步提升治理效能。在这一过程中，参与的治理主体群体越多，治理效能的提升就越显著。

三、多方协同支持校本研修 >>>>>>>>

上述两个步骤执行完毕后，对于治理主体而言，需要改进的突破点已经非常清晰了，此时需要治理主体制订自己的行为改进计划。由于教学改进是群体性的，所以需要制订群体性的教学改进方案，而校本研修是实施群体性教学改进最有效的途径之一，其中校长领导力是关键。治理主体自己制订改进方案的优势在于可以把教学改进转化为一种激励方式，提高治理主体的责任感与自觉性，从而可以有效地克服社会、组织原有的旧观念和旧习惯的束缚，使组织系统发生一系列有利于组织发展的变革。这种自主制订改进方案的办法，还可以使改进行为具有稳定的可持续性。

大数据驱动的校本研修，既重视研修教师团队的研究过程，也重视研修教师个人的修炼，同时还是信息化校长领导力的体现。为此，多方协同支持的校本研修既要结果性证据，也要过程证据或执行性证据，因为必须要回答"是什么产生了改进效果？改进得有效吗?"以及"我们是如何改善现状的?"等与学校发展治理相关的问题。多方协同支持的校本研修既需要描述性证据，也需要分析性、批判性和伦理性证据，即需要通过校本研修将工具性、实践性的思考推向更深层次的知识追求，这是治理主体经过因果、并列、层次性等逻辑加工，经过权力、意识形态等潜台词剖析，经过人本的、人际的、个体与环境等伦理性的反思，产生的对教学改进问题的逻辑性、分析性的回应。[①] 多方协同支持的校本研修既要数字证据，也要文字证据，以便在证据中加入历史的、诠释性的、与文化相关的、有地方特质的考量，以适应不同学校不同的治理特点。

①　陈霜叶、孟浏今、张海燕：《大数据时代的教育政策证据：以证据为本理念对中国教育治理现代化与决策科学化的启示》，载《全球教育展望》，2014(2)。

第三章

大数据驱动教学实践转型升级

教学实践的转型升级是教育改革创新的重要表现，也是一个常谈常新的话题。本章从真实的案例出发，聚焦学校和一线教师在教学实践转型中遇到的具体问题，尝试从教学实践的基本概念、相关理论入手进行分析，通过对实践案例的剖析，呈现基于大数据进行教学实践转型升级的经验和思考。

【聚焦问题】

一、教师专业发展的困惑 >>>>>>>>

小 A 老师是海淀区的一名小学数学教师。从教六年以来，通过自己的努力、前辈同事的支持、学校领导的培养、教研员的指引，小 A 老师得到了学生和家长的一致认可，成长为学校的一名骨干教师。小 A 老师在教学反思中提道："上班六年来，在我的数学课堂上总是可以听到孩子们说'这节课太有意思了！''我太喜欢数学课了，我还没上够。''这节课我自己探究出了结果，我太了不起了。''我找到了学习方法，以后我再也不怕数学了。'……"小 A 老师认为自己教授的学生对于数学的学习兴趣一直很浓厚，孩子们良好的学习习惯与自己上课的教学风格是分不开的。

随着自身的不断成长，小 A 老师对教学的追求也越来越高。小 A 老师开始思考，热闹的课堂真的是高效的课堂吗？每个学生在课堂中都得到了切实的发展吗？不断思考支持小 A 老师不断学习提升，在研修过程中，小 A 老师接触到了很多新的教学理念、方法和策略，但是如何将研修所学迁移、运用到自己的课堂中却是个问题。

越来越多的教师意识到，仅仅作为"教书匠"是不能满足现有的教育需求的，"教师作为研究者""成为专家型教师"的理念深入人心。在教师自主寻求发展的过程中，案例中的小 A 老师代表了一批在专业发展过程中不断遇到问题的教师。然而，在实践过程中，教师自身发展的随意性较大、自主程度较低，缺乏研究意识、研究能力、反思能力和合作能力，缺乏客观的评价标准[1]，这对教师的专业发展和自我提升而言形成了重重阻碍。

二、学校特色发展的困境 >>>>>>>>

2017 年，海淀区某著名中学对接了海淀区的一所"农村学校"，"农村学校"虽然挂上了"金招牌"，有了响亮的名字，但学校校址没有改变，教师队伍没有改变，生源也没有改变。在这种情况下，要将"金招牌"擦亮，只有主动地改变自身，改革教学实践，提升教学质量，实现学校的跨越式发展。

在对学校现状进行细致分析之后，校长找到了制约学校发展的三大问题，而在这三个问题中，最为困扰大家的就是学生学业质量的提升问题。教师们说，学校接收的学生 90％左右都是打工子弟，学生基础差，父母对学生的学习重视不够，所有的学习任务都只能在校内完成，因此提升学业质量最迫切的要求就是给学生补课，加大学习强度。加大学习强度又与"减负"的理念相悖，难道"轻负高质"在打工子弟学校就仅仅是个口号吗？

课堂是学生学习的主要场所，也是育人的主渠道。学校领导班子决定从课堂质量入手。当前课堂教学的质量如何呢？在把学校教师的课都听过一遍之后，校长得出的结论是学生在课堂的实际获得较少。课堂看上去以学生为主，教师能通

---

① 史颖博、王卫东：《中小学教师专业发展困境的研究现状及其改进：基于 2006—2015 年研究成果的分析》，载《教育科学研究》，2017(1)。

变革与治理：大数据时代的教师专业发展

过丰富的言语和非言语方式与学生进行课堂互动，学习气氛融洽。但细究教师提出的问题，就会发现教师的提问浮于表面，缺乏挑战性，学生只是被动地按教师的指令完成操作，学习能力没有真正培养起来。

于是，校长和教学领导认真梳理课堂教学的问题并提出了改进策略，可是在跟教师们交流的时候，虽然感觉到大家比较兴奋，认为校长说到了问题的实质，但与此同时，大家会私下议论，认为校长在用生源更好的学校的标准要求打工子弟学校。大家觉得校长的发展目标不切实际，很难实现。

从教师队伍成长的角度来看，如何转变教师的理念，让教师正视课堂中的问题，改变自己而不是抱怨学生？如何激发教师在教学改革中的主动性，使"要我改"变成"我要改"？从学校发展的角度来看，剖析制约学校发展的问题，确定适合学校师生发展的目标，挖掘促进学校发展的资源，制定学校发展的方针政策，这些逐渐成为学校教学改革中必须面对的亟待解决的问题。

【理论支持】

一、现代教与学理论 >>>>>>>

自课程改革以来，教学目标由"双基"到"三维目标"再到"核心素养"的变迁过程，也是由"知识"到"能力"再到"人的发展"的演变过程。这样的变革使我国中小学教学实践发生了历史性的变化，引发了教学活动、学习行为、课程载体等多方面的实践转型。在课程改革的过程中，教师通过教学实践去实施和解释课程，支持学生理解和学习课程，无论课程改革的理念和目标多么先进，课程改革的方案与措施多么创新，课程改革最终要通过教师的教学实践来实现。[1] 有研究表明，"课程改革的最大动力是教师，最大阻力也是教师，课程改革的重要工作之一就是将教师从阻力状态转变为动力状态"。[2] 无论是课程改革的不断深入，还是人民

---

[1] 王宪平：《课程改革视野下教师教学能力发展研究》，博士学位论文，华东师范大学，2006。
[2] 黄甫全：《新课程中的教师角色与教师培训》，3页，北京，人民教育出版社，2003。

群众对教育要求的不断攀升，都为教师的教学实践带来了新的挑战和不确定性。

课程改革倡导合作学习、自主学习和探究式学习，教学方式的变革要求教师从高高在上的权威中走出来、走下来。这就要求教师不再是教学过程的控制者、教学内容的制定者和教学结果的评价者，教师要摒弃这些熟悉且习惯的身份，转变为学生学习的合作者、引导者和参与者。从学习的方式来看，传统的教师的教与学生的学要让位于师生间的"学习共同体"。学生学习方式的转变不是自发产生的，需要教师在教学过程中进行指导和帮助。教师能否恰当地给学生提供支持，引发其学习方式的转变和更新，是教师面临的又一巨大挑战。在传统的教学中，学科的界限非常清晰，教师也常常将自己封闭在学科的壁垒之中，进行单一的学科教学实践。而课程改革指向综合能力的培养、指向人的全面发展，那种将知识从社会生活的真实情境中割裂开来的教学实践无法满足课程改革的需要。教师在教学实践中就面临着教学内容，即教学载体的革新。

综上所述，教学模式的转变、教师角色的转变、学习方式的转变和教学载体的转变都给教师的教学实践带来了诸多挑战和不确定性。这些挑战和不确定性要求教师打破传统的教育思维，改变传统的教学模式，也在迫使教师重新审视自身教学实践的路径，同样要求教育研究者和教育管理者对教师成长的路径进行深入分析。

课堂是教学实践的基本场域。课堂教学的变革承载着教学实践转型升级的理想和希望。在教学改革实践的几十年里，教学实践变革有了明确的目标和取向。

(1)从教学的理念来看，教学已经不再仅仅局限于"教授书本上的知识"这一狭义的观点。教学的目标也不再是以知识传授为主、能力培养为辅。教师已经开始将教材乃至知识作为支持学生发展的资源，而不是教学的唯一目标，也就是说教学目标的取向开始由"知识技能"转向"人的发展"。在这种理念的引领下，教学实践开始摒弃机械的操练和简单的记忆，转变为"为理解而教，为思想而教，为意义而教，为发展而教"的深度教学。教学实践已经不再局限于课堂和学校，与学生发展相关的一切都成为学生学习的资源，教学实践的场域拓展到了更为广袤的空间。

(2)从学生的角度来看，由于教学的理念转变为关注学生的成长，关于"学生学习"的研究开始成为教学研究关注的重点。在行为主义、认知主义和人本主义的基础上，建构主义的学习理论开始被更多的教育教学工作者认同，人们也开始不断探索建构主义的学习理论在教学实践中的应用方式。在探索的过程中，教学实践者不断学习新的教学理念，对教学的过程进行细致的研究，从而形成了新的教学方法和模式；努力寻找教育理论与教学实践的融合渠道。"核心素养"的提出使得教学目标与人的发展紧密结合，赋予知识以灵动的生命。课堂教学模式由以教师为主体的教学模式向以学生为主体的启发式、合作式、探究式的教学模式转变，教学评价方式由终结性评价向过程性、多元化和指向终身发展的评价转变。

（3）从教师的角度来看，教学实践转型在关注学生学习者的主体地位的同时，对教学实践的主体——教师也给予了更多的关注。课堂的变化离不开教师的变化，改革的逐步深入使得人们对教师的要求也在不断提升。在课程改革的推进中，教师不能仅仅作为被动的执行者，而要成为主动的决策者。因此，教师教学观念的变化和教学能力的提升，成为推进课堂改革的决定性的因素之一。"反思性实践家""教师成为研究者""专家型教师"等理念已经被广大教育工作者接受并认同。校本研修、小课题研究等以教师为研究主体的行动研究在一线教学工作者中如火如荼地开展，如何支持教师在教学实践和教学研究中稳步发展，也成为教育管理者和教育研究者共同关注的焦点。

（4）从学校的角度来看，教学实践的场域在课堂中，教学实践的主体是教师，教学实践就必然受到学校的教育教学理念、校园文化、工作学习氛围和教师队伍能力等多重因素影响。教学实践的转型必然要借助于学校的改革和发展。校本研修凭借其"为了学校、基于学校和在学校中进行"的特点，成为支持学校发展、促进教师队伍成长、推动教学实践改革的重要方式。

二、经验学习理论 >>>>>>>

教师作为教学实践改革的主体，是发生在各级各类学校和课堂中的教育变革的关键活动者。[1] 教师的专业水平发展问题成为学校提升教学水平、实现个性发

---

[1] 赵中建：《全球教育发展的历史轨迹——国际教育大会 60 年建议书（1934—1996）》，522 页，北京，教育科学出版社，1999。

展，乃至区域整体教学实践改革转型中必然要面对的问题。

中小学教师在日常工作中积累了丰富的、真实的教育教学的实践经验，这是教师作为学习者的最大特点，也是进行教师教育的重要评价要素。教师的教学实践经验可以被挖掘利用、去伪存真，成为教师学习的基础，成为教师专业发展的基石。但这些经验也可能成为阻碍教师接受新的教学理念、新的教学方法的反面因素。如何利用这些宝贵的、独特的经验，使之转化为教师专业发展的内驱力，成为教学实践变革的助推器，一直是教师教育研究的重点。

在 20 世纪 30 年代，教育学家杜威(J. Dewey)就提出了"学习等于经验加反思"的观点，认为经验与反思是构成和促进学习的有效方法，杜威还总结了经验学习的三个阶段："(1)观察周围的种种情况。(2)熟悉过去发生过什么相似的情境。获得这种知识的途径，部分是由于回忆，部分是那些过去具有比较广泛经验的人提供知识、劝告和警告。(3)把观察和回忆的东西结合起来，明了它们的意义，从而做出判断"。① 在 20 世纪 40 年代，勒温(K. Lewin)构建了正向循环的经验学习圈，强调此时此地的经验是学习、变化的起点，随后观察、分析资料，并归纳形成"理论"，最后反馈给主体用于调节以后的行为。皮亚杰(J. Piaget)在 20 世纪 50 年代提出了"认知发展观"，认为学习可以划分为顺应和同化，它们都是通过学习者与环境的相互作用，来丰富已有经验或改造已有经验的。库伯(D. A. Kolb)在杜威、勒温和皮亚杰的基础上，将"反思"细分为观察、反思，并补充了"抽象概念的形成"，得出了著名的经验学习圈理论。经验学习圈分为四个阶段。①体验：具体经验获取。②内省：反思性观察。③归纳：抽象概括。④应用：积极实践。在经验学习中，教师作为学习者的反思是以具体经验为起点的(如在授课过程中体会到某种成功或失败)，从而引发其思考(为什么会成功或失败?)，这时教师会将教学情境同化成一种初步的个人理论进行解释，进而推演到新的教学情境中去，并不断在教学工作中去实践检验这一理论的正确性。在检验的过程中，又不断产生新的具体经验，继而反思分析、完善补充这一理论，之后再次实践检验……这样螺旋上升式的循环，不断地对教师的经验进行改造和重组，就形成了教师的经验学习。

---

① ［美］约翰·杜威：《我们怎样思维·经验与教育》，280 页，姜文闵，译，北京，人民教育出版社，2005。

教师的经验学习过程，并不像经验学习圈所呈现的那样顺利流畅。舒尔曼（Lee S. Shulman）认为，经验学习中有四大障碍，失忆、幻想、惰性和怀旧。[①] 舒尔曼认为，即使一个经验非常重要，其中的细节也很难被全部记住（失忆）。即使记住了这个经验，但记忆也很有可能与真实的情境是不相符的，对过去的事情记忆错误是非常常见的（幻想）。就算记忆精准，没有曲解与遗漏，有了完整且正确的经验，依然很难从经验中获得新的思想或是基于经验解决新的问题，就像学生记住了一个新的公式或定理，但是却无法用它们解决新的问题一样（惰性）。除此之外，教师还会受到怀旧心态的影响，当教师觉得过去的日子很美妙的时候，教师会认为现在的不足是因为没有过去做得好而造成的，这样一来教师就会认为没有必要进行改革或转型，只要重拾旧时光里的做法和智慧就好了。要破除经验学习中的四大障碍，可以采用以下几种方式：用真实的历史和信息抵抗因对过去的美化而造成的不真实回忆；用科学、系统的反思、分析，并通过查阅文档和集体回顾，解决对现有记忆的遗忘和幻想问题；用更加专业、有效的发展形势支持教师采用批判、反思、合作的方式对经验进行分析，并将分析的结果用于经验改造，从而使经验真正变得富有教育意义。

在海淀区"靠谱 COP"项目中，"靠谱 COP"团队借助大数据支持教师的经验学习，有效地促进了教师对经验的审视、分析和反思，减少了因多元标准和背景差异而带来的"对冲现象"，并在集体研讨中，通过明确教学实践目标所对应的数据趋势，减少了教师在经验学习过程中的障碍，提升了经验学习效率，支持了教学实践的深化改革和转型升级。

第一，在具体经验获取阶段，教师借助课堂教学行为大数据，精准聚焦教学实践中的现象，以客观的标准对现象进行评价，明确"优势"与"不足"，实现了从对教学现象的模糊感知到清晰判断，从依据个人主观经验进行评价到依据客观的数据证据链进行综合分析的转变，使"体验"的结果清晰化、具体化。

第二，在反思观察阶段，在群体内进行交流的过程中，教师借助多种观察方法和多元观察维度，将基于大数据的定量观察和基于专家经验的定性分析相整合，通过隐喻、类比等方式对观察到的现象、体会到的经验进行表述和交流，借

---

① 李·舒尔曼、陆勤超、崔允漷：《宽恕但要记住：经验学习的挑战和机遇》，载《全球教育展望》，2014(4)。

此实现隐性知识的外化和个人经验的社会化。

第三，在抽象概括阶段，教师使用知识表征工具等显性化思维工具，对集体反思和个人反思中的零碎的知识进行提炼、梳理，将其组合成新的显性知识，并与自身的原有经验进行同化。

第四，在积极实践阶段，教师利用前期显性化的新知识系统，改造自身教学实践，在践行"做中学"的过程中，改造自身的原有经验，将新的知识整合到原有的知识系统之中。

三、反思教学理论 >>>>>>>

中小学教师成长的路径主要有两条。一条是理智取向的，是由外而内、由理论建构引发实践改变的。它通常是由国家、区域教学管理部门或是由学校发起的，是一条外在的路径。在这种路径中，教师知识的获取和行为的变化是发展的重点，由于知识的获取是行为变化的前提，由此，教师对知识的掌握和对理论的应用就成了教师培训的重点。另一条教师成长路径是内在的，是由教师的教学实践引发的，通过教师对教学实践现象进行反思，而再次作用于教学实践的螺旋式前进过程，可以看作是"实践—反思"模式。在这一路径中，有一个基本的理念：影响教师专业活动的知识或信念，不是通过培训或外面专家"获得"的，而是主要依赖于教师个人或与人合作的"探究"和"发现"，强调"实践"本身所包含的丰富内涵，关心"教师实际知道些什么"，并在此基础上提出专业发展的设想；教师专业发展的目的并不在于外在的、技术性知识的获取，而在于通过这种或那种形式促使教师对自己及自己所开展的专业活动，乃至相关的物、事有更为深入的"理解"，发现其中的"意义"，以促成"反思性实践"。

教师成长的内在路径逐渐被视为教师专业发展的关键。而在内在发展路径中，教师的教学实践和教学反思是不可分割的两个重要组成部分，教师作为"反思性实践家"，以自身的教育教学理念指导着自身的教学实践，同时借助教学实践检验、完善自身的教育教学理念，在循环迭代中主动吸收外来知识，建构自身的实践性知识。因此，教师的教学实践路径可以看作是教师进行反思性实践的路径。

教师的反思性实践是教学改革的创新源泉。教师的反思性实践具有以追求教学的合理性为动力，以解决教学问题为基本点，以增强教师的"道德感"为突破口①等特点。对于反思性教学实践的研究，国内外的学者探索、总结出了一些路径，其中一个典型的代表就是埃拜模型(图 3-1)。埃拜模型以循环结构呈现，将教师的反思性实践分为反思性教学、反思性评价、反思性计划三部分，是一个全面的、对教学过程进行描述和展现的模型。埃拜模型突出了教师的职业道德，要求教师在发挥主体作用的同时，要充分地理解学生，激发学生的主体作用并培养学生的创造能力。

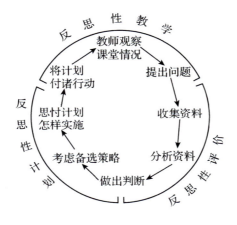

图 3-1 埃拜模型

在传统的反思性实践中，教师对反思性教学进行观察，进行反思性评价以及制订反思性计划的依据，都来源于专业智慧和实践经验，而且大家几乎从来没有质疑过这些依据的科学性和权威性。② 随着大数据进入教育教学领域，循证教育学不断发展和壮大，教师进行反思性实践的途径也发生了转变。

首先，大数据为反思性教学提供了客观的呈现形式。在反思性教学中，利用记号体系和编码体系分析方法，可以对课堂中的教学行为进行客观的记录，与传统的田野笔记互相支持，从而使得课堂中的教学行为全面、直观、清晰地呈现在观察者面前，使课堂教学行为中的优势与问题变得显而易见，为教学实践的改进确定更为精准的起点。

---

① 熊川武：《说反思性教学的理论与实践》，载《上海教育科研》，2002(6)。
② 柳春艳：《教育技术学：从循证走向智慧教育》，载《中国电化教育》，2018(10)。

其次，大数据为反思性评价提供了有效支架。一方面，在基于大数据的课堂观察过程中，教师的课堂教学行为被全面客观地记录了下来，其中数据反映出的与教师预设或者授课感受不符甚至相悖的情况，能够有效地激活教师的认知不平衡状态，促使其主动地寻求解释，支持反思层级的提升；另一方面，在教师寻求解释的过程中，教师会主动与他人进行探讨、交流，学习新的知识，实现知识建构。而研讨学习是否有效，教师的教育信念是否有了转变，教学策略是否有了提升，可以通过数据分析提供有效的证据，以支持教师做出正确的判断，为教学实践的变革提供支撑。

此外，大数据为反思性计划提供了精准目标。在制订教学改进计划的过程中，教师要面对多种混杂在一起的改进目标，因此找到首要的、核心的改进点就是制订计划时最为重要的一个环节。借助大数据及相关分析技术，可以使教师外显的教学行为中最为关键的、能够引发其他行为改变的核心行为从复杂的教学情境中浮现，为课堂教学行为改进找到着力点。同时，大数据还可以将教师内隐的实践取向的知识进行外显，从而发现影响教师行为的内在因素，即实践性知识的特征。依此为教师的专业培训学习制订更有针对性的计划，提升教师专业培训的有效性，促使教师主动进行教学实践的变革。

【实践探索】

一、大数据驱动校本研修 >>>>>>>

2003 年，教育部在《面向 21 世纪教育振兴行动计划》的基础教育课程、教学改革项目中专设了"创建以校为本教研制度建设基地"项目，关于"校本研修"的研究与实践逐渐成为教学实践改革中的热点问题。校本研修因其"为了学校、来自学校、基于学校"的特点，自提出以来，就迅速被广大教学工作者接受。教师针对工作中遇到的真实问题进行"以校为本"的校本研修，除了改进课堂教学行为，实现教学实践的转型升级之外，对于教师自身来说，也是提高反思意识和能力，丰富实践性知识、获得专业成长的重要途径。

为了促使校本研修持续、有效地进行，解决校本研修中常见的内容随意、形式单一、目标不明、收益递减等问题，海淀区"靠谱COP"项目实验学校以本校的课堂教学行为大数据为支持，以校本研修的三大要素(自我反思、同伴互助和专业引领)为着力点，制定了利用课堂教学行为大数据支持下的校本研修来推动教师队伍专业水平发展和学校整体提升的项目目标，并与"靠谱COP"团队共同制定了基于课堂教学行为大数据的校本研修方案。(图 3-2)

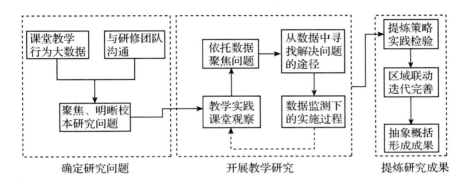

图 3-2　基于课堂教学行为大数据的校本研修方案

确定校本研修的研究问题是校本研修最为关键的环节。有好的研究问题就代表研究成功了一半。参与海淀区"靠谱COP"项目的实验学校，既有地处城区的优质学校，也有处于城乡接合部，甚至是山区的发展中的学校。为了能够精准地找到实验学校在教育教学中存在的关键问题，并且服务于学校的教育教学理念和重点发展方向，同时紧密联结教师的真实需求，在确定研究问题之初，就形成了多方协作的研究模式。"靠谱COP"团队对实验学校的现场课进行了课堂教学行为大数据分析，得出了各校的课堂教学行为大数据报告。校本研修团队根据课堂教学行为大数据报告聚焦课堂教学中的优化方向，进而结合学校及教研组的研究计划，确定校本研修的研究问题。

确定研究问题之后，校本研修团队一起研讨、制订、研究改进计划，并依据计划开展教学实践和课堂观察活动。在此过程中，"靠谱COP"团队进行课堂教学行为数据的采集，并进行基于数据证据链的综合分析，与校本研修团队一起分析课堂教学中的优势与不足，总结、提炼教学研究主题下的优秀教学方法和策略，同时对不足之处制订进一步完善的计划。在这个过程中，校本研修团队作为研究的主体，依据自身的教育教学经验和邀请的学科专家的专业智慧，结合"靠谱COP"团队提供的数据证据和理论支持，不断对课堂教学进行改进实践，并在教学实践中对教学策略进行迭代更新。

在这一螺旋式上升的过程中，不但实现了教育教学实践的改进转型，也哺育、滋养出了学校自身的本土教育微理论。下面就以在本章开头提出的学校发展困境为例，展示基于课堂教学行为大数据的校本研修活动实施过程及效果。

1. 校本研修问题的确定

正如本章开头的"聚焦问题"部分的案例所述，案例中的学校——北京市海淀区清华大学附属中学上地小学(后文简称为"清华附中上地小学")校长意识到，学校要想发展，首先要解决"人"的转变，因此，要让教师正视自身在课堂教学中的问题，才能转变教师的固有认知。于是，校本研修团队邀请"靠谱 COP"团队对学校的多个学科教学进行了课堂观察，得到了学校课堂教学行为分析报告。在拿到学校课堂教学行为分析报告后，学校校长和教学干部组织了团内研讨，数据中反映出的几个问题，很快就引起了团队成员的一致关注。(图 3-3)

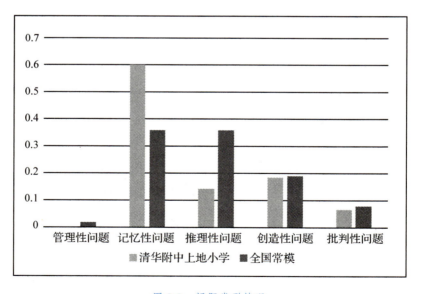

图 3-3 问题类型情况

在问题类型方面，学校课堂教学中教师提出的记忆性问题为主要的问题类型，并且其比例明显高于全国常模数据，而推理性问题的比例明显低于全国常模数据，虽然采集到了一定比例的创造性问题和批判性问题的数据，但是其比例均略低于全国常模数据。记忆性问题是指教师梳理出的与本节课的新知识学习密切相关的学生已有的知识、生活经验方面的问题，此类问题指向学生认知、记忆等布鲁姆认知目标中的低阶目标的达成。推理性问题是指能引起学生依据一个或几个已有的知识或经验，借助思维的加工，推导出带有学生个性化特征的概念、判断或推理的问题，这类问题指向教学中学生理解、运用等目标的达成。创造性问题是指围绕学生创造力的开发而设计的问题，要求学生致力于原创性和评价性思考，主要表现为要求学生能做出预测，解决生活中的问题。批判性问题是指需要学生变换看问题的角度，做深层次思考或反思的问题。创造性问题和批判性问题指向学生能够分析、评价和创造等布鲁姆认知目标中的高阶目标的达成，有助于学生创造性思维和批判性思维等高阶思维的发展。

另一个引起教师广泛关注的是四何问题。四何问题分析方法将教师在课堂中提出的问题按照引导语分成四类。其中，是何问题指的是以"是什么""是谁""从哪里"等为引导语提问的问题，指向事实性知识，如定义性问题等，该类问题的解决对应事实性知识的获取；为何问题指用"为什么"作为引导语提问的问题，指向原理、法则、逻辑等知识，如推理性问题等，该类问题的解决对应原理性知识的获取；如何问题指用"怎样""如何"作为引导语提问的问题，指向方法、途径与状态的表示等知识，如技能与流程性问题等，该类问题的解决对应策略性知识的获取；若何问题指用"如果""假如"等作为引导语提问的问题，情境变化可能产生新结果，如假设性问题等，该类问题的解决对应创造性知识的获取。四何问题分析方法可以清晰地诊断一节课的问题结构。从四何问题的角度来看，在该校的问题结构中，是何问题为主要问题，其比例明显高于全国常模数据；为何问题、如何问题的比例均明显低于全国常模数据；若何问题的比例接近但仍然低于全国常模数据。(图 3-4)

还有一个让教师们感到"震惊"的数据——对话深度维度数据(图 3-5)。对话深度聚焦的是课堂中师生对话的情况，教师与学生的一问一答记为深度一；基于学生的回答教师继续提出有逻辑递进关系的问题，同时学生做出有效回答，则记为深度二；依此类推。借助对话深度分析方法，可以看出课堂中问题之间的关系，以及教师是否可以抓住课堂中的生成并将其转化为有效的学习资源。从数据

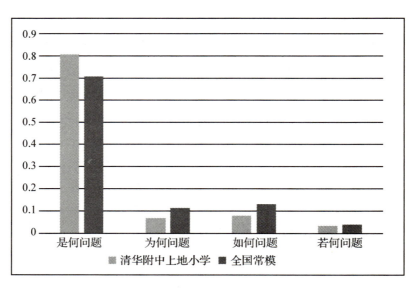

图 3-4　四何问题情况

分析的结果来看，该校的师生对话深度主要集中在深度一的水平，其比例达到 72％，明显高于全国常模数据，深度三及以上的对话极少。

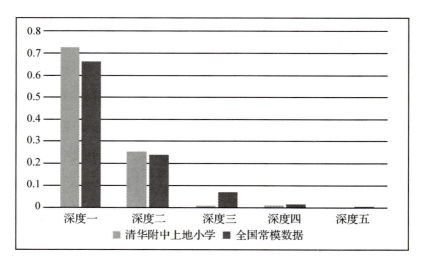

图 3-5　对话深度情况

当这些数据客观而清晰地呈现在老师们的面前时，触动不可谓不大。课堂问题中，指向低阶认知目标的占到 70％以上，对学生的创造性思维、批判性思维的培养严重不足，师生对话看似丰富，但多数浮于表面，缺乏深度对话。当校本研修团队对课堂中的问题达成共识后，教师们迫不及待地开始探寻"为什么会产生这样的问题"。经过团队研讨和理论学习，校本研修团队达成了共识，提升师生对话深度的前提是教师对于学科内容本质有深度理解和把握。只有让教师对教学的本质内容有深度理解，才能够促进教师对教学设计中的核心问题进行深入研究和设计，才能够在课堂实施中将师生对话引向深入，通过深度对话使学生深刻理解学科本质，促进学生高阶思维的发展。

基于上述分析，校本研修团队确定了"对话深度对发展学生高阶思维的影响"这一校本研修主题，并确定了校本研修的目标：①借助课堂教学行为大数据分析和高阶思维课堂教学评价，明确课堂教学中师生对话的改进方向。②总结教学中能够有效促进深度对话发生，促进学生高阶思维能力发展的策略。

2. 校本研修的实施过程

在确定了研究问题之后，校本研修团队制定了以课例研讨为主的校本研修模式，并制订了相应的计划(表 3-1)。

表 3-1　校本研修三阶段计划

第一阶段	数据分析 明确方向	通过对前期课堂教学行为大数据和教师实践性知识的分析，明确"对话深度对发展学生高阶思维的影响"主题下课堂教学的优势、短板及改进方向，查阅有关文献，进行个人学习和集体研讨，确定研究团队，制定研究方案。
第二阶段	实践探索 反思调适	通过充分的准备，课题研究正式进入实施阶段。在实施阶段做好以下四项工作。 1. 制订校本研修整体执行计划及月工作计划； 2. 按照计划开展扎实有效的研究活动； 3. 打磨研究案例； 4. 撰写课例研究报告、教学反思报告。
第三阶段	总结分析 推广应用	主要进行校本研修成果的总结及反思： 1. 撰写课例研究报告、教育反思报告； 2. 形成团队优秀课例集、优秀教学策略集； 3. 总结反思，对校本研修的过程和结果进行反思，总结经验并提出新的研究措施或推广应用的策略。

在实践中，校本研修团队对课堂教学案例进行了分析，汇总出了课堂关键事件，在对原因的探讨中，形成了本土化的理论观点。

(1)日常课堂教学中教师核心问题的设计直接影响课堂中的对话深度。

通过课堂观察和教师访谈，校本研修团队的成员都意识到了课堂教学中好问题的设计对于课堂对话深度的重要影响。大家在日常教学中更加关注如何问题和若何问题的设计，设计这些问题能够促进课堂深度对话的发生。大家也注意到这些问题的设计离不开开放的问题情境设计，创设出开放的问题情境，设计出核心问题是提升课堂对话深度的关键。同时，需要在核心问题下规划出问题链，这样的问题链设计可以更好地帮助教师提升课堂对话深度。

案例一 >>>>>>>

四年级数学"圆的认识（一）"

核心问题：车轮为什么是圆的？

问题链设计：

问题探究1：如果车轮不是圆的会怎样？

问题探究2：为什么只有圆形车轮在平直路面上行驶时是平稳的？

问题探究3：通过研究这些图形在滚动过程中车轴位置的点留下的痕迹，有怎样的发现？

核心问题：如何给自行车"装上"一个合适的车轮？

核心问题：如何设计一个对所有同学都公平的套圈游戏？

通过开放性问题的设计和问题链的预设，课堂中师生的对话深度不断提升，可以达到深度四的水平，促进了学生对概念本质的认识和理解，有效发展了学生的高阶思维。由于有了充分的问题预设，教师就可以在课堂教学中从容把握师生对话效度，无论哪位教师来开展课堂教学，都可以进行有深度、有实效的对话。如果课堂上出现更有价值的生成问题，还可以进一步提升课堂对话深度。学生在这样的课堂中可以发展高阶思维和核心素养。

案例二 >>>>>>>

四年级英语"Unit4 Lesson3"

本课文本的主要内容是史蒂文（Steven）在游乐场中与爸爸走失了，史蒂文找到信息咨询台的工作人员寻求帮助，使用工作电话与爸爸沟通后，史蒂文去汉堡店找到了爸爸。教师首先聚焦文本，使用四何问题中指向事实性知识的是何问题提问："Who is he? What happen to him? Where is he lost?"之后，通过对应策略知识的如何问题："How does Steven find his father?"……引导学生关注文本。在学生掌握走失时应有的基本策略后，教师补充了一篇"Safety Tips for Going Out"的文本，带领学生学习、朗读后，引导学生回归文本，分析史蒂文的行为，并提问："What behaviors are right of what Steven does? Why?"引导学生批判性地阅读课文，通过分析原因，形成自己的思维成果。学生在提取文本信息，并将其与拓展阅读中的内容进行批判性对比分析后，对走失后如何寻找家长形成了基本的策略。之后，教师使用如何问题提问："If you are Steven, what will you do?"学生通过教师的不断追问和前面两个活动的积累，表达本节课自己最终的思维成果，说出自己在走失时寻找家长的策略。

在这个教学片段中，教师根据四何问题的提问方法，以是何问题引导学生关注文本，之后通过如何问题让学生提取解决问题的步骤，形成策略，再通过为何问题让学生剖析原因，批判性地看文本，初步形成自己的思维，最后通过若何问题，让学生思考并说出自己出行时的安全守则，使学生的思维品质得到发展。

案例三 ▷▷▷▷▷▷▷

四年级语文"蟋蟀的住宅"

核心问题：昆虫记者团跟随法布尔参观了蟋蟀的住宅，你对蟋蟀的住宅有怎样的评价呢？

问题探究1：为什么蟋蟀的住宅可以算是"伟大的工程"？

问题探究2：我们除了可以说蟋蟀的住宅工程伟大，还可以说它什么伟大？

问题探究3：你心目中美好的住宅又是什么样子的？

问题探究4：像蟑螂、毛毛虫这样的昆虫，你觉得它们可爱吗？

"你对蟋蟀的住宅有怎样的评价呢？"在这样一个核心问题的引领下，让学生不断分析和思考：一个小小的蟋蟀住宅为什么可以算是"伟大的工程"？通过问题引入，使学生对什么是"伟大"？"为什么伟大?""有哪些伟大之处?"的思考上升为对"伟大品质、品格"的理解，对每个小昆虫独特生命价值的欣赏和敬畏。这样不仅促进了学生对学习内容的深刻理解，还将学生的人生观、价值观教育融入其中，促进了学生高尚品德和高阶思维的全面发展。

(2)对教学本质的深刻把握间接影响课堂教学深度对话的发生。

教师要创设开放性强的问题情境，设计有价值的核心问题和问题链，只有这样才能在课堂教学中将对话引向深入。但是，在课堂教学观摩和课后研讨中大家发现，如果教师对教学内容本质的把握不够深入、对育人价值的理解不够深刻，那么就很难设计出开放性强的问题情境和恰当的核心问题。因此，抓住教学内容的学科本质，深刻理解教学内容的育人价值是实现深度对话，发展学生高阶思维的重要保障。为了能够更好地帮助教师挖掘教学内容本质，校本研修团队一起研讨、开发了单元整体备课的辅助工具，借助这些工具，教师可以通过单元整体备课，更全面、深刻地理解教学本质，挖掘学科育人价值。

单元整体备课对教师来说有一定的困难，因此要帮助教师设计思考的支架(见表 3-2、表 3-3)，帮助教师梳理单元内容本质，整体规划单元核心问题链的设计。

表 3-2　不同年级各领域本质核心内容线索梳理

年级	一年级	二年级	三年级	四年级	五年级	六年级
学习目标						
核心内容						
本质核心						
贯穿始终的大概念、核心问题						

表 3-3　单元核心问题链及主要活动设计方案

单元学习	
单元学习目标	1. 大概念目标；2. 知识技能目标；3. 探究目标； 4. 思想方法目标；5. 情感态度目标；6. 学科与生活目标
核心问题链及主要活动	活动：学生要解决哪个核心问题？学生要做什么？要做成什么样？ (从几个维度列出完成的标准，不能只是做了，要明确出做成什么样)
学习效果评估	1. 针对知识技能考核的内容：准备纸笔测试问题；提出困难点 2. 针对概念理解的内容：可视化表征 3. 针对过程与方法的考察：迁移应用；研究新问题，形成研究报告或说明 4. 针对学科思想的考察：一句话评价；类比联系——今天学的内容就像哪个一样…… 5. 针对情感态度价值观的考察：一句话感受等
学生问题及体会感悟	1. 我在学习中遇到的问题 2. 我学习本单元的体会和感受

这些思考工具较好地促进了教师单元整体备课时对学科本质内容的把握，教师对学科本质有了更深入的理解后，可以将核心问题链设计得更有深度，从而帮助教师在课堂教学中灵活把握课堂中生成的对话，不断将对话引向深入，促进学

变革与治理：大数据时代的教师专业发展

生对核心概念的深入理解，促进学生高阶思维的发展。

在每一次校本研修的活动中，校本研修团队都对课堂教学行为进行了数据采集，并借助课堂教学行为大数据对课堂教学改进情况进行监控。同时，校本研修团队邀请不同的学科专家对课堂教学给予质性点评，以丰富审视课堂的角度。此外，在课后研讨中，校本研修团队事先与"靠谱COP"团队进行协商，依据研究主题制定了不同的研讨支架，支持教师将课堂教学行为大数据与教学研究主题更好地结合，以聚焦研究问题，促进教师间的知识流动，在提升教学改进效率的同时，促进不同教师群体的成长。

3. 校本研修成果的梳理

经过一年的研究与实践，校本研修团队认为，在课堂教学中，对话深度对学生高阶思维的发展有着重要的影响，长期的课堂深度对话能够很好地促进学生高阶思维的发展。但是，要想在课堂中进行深度对话，本质上要依赖于教师的精心备课和充分的预设。教师通过单元整体备课能更全面、更深刻地把握教学内容的本质，深刻理解育人价值。在这样的前提下，教师通过创设开放性的问题情境、设计恰当的核心问题、构建核心问题链，对课堂中可能出现的深度对话进行充分的预设和准备，这样就可以在课堂实践中灵活处理生成问题，通过将对话不断引向深入，促进学生的思考不断深入，进而发展学生的高阶思维，最终促进学生学科核心素养的提升。

校本研修团队形成了关于"对话深度影响学生高阶思维发展"的具体理论和策略：(1)借助单元备课工具进行单元整体备课，通过单元整体备课深入挖掘学科本质，深刻理解学科育人内涵。做好单元整体备课是设计和把握每一节课的基础与前提。(2)创设开放性的问题情境，开放性的问题情境有利于为教师的教和学生的学提供更广阔的空间，广阔开放的空间可以为师生课堂深度对话创造条件。(3)提炼、概括教学核心问题，依据核心问题构建教学问题链。在把握好学科本质的前提下，提炼、概括出每节课的核心问题，再依据核心问题构建出本节课的问题链，有了对问题链的预设，就可以在课堂中不断提升对话深度。(4)在核心问题的设计上要多关注如何问题与若何问题的设计，加强学生对方法、策略的掌握，培养其迁移运用能力，这些问题的提出有利于将课堂对话引向深入。

校本研修团队在实践总结中指出，课堂教学中的各种现象和出现的问题不是单一的，而是与教师的备课、教师的专业水平等密切相关的。要解决好课堂教学中的问题，就要把备课工作做得更加深入细致，精彩的课堂生成源于教师的深度备课和精心预设。只有教师的备课达到了一定的深度，课堂教学才可能达到预设的深度，否则即使存在提升学习思考的深度的可能，但由于教师的认识和理解不够清晰，也可能错过通过深度对话发展学生高阶思维的机会。因此，明确课堂教学的目标，深刻理解学科本质和育人价值，充分预设是课堂教学中将对话不断引向深入的关键，如果每个单元教学、每节课都有深度对话发生，那么学生的高阶思维将得到极大的发展，最终将促进学生学科核心素养的提升。

　　教师的学习与工作不是割裂的，教师需要的不是简单地获得他人的知识，而是在教学实践中对他人的知识进行检验、反思、修正，这是一个学习过程，也是理论、实践、反思相整合的过程。在基于大数据的校本研修的过程中，教师以课堂教学行为大数据为支架，通过集体研讨和自我反思，将隐性的、模糊的、碎片化的个人体验，进行显性化、结构化和社会化，形成初级的本土教学理论，并在教学实践中不断地对这些理论进行补充和完善，使之能够迁移运用到不同学科、不同学段的相似教学情境中。这些理论并不像传统的从专门从事教育教学研究的大学专家或者研究所那里得到的理论那样宏大、系统，它们具有问题针对性和实践操作性的特征，可以说是学校自主发展的"微理论"。正是这些"微理论"，真正影响了一线教师的教育教学实践，它们是教师真心信奉并积极践行的理论。可以说，这些"微理论"从无到有、从简到繁、从陋到精的发展过程，就是教师教学实践升级转型的过程。

二、大数据驱动教师经验重构　>>>>>>>>

　　海淀区"靠谱COP"项目以库伯的经验学习圈理论为基础，将项目的开展过程分为具体经验获取、反思性观察、抽象概括和积极实践四个阶段(图3-6)。在具体经验获取阶段，教师借助课堂教学行为大数据聚焦课堂教学中的具体情境，通过校本研修中的集体研讨和线上交流等方式，将个人的教学经验显性化，同时获取他人的具体经验。在反思性观察阶段，教师要实现课堂观察方法与技术的进阶，通过数据证据链对课堂教学现象进行多角度的审视与反思，在校本研修和网络研讨中，对课堂中"为什么要这样教"进行深入的分析，对原有的教学经验进行批判。在抽象概括阶段，教师要在掌握使用数据证据链对课堂教学行为进行反思、对原有教学经验进行批判的方法的基础上，借助知识表征工具，在校本研修与网络研讨中将碎片化的知识整合为新知识，实现知识的重构。在积极实践阶段，研修教师将自身抽象概括所得的新知识、新策略，在教学实践中实施和验证，并在校本研修和网络研讨中分享自身的实践结果，相互批判、完善，之后将相关经验拓展到更为丰富的教学情境中，将个人经验和知识进行社会化，形成校本研修团队或者区域内的共同认识。（表3-4）

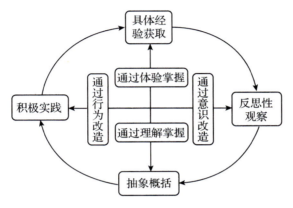

图 3-6　经验学习圈示意图

表 3-4　"靠谱 COP"项目各研修阶段目标简述

所处阶段	目标
具体经验获取阶段	阶段目标：学习课堂观察方法与技术，借助数据获取课堂中的具体经验 1. 能依据课堂教学行为大数据寻找数据证据链，理解数据背后的意义，改进课堂教学行为 2. 正确认识并理解具体经验，掌握通过隐喻、意义建构等获取具体经验的方法与技术，并且能以课堂教学具体情境为载体，进行具体经验的获取
反思性观察阶段	阶段目标：借助课堂观察方法与技术和反思方法与技术，提升反思层级 1. 研修教师能够借助数据证据链，对课堂教学行为的特点、改进方向进行陈述 2. 研修教师能够借助课堂教学行为大数据对自身在某一专题/某一节课中的教学实践进行反思
抽象概括阶段	阶段目标：以课堂教学行为大数据为支持，抽象概括教学研究主题中的教学方法和策略 1. 学习并掌握抽象概括的方法与技术，结合校本研修，聚焦教学实践中的问题，抽象出本教学研究主题下的教学方法与策略 2. 研修教师能够根据不同的教学研究主题，借助课堂教学行为大数据进行深度反思和抽象概括，形成教学案例、教师反思数字故事、基于课堂关键事件的教学反思或教学论文等教学研究成果

所处阶段	目标
积极实践阶段	阶段目标：积极实践教学研究主题中的教学方法和策略，将新的方法和策略进行内化，实现实践性知识的集体化和组合化 1. 使用抽象概括工具、方法与技术，将教师实践性知识组合化，利用知识表征工具将隐性知识碎片提炼、组合成新的显性知识，形成有效提升教师实践性知识的系统方法 2. 掌握积极实践的方法与技术，能够借助课堂教学行为大数据，对自身教学实践中抽象概括出的方法与策略进行改进和完善，以促进课堂教学质量的提升

下文将借助海淀区中关村第二小学万泉河分校的真实案例，展示该校于老师与其所在的校本研修团队，借助课堂教学行为大数据，在课堂教学实践改进的过程中实现个人与集体经验重构的过程。

2018 年 6 月，于老师第一次借助课堂教学行为大数据对自己的课堂教学进行了分析。在数据分析的过程中，有几个维度引起了于老师与其所在的校本研修团队的关注。(图 3-7)

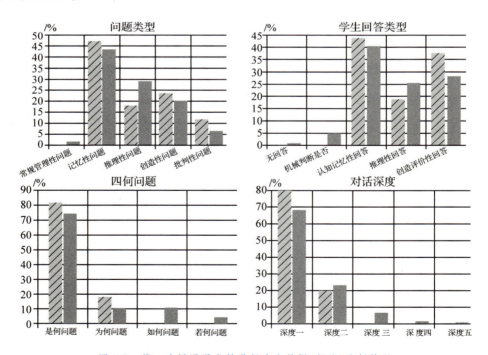

图 3-7 第一次授课课堂教学行为大数据(部分)分析情况

图中灰色的柱状条代表全国常模数据，而斜线式柱状条则代表于老师本节课的授课情况。从数据中我们可以发现，本节课中一个非常明显的优势就是教师在课堂中提出的创造性问题和批判性问题其比例高于全国常模数据，学生的创造评价性回答的比例也明显高于全国常模数据。这反映出教师在进行教学设计之初就注意到了对文本深层意义的个性化理解，借助诸如"读完这两段文字之后，你最佩服鲁迅先生什么?"这类创造性问题，以及"可以把这个描写删掉吗? 好不好? 为什么不能删掉?"这类批判性问题，引导学生主动调用自身的知识经验，做出多角度的回答，支持学生将知识技能进行内化，并在这个过程中给学生的思维发展创设空间。但是，从数据中也发现了很多不足:四何问题中，指向学生方法和策略知识获取的如何问题，以及指向转换条件促进学生迁移运用和创造性知识获取的若何问题均没有被采集到;师生对话中，深度一的对话比例明显高于全国常模数据，深度二的对话比例低于全国常模数据，而且没有采集到深度三及以上的师生对话。这些数据证据链反映出本节课的问题结构和问题之间的逻辑性都有一定的提升空间。回顾课堂教学情境，师生对话大多指向了识记理解目标，对教师提出的涉及文章主旨意义和关键知识技能的问题，学生的回答情况并不好，尤其是基础和能力较弱的学生在这类问题中参与度不高。

这些数据引发了于老师和校本研修团队对课堂教学中的问题结构关系的思考和重新审视。于老师和校本研修团队觉得课堂教学过程中学生思维活跃、师生对话"出彩"的原因，正是教师使用开放性问题激发了学生个性化的思考，真正激活了学生的主体地位，让学生"有话想说"。而部分学生参与度较低、主旨内化效果不尽如人意，总让人感觉有点儿"欠火候"的原因，正是授课过程中的问题结构有缺陷，没有给学生"搭好梯子"，未能给学做好支持。通过结合数据与个人经验进行分析，于老师和校本研修团队对课堂中应保持的优势和需优化的短板有了更加清晰、明确的认识，对问题系统的设计也有了更加清晰和深入的认识。

经过了一段时间之后，校本研修团队再次邀请"靠谱 COP"团队走进于老师的课堂。这一次的课堂教学行为大数据发生了怎样的变化呢? (图 3-8)

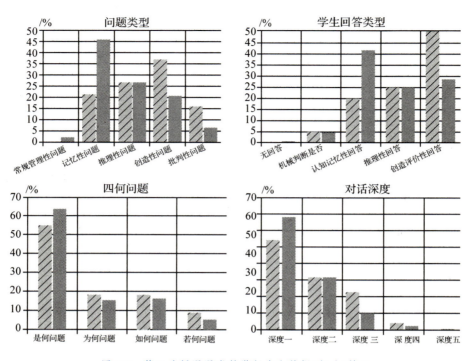

图 3-8　第二次授课课堂教学行为大数据（部分）情况

从于老师第二次授课的课堂教学行为大数据中可以发现，与第一次授课相比，整体课堂中的问题结构和教学重心发生了明显的转变。教师提出的记忆性问题、是何问题和学生做出的认知记忆性回答的比例均有明显下降，而推理性问题、创造性问题、批判性问题、如何问题和若何问题的比例均有明显的上升，师生的对话深度明显提升，深度一的对话比例下降，而深度二、深度三、深度四的比例均有明显上升，有的还高于全国常模数据。结合课堂教学情境发现，教师通过增加推理性问题和如何问题，并将问题组成层层递进的、更加完整的问题链，帮助学生更好地将自身原有的经验与教学内容进行连接，逐步地完成对课文字里行间所蕴含的情感的深刻理解，在师生互动、生生互动中，不断地外化自身认识，在分析、辩论中实现自主知识建构。与前期相比，创造性问题和批判性问题的比例也发生了变化，学生的创造评价性回答的比例明显上升，且回答的范围和质量均有一定的扩大和提升，从多个方面都可以看出学生的思维水平确实得到了发展。

在整体的课堂教学评价中，校本研修团队一致认为整节课始终围绕学生的学习推进教学，学生的参与度很高，师生互动流畅自然，学生的回答超乎预料地精彩，学生不仅"有话想说"还"有话能说"，不仅"说得出"还"说得好"。

在两次授课的间隔阶段，教师如何实现经验重构？让我们一起看看授课教师的自我反思吧。

2018 年 6 月，"靠谱 COP"项目团队走进了我的课堂，听了我的语文课"我的伯父鲁迅先生"。在课后反思会中，课堂教学行为大数据的分析结果给了我当头一棒，告诉我课堂上的问题零散，不够系统化；课堂上的教学深度不够，学生不能够深入理解鲁迅先生的光辉形象；教师启发性语言不够；等等。每一堂课的教学都是教师教学工作的重要环节，基于这样的问题反馈我必须静下心来审视我的课，研究我的课，想办法解决课堂中出现的问题。

经过一段时间的认真学习，并多次跟专家团队探讨，我决定从问题化教学设计的角度入手，对本节课进行改进。我仔细钻研教材，认真梳理出文章中的两大核心问题。核心问题一是通过文中的五件事，我们能看出鲁迅先生是一位怎样的人？核心问题二是伯父的离去，让年幼的周晔十分伤心，同时也感到深深的疑惑：为什么伯父得到了这么多人的爱戴呢，鲁迅先生对今天我们做人做事有哪些启发？核心问题贯穿全文，可展开板块式教学，不同板块可采用不同的教学策略。

突破教学深度不够的缺憾，在讲授"四周围黑洞洞的，还不容易碰壁吗？"时学生很难理解"碰壁"的真正含义，我及时地向学生介绍鲁迅更换了一百多个笔名，坚持同白色恐怖做斗争的资料，启发学生思考，使学生深刻地感受鲁迅先生同反动势力做斗争的品格，读懂鲁迅用笔，甚至是生命，同敌人做斗争的英勇无畏，在心中树立起鲁迅先生的光辉形象。

就对学生启发不够方面的不足，我关注文本的表达特色，不断地启发学生主动发问、主动思考、主动发现。例如，在"救助车夫"部分，让学生去掉动作描写后读语句，感受动作描写的好处。整合学习"救助车夫"和"关心女佣"，激活学生思维，形成对比，让学生有正确的认知，体会自我发现的快乐，领悟一个是正面写鲁迅，一个是通过别人的转述来侧面刻画人物形象。这一策略，有效地促进了学生的真实生成，同时让学生感悟到五件事之间是有联系的，是从不同角度，选取典型事例，塑造人物形象的，让学生学会了刻画人物的写作方法。

除此之外课前设计、引导学生质疑，归纳、总结文章的中心问题。我引导并让学生细读了关键的、容易被忽略的细节，教会学生阅读的方法。引导学生关注"我清清楚楚地看见，而且现在也清清楚楚地记得，他的脸上不再有那种慈祥的愉快的表情了，他变得那么严肃。"这句话，学生自然地产生疑惑，产生了读懂文字背后意思的求知欲。让学生结合当时的时代背景，想象鲁迅脸色严肃，可能在想什么，让学生真正地走进了人物的内心，解开了当初的疑惑，体会了鲁迅先生对旧社会的憎恨之情。进而落实新课程倡导的自读自悟，自我发现的理念，让学生的阅读能力得以提升。

于老师的案例虽然是个案，但却可以代表"靠谱COP"项目学习中很多授课教师的切实感受。从借助数据聚焦课堂中的关键事件，获取具体经验，到通过数据监控，以反思的视角观察教学实践，进行反思性实践，进而抽象、概括出对教学实践的改进方法和策略，形成教学研究团队中的本土概念，并将其应用在教学实践中，接受实践的检验和校正。研修教师在借助数据观察课堂、聚焦问题、改进教学的过程中，不断地剖析自我、反思自我、批判自我和改造自我，实现了经验的重构。

三、大数据驱动教师成长路径再塑 >>>>>>>

"靠谱COP"项目中三重循环的教师成长路径模型中有三个关键点，分别是在线学习、知识建构和反思性实践。每一个关键点的分析都会以教育大数据为证据，以确保路径的正确性。下文将借助实际案例为读者们介绍"靠谱COP"项目中教师混合式学习中的"在线学习—知识建构""知识建构—反思性实践""反思性实践—在线学习"三个循环的成长路径。(图3-9)

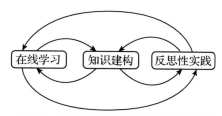

图3-9 教师成长路径"三循环"模式图

实践性知识是教师成长路径中的重要中介变量，其中教师的教育信念、策略知识、情境知识和反思知识是最主要的中介变量。在线学习的重要目标就是实现对教师的实践性知识的培育，在制订计划前，对教师的实践性知识情况进行分析是非常必要的。通过对项目研修教师在教师在线实践社区上的讨论发帖和个人作业等文字作品进行文本分析，研究团队得到了项目研修教师的实践性知识在六个维度上的情况。（图 3-10）

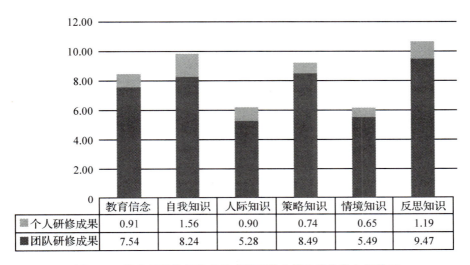

	教育信念	自我知识	人际知识	策略知识	情境知识	反思知识
■ 个人研修成果	0.91	1.56	0.90	0.74	0.65	1.19
■ 团队研修成果	7.54	8.24	5.28	8.49	5.49	9.47

图 3-10　抽象概括阶段的起始时期研修教师的实践性知识情况

从图 3-10 中可以发现，在这一阶段的起始时期，从教师的个人研修成果来看，自我知识所占比例最大，表现为在"教师反思数字故事的设计与制作""教育叙事述说课堂，深化反思扬帆起航"等网络研修活动中，研修教师能够在充分了解自己的角色、地位和教学风格及特点的基础上，拓展自身专业知识；研修教师的个人作业中体现出了研修教师能够对自己的课堂教学进行反思，特别是通过基于课堂教学行为大数据的观察与诊断，能够深入反思自己的课堂教学。从教师的团队研修成果来看，研修教师的反思知识和策略知识占比较大，团队研修成果是校本研修活动的产物，较大的反思知识和策略知识占比反映出学校校本研修团队能针对课堂具体问题进行反思、研讨和协商，并提出具体的解决策略，通过反思促进了教师对自我的认知和对经验的抽象概括。无论是教师的个人研修成果还是教师的团队研修成果，人际知识和情境知识的占比都较少，这反映出教师缺乏对具体课堂教学情境的深入探讨，教师之间的人际协作和互助水平还有待提高。

根据项目研修教师的实践性知识情况，结合校本研修团队的实际需求，"靠谱 COP"团队制定了以反思知识为支点，通过资料自学、案例辨析、经验交流等网络活动，促进教师间的知识流动，撬动整体实践性知识的均衡发展的研修方案。在"靠谱 COP"项目中，教师能够根据课堂教学行为大数据对课堂教学行为中的优势和不足进行分析。但是，由于线下时间有限，在课后反思研讨会上很难让每一位教师都充分发表自身的想法。为了消除时间和空间的障碍，给予每一位研修教师更加充分的时间和空间进行个性化表达，以支持研修教师掌握基于课堂教学行为大数据的课例研究方法，发展教师的抽象概括能力，"靠谱 COP"团队在网络活动中，设计了"进阶课堂观察，我当'评课专家'"活动，具体流程如图 3-11 所示。

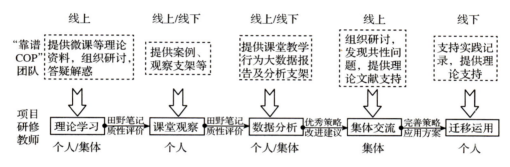

图 3-11　数据支持的混合式研修流程图

　　在活动开始后，根据前期校本研修团队制定的研修主题，"靠谱 COP"团队结合研修教师在教学实践中暴露出的具体问题，以及通过对研修教师进行调查访谈分析而得出的研修教师的具体困惑和疑难，录制了相关理论解答的微课视频，供研修教师自主学习，同时，开设网络研讨论坛，针对不同的研究主题对教师教学中的疑惑和困难进行解答，从而帮助校本研修团队明确研修主题下的基本概念，对教学实践的努力方向达成共识。

　　此后，研修教师对"靠谱 COP"团队提供的不同学科、不同学段的教学实例自主进行课堂观察，根据教学研修主题下的课堂观察支架，对课堂教学的实施效果进行量化分析和质性分析。"靠谱 COP"团队提供数据反思支架，引导研修教师将数据证据和质性评价相整合进行系统的分析，并抽象概括出本教学研究主题下的优秀教学策略和改进建议。

在这个基础上，打破原有的校本研修团队限制，以相同或相近的校本研修主题为统领，划分出更加多元的讨论组，分享观摩课程案例时总结的优秀策略和改进建议。在这个过程中，"靠谱COP"团队提供研修主题下更加精细、更有针对性的研讨支架，引导研修教师对教学现象进行细化，将教学情境与课堂教学行为大数据相整合进行分析，支持研修教师的情境知识发展，进而对其抽象得到细化情境下的具体策略。此外，在研修教师对其他教师的观点进行分析和评价时，培育、发展其人际知识。从而支持研修教师将隐性的理念和经验进行显性化，促进研修教师个人的实践性知识结构化，以及研修教师群体间的知识流动。

在活动中，清华大学附属中学上地小学的王媛老师的发帖如下所示。

我观看的是高淋淋老师执教的"夜莺之歌"。看录像的时候我就认为整堂课老师引导到位，学生回答精彩，翻开这节课的课堂观察数据，发现数据果真也是如此显示的。这节课学生行为明显多于教师行为，最让我惊讶的是记忆性问题的比例远低于全国常模数据，取而代之的是有较多的推理性问题、创造性问题、批判性问题。例如，"小夜莺给你留下了什么印象？""说说你概括的理由？""这两句话有什么不同？"等。同时，四何问题中，是何问题比例较低，而为何问题、如何问题、若何问题的比例都高于全国常模数据，通过这些数据证据链可以看出这节课是有利于培养学生的创造性思维和质疑能力的。

但同时我也从数据中发现，这是对话型的课堂，教师挑选学生回答的方式多是叫举手者回答，所以学生多是个别回答，能看出这节课教师引导得还是有些多，建议教师可以多放手，让学生进行小组合作学习及汇报。

同样也是观看了"夜莺之歌"一课的西二旗小学李春阳老师在分享中提道：

在课堂中，有一个学习任务分为两个环节：（1）根据情节发展，细读课文，看小夜莺给你留下了什么印象？在文中画出关键词，在词语中批注。（2）完成小组内交流，将一致认可的观点贴在黑板上。

我认为这个活动的优点有：任务提示很清楚，教师将学生一致认可的观点贴在黑板上，有利于达成共识。

我提出的改进建议是：缺少必要的自学时间，学生间的自主感悟比较少，为了让任务尽快完成而赶时间的方式不妥，应该关注学习过程中方法的获得。

另一个引起老师们热议的内容是"邮票中的数学问题"，西颐小学的周羽老师的分析是这样的：

我观看的是梁永霞老师所讲的"邮票中的数学问题"一课，从大数据分析中可以看出本节课采用的是对话型教学模式。从S-T图中可以看出，师生间有互动并且在某些时段学生活动多于教师活动，教师给予了学生充足的时间和空间去思考问题。不仅如此，从问题类型中我们可以看出，梁老师提出的问题不仅仅局限于记忆性问题，更多的是推理性问题。比如，只用80分和1.2元的邮票，最多可以贴3枚，可以怎样贴？……另外也设计了创造性问题和批判性问题。可以看出问题类型是多元的。对于四何问题，梁老师提出的"对于4元、4.8元和6元的邮资，只用这两种面值的邮票不能满足要求，那该怎么办呢？"等问题也达到了如何问题和若何问题的维度。随着对问题的深入研究，对话的深度也在逐步提升，达到了深度四的水平。优秀的师生互动应当体现"学生本位"的教学观，以落实具有"自主、合作、探究"的文化特色的课堂为目标。生活离不开数学，数学源于生活，梁老师用一节课的时间带领学生进行研究，以学生为主体进行引导，让学生有所收获，值得学习。

清华大学附属中学上地小学的刘伟老师对这节课进行了非常细致的分析。

我学习了梁永霞老师的"邮票中的数学问题"一课。通过S-T图分析，可以看出梁老师这节课采用的是对话型教学模式。S-T图中的倾斜角大于45°，可见学生的活动和思考时间多于教师；纵向出现断层，说明教师给予了学生较为充足的独立思考和讨论时间。从师生互动的角度来看，本节课师生行为转换率（Ch值）为0.44，略高于临界值0.4。可见教师跟学生有良好的师生对话，这跟教学视频中展示的过程也相吻合。教师在课堂中因势利导，对于邮票中的数学问题，从"了解邮票资费标准"到"分析资费标准"，最后到"设计不同面值的邮票"，带领学生深入挖掘问题，充分体现出了教师的组织者和引导者的身份。从学生的回答方式来看，学生讨论后汇报的数据明显高于全国常模数据，说明教师注重培养学生的交流合作、互相质疑等精神，有效地发挥了学生的主体性作用。在讨论过程中，学生自主完成知识的建构，使得教师可以更加关注学生的学习过程。从学生的回答类型来看，学生的推理性回答的比例高于全国常模数据，说明教师提出的问题在学生的知识生长点的范围内，学生可以借助已有的学习经验，完成知识的迁移和建构。本节课师生对话深度达到了深度四的水平，教师回应态度中追问的数据也明显高于全国常模数据，说明教师善于抓住学生的课堂生成，进行连续追问，加深了学生对问题的理解。

从教师提出问题的角度来看，首先是问题类型，本节课推理性问题的比例明显高于全国常模数据，如"老师这两封信需要多少钱的邮费？"，说明教师注重引导学生借助已有的经验进行逻辑推理，完成知识的再建构。但本节课创造性问题和批判性问题的比例略低于全国常模数据，说明教师应在培养学生创造性思维和批判性思维方面继续努力。其次，是四何问题，本节课如何问题的比例高于全国常模数据，说明教师注重引导学生进行学习方法的探究，帮助学生表达清楚自己的方法和过程。例如，"这些计费标准能不能用简单明了的方式表示出来？如果可以，你准备怎么表示？"，说明教师比较注重帮助学生掌握策略性知识。

结合数据和课堂教学情况，我建议可适当增加一些创造性问题和批判性问题。本节课学生在探究邮费问题、建立模型时，学生之间的生生互动很少，生生之间互相质疑、产生思维碰撞的时间较少，建议通过提出一些批判性问题，适当增加学生对此类问题的深度讨论，让学生加深对问题的理解。

通过上面的内容我们可以看出，虽然来自不同学校，面对不同学科，但是研修教师都可以很好地借助课堂教学行为大数据聚焦课堂中具体而关键的教学情境，同时结合自身的教学经验进行细致而深入的分析，并使用较为抽象概括的语言对案例中的优秀策略进行提取和描述。这样的评价深度和专业度似乎不像是"普通"的一线教师的评价，其更贴近于我们传统意义上的"专家"的评价。可见，教师通过"在线学习—知识建构"的路径，可以有效地发现教师实践性知识的优势和短板，从而精准地聚焦改进方向，优化设计研修方案，促进自身的实践性知识的发展。

在校本研修团队的课后研讨过程中，要想让每一位教师在每一次的活动中都有获得感，让研讨有实效，让团队有转变，就要对研讨的过程进行精细的设计。如何将课堂教学行为大数据与教师的专业智慧有机地进行整合，支持教师真正地去使用这种方法进行研究？围绕这个问题，校本研修团队借助"靠谱COP"团队的专业引领和支持，为每一次的校本研修活动从不同时间(课前、课中、课后)和不同主体(个人和集体)等角度设计了有针对性的研修计划和讨论支架。例如，在一次围绕"合作学习任务设计"的主题校本研修活动中，校本研修团队与"靠谱COP"团队协商制定了如图 3-12 所示的线上线下混合的校本研修流程。

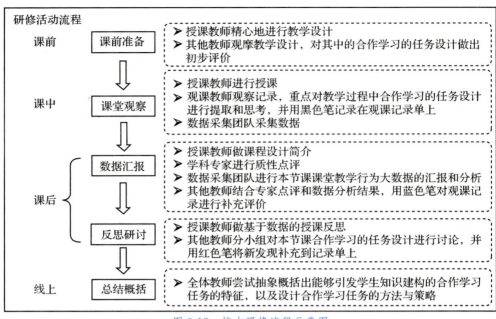

研修活动流程

课前　课前准备　➤ 授课教师精心地进行教学设计
　　　　　　　➤ 其他教师观摩教学设计，对其中的合作学习的任务设计做出初步评价

课中　课堂观察　➤ 授课教师进行授课
　　　　　　　➤ 观课教师观察记录，重点对教学过程中合作学习的任务设计进行提取和思考，并用黑色笔记录在观课记录单上
　　　　　　　➤ 数据采集团队采集数据

课后　数据汇报　➤ 授课教师做课程设计简介
　　　　　　　➤ 学科专家进行质性点评
　　　　　　　➤ 数据采集团队进行本节课课堂教学行为大数据的汇报和分析
　　　　　　　➤ 其他教师结合专家点评和数据分析结果，用蓝色笔对观课记录进行补充评价

　　　反思研讨　➤ 授课教师做基于数据的授课反思
　　　　　　　➤ 其他教师分小组对本节课合作学习的任务设计进行讨论，并用红色笔将新发现补充到记录单上

线上　总结概括　➤ 全体教师尝试抽象概括出能够引发学生知识建构的合作学习任务的特征，以及设计合作学习任务的方法与策略

图 3-12　校本研修流程示意图

其中，课前、课中、课后的思考支架设计见表 3-5。

表 3-5　个人思考支架示例

校本研修个人记录单			
姓名		学科	
授课内容			
课前思考			
1. 本节课的教学目标中，哪些适合通过合作学习的形式达成？为什么？			
2. 本节课的合作学习活动有哪些？它们分别指向了哪些教学目标？是否恰当？			
3. 本节课设计的合作学习活动中，哪些可能引发学生进行知识建构？			
课堂观察及课后研讨记录			
请使用三色笔进行记录，建议使用方法如下 黑色笔：现场观课时，记录自己的直接感受和想法 蓝色笔：数据汇报后，记录自己的新想法 红色笔：集体讨论时，记录别人的优秀想法或经人启发后得出的新想法			
观察角度	任务设计 本节课设计了哪些合作学习任务？	实施效果 这些任务能否促进学生思维的发展或者知识的建构？为什么？	评价与建议 该任务设计可以怎样优化、改进？
任务一			
任务二			

集体研讨的支架见表 3-6。

表 3-6 集体研讨支架示例

小组信息			
学校		学科	
组内成员			

活动任务：评价合作学习的任务/问题

请评价案例中合作学习的任务设计：
①优点有哪些？不足有哪些？
②本组是从哪些角度去评价的？（如任务是否有助于达成教学目标，任务表述是否清晰，任务是否能够引发学生的认知冲突，任务的难易程度是否恰当……）

我们形成的评价支架：

我们从其他组借鉴的内容有：

校本研修中"研"和"修"同样重要，经过集体研讨后，团队成员应将研讨所得的方法与策略付诸实践，并在实践中检验、完善，从而实现对教学活动的改进。表 3-7 为教师自我实践设计支架。

表 3-7 教师自我实践设计支架示例

设计合作学习任务/问题

请参考下面的支架，对您所任教学科中的某一教学内容进行分析，并依此设计一个合作学习任务/问题。
1. 教学内容分析：

主题/内容	
为什么学习该主题	
具体学习哪些知识	
发展什么能力	
形成什么品格	
指向哪些核心素养	

2. 合作学习任务/问题设计：

教学对象简析	
本课主要教学目标	
合作学习活动教学目标	
合作学习任务/问题设计	
合作学习活动简述	

通过上述案例可以看出，从研修教师个人的角度来看，使用不同的分区和不同颜色的笔可以将研修教师个人在不同时间段思维变化的过程更加直观地呈现出来。教师个人的思考在集体的研讨中不断地清晰化、结构化，个人的经验也在不断地社会化。在形成评价支架的过程中，教师间互相交流，共同分析并尝试优化课堂教学行为，通过寻找理论和数据证据来支持、阐述自身的观点，赞同或反驳他人观点，内化主题下教育教学理论和课堂观察方法与技术，实现知识的建构，这个过程也呈现出了"反思性实践—知识建构"的路径。研讨后的教学实践是教师真正践行自身教育教学理念和进行教学实践改革的重点，具体且指向明确的支架可以将教师的教学理念、教学策略等清晰地展示出来。值得一提的是，校本研修团队应当首先围绕教学内容、教学目标、学生核心素养发展等内容进行集体讨论，以使研修团队内达成必要的共识，避免无用的或不符合教学研究主题的尝试。整体来看，无论是教学实践实施前还是实施后，无论是个人的设计反思还是集体的研讨，都有效地支持了校本研修团队内个人实践性知识的集体化和社会化，都是教师"反思性实践—知识建构"路径的重要体现。

通过上面的实践案例分析，我们可以清楚地意识到，由"在线学习""知识建构""反思性实践"三个重要节点构成的教师成长三循环路径，并不需要对起点进行固定，无论是线上学习还是线下实践，都可以借助课堂教学行为大数据引导教师进入认知不平衡状态，激发其自主学习建构，并在教育理论与教学实践的相互滋养中，实现"知行合一"的专业发展。

【经验反思】

一、大数据支持教学实践转型升级——精准定位 >>>>>>>

世界面临百年未遇的大变局，中国踏上国家现代化新征程，我们正处于一个快速变革的时代。每个人都无时无刻地被大量的新技术、新方法、新理念所影响着，教育行业也被不断冲击着。"十年树木，百年树人"，基础教育是一个国家未来的希望。作为基础教育的真正实施者，学校和教师在纷繁复杂的快速变化的社会环境中，既要坚守初心，又要不断求变、求新、求进，为国家培养能够承担使命、适应新变化的人才，为学生的人生发展奠定基础。在如此重任和挑战中，教育实践者要将大数据转化为教学实践变革的重要力量。课堂教学行为大数据作为一种信息化技术手段，既可以精准识别不同教师个体的课堂教学行为特点与差异，又能够精准分析与诊断不同学校课堂教学的优、缺点，为教师个人、学校以及区域提供精准的改革方向和实践证据，使教学实践者正视改革情境与自身处境，带领学校开展科学化、规范化的校本研修，促进区域教育科研共同体的发展。

二、大数据支持教学实践转型升级——个性发展 >>>>>>>

《中国教育现代化 2035》提出了推进教育现代化的八大基本理念，落实到办学和教育教学实践中，最根本的是，一切从"人"的发展出发、面向每一名学生。现实中，我们经常感受到目标与生硬的教育实践之间的距离，以及不同教育观念的分裂和冲突，在教学实践转型升级中，寻求适合自身发展的变革道路是教学实践者的"必答题"。

从公开报道的研究成果与研究文献中可以发现，教育大数据，特别是课堂教学行为大数据已经可以较好地应用于中小学的课堂观察研究中，以大数据技术为核心的课堂观察方法与技术日渐成熟，"靠谱 COP"项目依托"靠谱 COP"团队的教师课堂教学常态数据，进行数据综合分析与挖掘，以学校和区域的真实问题为起点，为学校探寻个性化科学范式下的教学研究和教学实践改革的前进路线。教学实践的转型要以教育数据为证据，以教师和学校的发展为目标，激活学校的活力。借助教育大数据，我们使用新观念、新思维来研究教育现实问题，寻找解决教育现实问题的新途径和新方法，以区域教学实践的转型，支持教育基本现代化向教育全面现代化的转型，支持教育基本均衡向优质普惠的转型，支持注重改善办学条件向发展硬件和内涵并重的转型，支持"学有所教"向"学有优教"的转型。

三、大数据支持教学实践转型升级——持续赋能 >>>>>>>

　　教育大数据的飞速发展引发了教学思维和教学实践的深度变革，"第四范式"和"教育循证学"的广泛应用，使得教育教学改革进入了一个新的阶段。教学实践者要抓住变革的突变期，使用大数据的思维和理念，优化教育政策，创新教育教学模式，变革教育测量与评价方法，为教育理论的创新提供新的视角，推动技术与教育的深度融合。

　　在大数据支持的理论与实践的融合中，数据为教师和学校的发展提供了个性化的指向实际应用的持续存在的全面支持。借助大数据等信息化手段，支持学校主动应用、探索教育教学新模式，充分利用人工智能等新技术成果助推教师发展，提升学校、教师面向未来教育发展进行教育教学变革的素养，帮助教学实践者提升动力，发展能力，深化其对教学实践转型的思考，帮助其迎接教育现代化的新挑战。

第四章

大数据驱动教师实践性知识发展

柯恩伦-史密斯(Cochran-Smith)和弗里斯(Fries)曾批评传统教师学习模式只关注教师行为且将教学视作一种技术活动,而忽略了教师的知识、信念、情绪等重要因素。当下教师专业发展的范式已从"培训问题"转变为"学习问题",需要聚焦教师教学知识、教师的认知过程、教师如何学习教学,以及如何理解并将知识运用于课堂教学情境中。[①]

实践性知识是教师专业发展的基石,本章通过聚焦教师实践性知识发展中的具体问题,阐明了大数据驱动下的实践性知识共享、转化和创新的基本理论,并通过案例剖析探索了大数据驱动实践性知识发展的策略与路径。

【聚焦问题】

教师的实践性知识是指教师真正信奉的、在教育教学实践中使用和(或)表现出来的对教育教学的认识。教师的行动逻辑要依据其隐含的认知图式,即其拣选并信奉的理论来展开,这就是实践性知识对其行动的指引价值。教师的实践性知识的共享、转化与创新可以支撑起教师教育理念的革新,促使其更新教育经验,触发其教学实践中的创新。

---

① Cochran-Smith M. & Fries K.,"Researching Teacher Education in Changing Times:Politics and Paradigms,"In *Studying Teacher Education:the Report of the AERA Panel on Research and Teacher Education*,ed. Cochran-Smith M.,Zeichner K. M.,New York,Routledge,2005,pp. 69-109.

在海淀区"靠谱COP"项目的基线调研阶段，"靠谱COP"团队对海淀区实验学校进行了第一轮的课堂观察与诊断分析，发现了各实验学校研修教师课堂教学行为的特点；并通过对教师提交的教学设计、在网络研修平台中的发帖、研修作业进行编码分析，发现了其实践性知识的特征，明确了后续项目服务的重点及教师专业发展的着力点。

在基线调研阶段，"靠谱COP"团队对教师实践性知识六个维度的大数据分析结果显示：情境知识是海淀区"靠谱COP"项目实验学校研修教师共同的短板，且其策略知识、反思知识、人际知识和教育信念都处于比较低的水平，具体如图4-1所示。

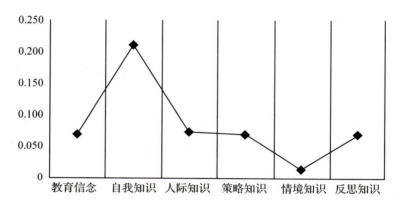

图 4-1　基线调研结果中实验学校教师的实践性知识水平（2018 年）

教师的情境知识，主要通过教师的教学机智反映出来。教学机智是教师做出瞬间判断和迅速决定时自然展现的一种行为倾向，它依赖于教师对情境的敏感性（根据情境的细微差异调节自己行为的实践原则）、思维的敏捷性、认知的灵活性、判断的准确性、对学生的感知、行为的变通性等。教学机智可以分为处理教学疑难的机智、处理教师自身失误的机智、教学结构的布局机智、教学节奏的调控机智和教学气氛的创设机智。情境知识的缺乏，可能会造成教师浪费课堂上的生成性资源，甚至会由于教师处理不当对学生产生负面影响。"靠谱COP"团队在对海淀区"靠谱COP"项目实验学校进行基于大数据的课堂观察与诊断分析时，也发现了一些由于教师缺乏情境知识而产生的困惑及问题。

遗落的小红花

年轻漂亮的小 Z 老师代表学校参加区里的教学基本功比赛，课前通过学校教研组的群策群力，小 Z 老师做好了充分的准备，并且贴心地为学生准备了很多小红花作为课上学生积极回答问题的奖励。比赛那天，她拿着装满小红花的小花篮信心满满地走上了讲台。

一切都在预料之中，学生的积极性被充分调动起来了。每当有学生给出一个很精彩的回答时，小 Z 老师就从花篮里拿出一朵小红花贴在学生的练习本上，学生开心极了，课上得很顺利。课中发生了一段小插曲，小 Z 老师从花篮中拿出小红花给一位同学时，有一朵小红花从花篮中掉了出来，恰好掉在还没有得到小红花的一位学生旁边。这位学生捡了起来，很想把这朵小红花贴在自己的练习本上，纠结了一会儿，她还是把小红花交给了小 Z 老师。小 Z 老师接过小红花顺手将其放在了花篮里，没有任何表示就继续上课……

在整堂课将要结束的时候，又一朵小红花从花篮中掉出来掉在了一位一直没有得到小红花的学生旁边，这位学生也很想将这朵小红花贴在自己的练习本上，因为他高高举了好几次手，但都没有得到回答问题的机会。正在进行思想斗争时，下课铃响了，当他依依不舍地将小红花还给老师时，小 Z 老师却说："课上完了，小红花没用了，不用还我了。"

无奈的假合作

2019 年 12 月 11 日是"靠谱 COP"团队到我校进行课堂观察的日子，C 主任作为教学干部，带领六年级数学组准备了一节数学研究课"百分数的应用"。这节课由一位较为年轻的老师讲授，由于教学经验欠缺，授课老师试讲了四五回，直到上课的那一天，都没有把握呈现出良好的课堂教学效果。所谓教学经验欠缺，表现在这位年轻老师身上，就是不敢放手让学生开展教学活动。经过多次磨课，课堂教学由一开始的师生单一对话逐渐转化为小组合作解决问题，在这个过程中这位年轻老师进行了多次调整，却依然对合作学习活动的组织存在着较强的畏难情绪，多次表示："孩子说不出来""他们不会说""他们会做不肯说"……从授课老师的话语中，我们看到了老师与学生之间的矛盾在于教师缺失对学情的准确把握，对学生不信任；对学生"说不出"这一问题背后的原因探究得不够；害怕在教学过程中遇到问题冲突……一系列的问题暴露出来之后，教研组研究后，还是希望这位教师能够以小组合作的方式进行教学探究。最终，授课教师改变了教学模式，但却只停留在表面的改变上。因为教师指名的所有学生在讲台前展示汇报的都是正确的答案。课堂上呈现出"无问题""天下一片大好"的景象，然而学生之间并没有真正的思维碰撞、辨析争论的机会。

案例3 ▷▷▷▷▷▷▷

尴尬的小跑题

在讲授"小蝌蚪找妈妈"这节课时，小 S 老师向全班同学提问："这篇文章讲了一个什么故事？"有位同学站起来说："这篇文章讲了小蝌蚪在池塘里游来游去，它们看见鲤鱼妈妈在教小鲤鱼捕食，就迎上去对鲤鱼阿姨喊妈妈，鲤鱼妈妈说自己不是它们的妈妈，小蝌蚪就继续游啊游，对一只乌龟喊妈妈，乌龟说自己不是它们的妈妈……"还没等这位学生说完，小 S 老师就不耐烦地冲他摆摆手，说："太啰唆了，你先坐下，听别人说吧！"在对这节课进行基于大数据的课堂观察与诊断分析时，"靠谱COP"团队发现小 S 老师"打断学生回答或代答"的行为非常多。课下，"靠谱COP"团队和小 S 老师进行交流。小 S 老师说："低龄段的学生语言表达能力比较薄弱，课上我经常会遇到学生的回答'啰里啰唆''离题万里'，甚至与答案风马牛不相及的情况，由于教学时间紧、任务重，我往往会打断这一类回答，或者代替学生回答问题，因为我不想在这些学生身上浪费宝贵的课堂时间。"

通过对上述几个案例进行分析，我们发现案例所反映的既有教师回应学生的困惑，也有教师对如何优化教学活动的疑问，究其原因，归根结底是教师作为教学活动的主导者，在"为什么这样教"以及"如何教"方面缺乏深入的反思、探究。课堂是教育教学的主阵地，而改进课堂教学的关键因素是教师，教师的素养提升和专业发展是提升教育质量的首要条件。在教育变革的浪潮中，怎样帮助海淀区"靠谱COP"项目实验学校产生"后发之势"，打造高水平的教师队伍，造就高质量的课堂教学，引领教师走上享受职业幸福、由内而外全面提升的专业化发展之路是海淀区"靠谱COP"项目的重要课题。

【理论支持】

一、教师实践性知识理论 >>>>>>>

《现代汉语词典》(第 7 版)对"知识"的定义是：人们在社会实践中所获得的认识和经验的总和。《中国大百科全书·教育》对"知识"的定义是"所谓知识，就它反映的内容而言，是客观事物的属性与联系的反映，是客观世界在人脑中的主观映象。就它的反映活动形式而言，有时表现为主体对事物的感性知觉或表象，属于感性知识；有时表现为关于事物的概念或规律，属于理性知识。"这里的定义抓住了主体对客观世界认识的两个层次——对客观事物的感性认识与理性认识。因此，知识就是外源性知识的内化和内在自省的外化，双向建构的结果。教师作为专业人员，需要一定的知识作为基础；教师的专业发展不仅需要一定的知识积累，而且需要有效的知识增长和更新作为条件。

20 世纪 60 年代是教师实践性知识研究的萌芽阶段。这一时期比较有代表性的人物是盖奇(Gage)、施瓦布(Schwab)和贝格(Begle)。1963 年，盖奇在《教学研究手册》中首次论述了教师知识及如何促进教师知识发展的问题，这也是英语教师教育领域首次论述教师知识问题。[1] 1969 年，芝加哥大学教授施瓦布首次提出了"实践性样式"术语，这一术语对后来教师实践性知识研究产生了重要影响。[2] 1972 年，贝格在其发布的研究报告《教师知识与学生的代数成绩》中介绍了教师对代数的理解与学生成绩之间的关系。[3] 总体来看，这一时期西方开始出现关于教师知识的相关论述，但此阶段的研究规模不大，研究队伍不够强大，因此研究成果较少。

20 世纪 80 年代初，教师实践性知识的研究开始兴起，这类研究关注教师的生活经验和教学实践。以色列学者艾尔贝兹(Elbaz)在其专著中提出，教师以

---

[1] Gage N. L. , *Handbook of Research on Teaching* , Chicago, Rand McNally & Co, 1963, pp. 94-141.

[2] Schwab J. J. , "The Practical：A Language for Curriculum,"The School Review, 1969, 78(1), pp. 1-23.

[3] Begle E. G. , "Teacher Knowledge and Student Achievement in Algebra, School Mathematics Study Group Report Number 9", 1972.

独特的方式拥有一种特别的知识，称为"实践性知识"（practical knowledge），并对其进行了定义：以特定的实践环境和社会环境为特征的，高度经验化和个人化的，有关学生、课堂、学校环境、社会环境、所教学科、儿童成长理论、学习和社会理论所有这些内容的知识，被教师整合后得到的以其实际情境为取向的个人价值观和信念。[①]

在国内学者中，陈向明教授首次比较明确地提出了"教师实践性知识"的定义：教师实践性知识是教师真正信奉的，并在其教育教学实践中实际使用和表现出来的对教育教学的认识。并将实践性知识分为六个方面：教师的教育信念、自我知识、人际知识、情境知识、策略知识和批判反思知识。这一定义获得了广泛的认可和引用。陈向明教授指出：教师的知识一般可以分为理论性知识和实践性知识两类。理论性知识属于显性知识，通常可以通过阅读或聆听讲座等形式获得，包括学科内容、学科教学法、教育学、心理学和一般文化等原理类知识；实践性知识一般包括教师在教育教学实践中实际使用和表现出来的知识，既包括显性知识，也包括隐性知识，除了行业知识、案例知识、情境知识、策略知识、学习者的知识、自我的知识、隐喻和映像外，还包括教师对理论性知识的理解、解释和运用原则。[②] 钟启泉教授则从教学反思的角度，提出实践性知识是教师作为实践者发现和洞察自身的实践与经验之中的"意蕴"的活动，并指出教师要成为"反思性教学专家"，其核心就是基于自身实践与认识的实践性知识的成长。[③]

基于国内外学者对于教师实践性知识的研究，本节总结了教师实践性知识的内涵，这类知识指向了教师的实践和行为，是关于"怎么做"的知识，它是教师对自己的教育教学经验进行反思和提炼后形成的，并通过自己的行动来表达的对教育教学的真正认识。教师实践性知识具有动态生成性、内隐性、缄默性和个人性的特征，影响着教师在教育生态环境中的言行举止，包括教育信念、自我知识、人际知识、策略知识、情境知识和反思知识。教师实践性知识的发展在教师的专业发展过程中起着举足轻重的作用，具体表现在以下三个方面。

① Elbaz F.，"The Teacher's 'Practical Knowledge'：Report of a Case Study，"Curriculum Inquiry，1981，11(1)，pp. 43-71.

② 陈向明：《实践性知识：教师专业发展的知识基础》，载《北京大学教育评论》，2003，1(1)。

③ 钟启泉：《"实践性知识"问答录》，载《全球教育展望》，2004(4)。

第一，教师实践性知识的发展是落实教师知行合一的有力抓手。

"知行合一"主张把内在的良知与实际行动相结合，这种思想有利于解决教学实践中知行脱节的问题。以往的教师培训通常采取两种方式：一是学习教育理论、学科知识，聆听专家报告；二是在中小学教学实践中模仿"师傅"的教学行为。前者重理论灌输，脱离实际；后者重机械模仿，缺乏深入的分析及批判。针对教师专业发展中理论与实践相脱离的问题，曹勇军老师提出了三个"不等于"："第一，理论上的说法不等于实践中的做法；第二，别人能认清不等于你没有困惑；第三，现成的常识不等于你简单套用。"①作为个体的教师，必须把他人的理论或经验在自己身上重演一遍，在行动中检测与验证自己所学的理论知识，在实践中重构与发展实践性知识，行以求知，行以悟知，才能有效落实知行合一。

第二，教师实践性知识的发展是促进教师专业成长的建设性工具。

由于教育的问题应当在实践领域，以实践的形态，按照实践的方式得到解决，因此，"教育在本质上是实践的"。② 然而，近代兴起的教师专业发展过多地强调了教师职业的专业化与技能化，呈现出价值理性缺失、工具理性膨胀的状态。教师实践性知识的发展能够更好地指导教师的教育教学实践，彰显教师职业的个体性、创造性、发散性和复杂性。如果能够重视教师的校本研修，在学校、区域层面建立教师实践性知识发展的有效机制，那么就有助于教师跨越个人与专业之间的鸿沟③，借助实践性知识的发展实现教师的跨越式成长。

第三，教师实践性知识的发展是凸显教师职业主体性的重要源泉。

在我国，自古就有"尊师重教"的传统。"但是深入分析一下就会发现，几千年来，对教师职业的价值认识主要停留在社会功能上"④，而缺乏对教师主体性的认同。把教师比作"园丁""蜡烛""春蚕"等的比喻，在歌颂教师，但也忽视了教师生命存在的价值与意义。⑤ 教师实践性知识的发展能够帮助教师重新审视职业发展的自主性与创造性，使教师不是被动地吸收他人的知识，而是从自己的课堂教

---

① 曹勇军：《语文，我和你的故事》，332 页，北京，商务印书馆，2015。

② 宁虹：《教师教育：教师专业意识品质的养成——教师发展学校的理论建设》，载《教育研究》，2009，30(7)。

③ 陈向明：《实践性知识：教师专业发展的知识基础》，载《北京大学教育评论》，2003，1(1)。

④ 叶澜、白益民、王枬等：《教师角色与教师发展新探》，4 页，北京，教育科学出版社，2001。

⑤ 周思勇：《教师专业发展：问题与症结》，载《基础教育》，2014，11(4)。

学、学校环境中创造知识，在更大的社会文化背景下批判性地思考问题，这样教师的主体性便得到了最大程度的彰显。

师资队伍是保证一所学校持续、稳定、高效发展的重要基础和先决条件，教师专业发展的基石是教师的实践性知识，因此教师的实践性知识是一所学校发展的战略资源。促进教师对其实践性知识进行共享、转化与创新，建立实践性知识的治理体系，才能更好地促进教师专业成长，提升学校教育教学质量，这对实现教育均衡化发展也会起到重要的作用。

二、大数据驱动下的实践性知识共享 >>>>>>>

关于知识共享，主要有以下几种观点：一是知识学习的观点，知识共享就是组织或团队内成员之间互相学习的过程，知识共享不仅仅是将知识分享给其他成员，更重要的是在互动中团队成员可以形成有效的行动能力[1]；二是知识沟通的观点，知识共享是接受者在已经具备的知识的基础上，向他人学习知识并进行知识重建的一种沟通过程，是知识在个体与群体间交互时的传播行为[2]；三是知识创造的观点，知识共享是双方相互交换隐性和显性知识，在共享和使用知识的过程中创造新知识的过程[3]。我国学者林东清认为，知识共享是组织内、组织外或跨组织之间，彼此通过各种渠道进行知识交换和讨论，从而扩大知识价值并产生知识增值效应的过程。[4] 丁诚认为转移是知识共享的本质特征，并将知识共享分为："个体—个体""组织—个人""组织—组织"三种模式。[5] 其中，"个体—个体"模式主要转移的是个人在实践中长期积累的经验技巧等隐性知识。个体需要的知识只能通过个体间的点对点进行转移，主要方式就是面对面的交流，如"师徒制"的方式。接受者接受知识后还可以向组织内其他成员进行传播，进而将个体的知

① Senge P. ，"Sharing Knowledge：the Leader's Role is Key to A Learning Culture，"Executive Excellence，1997(14)，p. 17.

② Lee J. N. ，"The Impact of Knowledge Sharing，Organizational Capability and Partnership Quality on IS Outsourcing Success，"Information and Management，2001，38(5)，pp. 323-335.

③ van den Hooff B. ，de Ridder J. A. ，"Knowledge Sharing in Context：the Influence of Organizational Commitment，Communication Climate and CMC Use on Knowledge Sharing，"Journal of Knowledge Management，2004，8(6)，pp. 117-130.

④ 林东清、李东：《知识管理理论与实务》，1～16 页，北京，电子工业出版社，2005。

⑤ 丁诚：《基于组织知识共享的障碍及策略》，载《管理现代化》，2008（1）。

识上升为组织的知识。"组织—个体"模式转移的是组织中长时间沉淀、积累的公共知识，表现为规章、手册、指南、程序等专有知识，在这个转移过程中，组织是知识源，个体则为知识接受者。"组织—组织"模式是指有共同目标和相关背景的组织之间开展的知识交流活动，这种模式的知识源和知识接受者都是团队或组织，其目的是满足组织自身需求或提高竞争力。

　　教师的实践性知识共享是通过共享手段，和教师个体、团队及组织分享实践性知识，将其转变为组织财富，实现组织实践性知识增值的过程。维果茨基的社会文化理论认为，人的学习被视为是在自然的、社会的环境中发生的一种动态的社会活动，是在人、符号工具和活动的交往中进行的。因此，教师的实践性知识共享离不开教师个体、团队及组织在时间与空间中的多维互动。要实现教师的实践性知识共享，个人的实践性知识是共享的前提，交互是共享的渠道。假如没有"个体"与"知识"的交互，不可能实现实践性知识的转化；假如没有个体之间、团队和组织之间以及跨组织之间的交互，就不可能实现实践性知识在共享"主体"中的流通，就无法实现实践性知识"质"与"量"的提升。

　　教师持续性的专业发展，需要借助正式和非正式的知识共享来提升个人的知识与技能，进而促进态度和行为的改变。[1] 然而，在当前的教育教学中，教师的实践性知识共享存在以下障碍。

　　第一，缺失教师的实践性知识共享文化。由于实践性知识是教师个人经验的总结，是属于教师个人的知识，具有个体性、缄默性的特征，因此教师是否愿意共享自己的实践性知识就显得非常重要。哈格里夫斯[2]根据教师文化的社会背景和学校背景，以及人际交往模式与共享特点，将教师文化分为个人主义文化、派别主义文化、人为合作文化和自然合作文化。当前以学科教研组、年级组为单位开展的教科研活动缺乏普通教师、新手教师的知识分享，且知识共享范围仅限于本学科的教研组，这种僵化的教师文化不利于教学思想、教学经验、教学案例等实践性知识在更大范围内的共享。在过分注重绩效考评和升学率的教育文化导向下，部分教师共享实践性知识的意愿性

---

　　① 王陆、张敏霞：《基于课堂教学行为大数据的课堂观察方法与技术》，205 页，北京，北京师范大学出版社，2019。
　　② 邓涛、鲍传友：《教师文化的重新理解与建构——哈格里夫斯的教师文化观述评》，载《外国教育研究》，2005(8)。

与主动性不强，实践性知识无法得到充分的挖掘、整合和传承。

第二，缺少教师的实践性知识共享平台。在教学实践中，不乏有很多优秀教师，他们拥有先进的教育理念、丰富的教学方法、有效的教学行为和丰富的教学实践，但由于缺乏有效的知识共享系统，很多教师宝贵的实践性知识是以记忆知识的形式储存于个人头脑中的，呈现出了教学中的"板凳效应"，而教师个体的实践性知识没有进行有效联结进而无法形成知识宫殿。因此，这些教师的优秀经验和实践性知识难以进行大面积的推广与应用，使得教师的实践性知识的发展陷入孤立的探索中。

第三，缺乏将实践性知识组合化、系统化的方法与工具。无论是教师个人的实践性知识的组合化还是组织内教师的实践性知识的组合化，都是实践性知识发展中的难点。由于实践性知识具有个人性、情境性、实践性等特征，实践性知识的产生、发展以及运用都有一定的场域，一些教师不善于整理和提炼自己教育教学过程中的实践经验，缺乏对自身实践性知识结构的系统梳理和建构。此外，很多教师不会使用知识管理工具，不了解知识的收集、整理、加工、使用及共享等环节，无法借助合适的方法与工具将某个专题的实践性知识进行整合、提炼。[①]

针对上述实践性知识共享中的障碍，教师在线实践社区凭借其共同的研修目标，运用抽象概括的方法与技术，形成了集大学专家、助学者和研修教师于一体的教师实践性知识学习共同体，为大数据驱动下的教师实践性知识的共享创造了一个理想的环境和平台。[②]

首先，教师在线实践社区创设了共同的发展目标和研修文化。研修教师有着共同的教师专业发展目标，类似的教学背景和知识领域，所以社区成员倾向于在彼此的沟通交流中建构对特定主题的共同理解。此外，教师在线实践社区打破了传统的地域界限，能够为不同群体的教师搭建交流共享的平台，这种开放的环境不仅营造了开放、平等、包容的研修文化，同时为教师提供了非正式对话和思想表达时自由发表观点的机会，能够促进不同学校甚至不同地域的教师开展"异质"交流，在共同解决问题、交流经验中产生并共享实践性知识。

其次，教师在线实践社区搭建了一个强大而有效的知识共享和传播系统。教师在线实践社区通过聚焦教师的专业学习、同侪合作与反思性对话，分享教师的

---

① 朱焱、陈廷俊、李如密：《教师实践性知识管理的问题与对策》，载《中小学管理》，2017(11)。
② 尹睿、彭丽丽：《Web 2.0个人学习环境的知识共享方式及评价》，载《开放教育研究》，2015，21(2)。

教学改进形式、价值观、工具和职责等，为教师的实践性知识共享提供了社会的、规范的、资源密集型的、持续不断的学习支持服务[1]，促进实践性知识在"个人—团队—组织"的范围内进行流动，帮助教师个体在"博采众长"的基础上，对他人的实践性知识进行借鉴、吸收与整合。通过教师个体和群体之间的分享、交流和共享，个人化的教师实践性知识就能够成为公共知识，群体的实践性知识也能够得到传承和发展。[2]

最后，教师在线实践社区以多种方法和工具促进教师的实践性知识共享。第一类工具是课例观摩工具，使教师的课例视频、教师反思数字故事等资源被社区成员观摩学习；第二类是分享交流活动，通过特定主题的研讨，使教师个体的实践性知识得到表达与传播；第三类是可视化工具，借助思维导图、概念图等思维可视化工具对教师个体的实践性知识进行系统化的展示；第四类是协同写作工具，如借助有道笔记、石墨文档等，在教师个人填写的基础上支持大家共享修改，从而建立起某个主题的教师实践性知识库，将无序、碎片化的知识变成有序、系统的知识资源，实现知识的系统化和组合化，这也是实践性知识发展的目标和结果。

三、大数据驱动下的实践性知识转化 >>>>>>>

中共中央、国务院在《关于全面深化新时代教师队伍建设改革的意见》中指出：到2035年，教师综合素质、专业化水平和创新能力大幅提升，培养造就数以百万计的骨干教师、数以十万计的卓越教师、数以万计的教育家型教师。北京市海淀区人民政府办公室印发的《海淀区关于新时代深化中小学教育教学改革的实施意见》中明确提出：加强队伍建设，促进教师全专业发展。包括提升教师育德能力、持续提升教师教学能力、提升教研组长和备课组长的学科建设能力、提升干部的教育教学专业引领能力四项内容。然而，由于隐性知识的转化能力不足，很多教师感到"听专家讲的时候觉得热血沸腾、感触颇深，可当自己真正在教学实践中运用的时候却发现困难重重、无从下手"，难以突破专业发展瓶颈。

---

[1] Mason R.，"Information and Communication Technologies in Education and Training，"http：//www. europarl. europa. eu/stoa/publications/studies/stoa106 _ en. pdf，2020-01-05.

[2] 陈洪捷：《关于教师实践性知识研究的三点疑问》，载《北京大学教育评论》，2018，16(4)。

因此，帮助教师将隐性知识显性化、感性知识理性化，提升教师实践性知识的转化能力，对深化新时代教师队伍建设与改革、培养优秀教师而言至关重要。

影响教师的实践性知识转化的因素有三类：知识的复杂性、模糊性和非系统性。[①] 复杂性反映了实践性知识的构成较为复杂，这些知识有的来自教师个人对理论的实践以及对教育教学直接经验的积累，有的来自同行之间交流、合作等过程中对间接经验的吸收。按照陈向明教授的分类，实践性知识主要分为教育信念、自我知识、策略知识、情境知识、人际知识和反思知识。模糊性反映了教师实践性知识的形态大部分为隐性知识，这类知识难以通过语言、文字或符号等清晰表达出来，更多的是在行动实践中展现和被觉察的。非系统性反映出教师的实践性知识需依赖具体情境而存在，在特定专业背景中发挥作用，因此在转化过程中容易忽视将与实践性知识相互关联的教育情境、价值观一起进行转化。[②]

面对上述实践性知识转化过程中的障碍，需要借助基于大数据的知识发现技术将教师实践性知识进行显性化、可视化，帮助教师借鉴、学习他人的优秀实践性知识，并将其转化为自己的实践性知识。

知识转化的概念最初是由日本学者野中郁次郎（Nonaka）和竹内弘高（Takeuchi）提出的，他们还并构建了知识转化 SECI 模型，如图 4-2 所示。他们认为知识分为显性知识和隐性知识，知识转化就是显性知识与隐性知识相互转化的循环过程，该循环过程可分为四个阶段，包括社会化（Socialization）、外化（Externalization）、组合化（Combination）和内化（Internalization）（简称为 SECI），四个阶段循环往复，呈现出螺旋上升的状态。[③]

图 4-2　知识转化 SECI 模型

① 郭殿东：《企业隐性人力资本：知识转化与核心竞争力提升》，博士学位论文，大连理工大学，2019。

② Oliver C.，"Sustainable Competitive Advantage：Combining Institutional and Resource-based Views,"Strategic Management Journal，1997，18(9)，pp. 697-713.

③ ［日］野中郁次郎、竹内弘高：《创造知识的企业：日美企业持续创新的动力》，63～107 页，李萌、高飞译，北京，知识产权出版社，2006。

知识转化的四个阶段对应着四个场，分别为：原创场、对话场、系统场和实践场。每一种类型的场支持一种知识转化模式，并为整个知识螺旋上升的过程提供平台。

云计算、大数据、泛在网络等信息技术的发展为隐性知识显性化提供了技术支撑，在教师在线实践社区的支持下，教师可以随时随地不受时空限制地获取资源，并在教师学习共同体中进行互动交流。[①] 教师在线实践社区提供了丰富、系统的知识服务，引导和帮助教师通过参与教学实践体验、观察、反思交流等非正式学习活动，探究并解决教学实践问题，因而成为教师实践性知识转化的理想环境。

在教师在线实践社区中，实践性知识的转化通过两种途径来完成：第一种途径是教师个体知识的转化，表现为教师个体通过实践与反思，将他人的方法理论、自己的经验探索转化为实践性知识；第二种途径是教师之间的转化，表现为通过教师之间的互动交流、对话反思，实践性知识完成从教师个体到其他教师或教师组织的转化。结合知识转化 SECI 模型，教师在线实践社区的知识转化过程具体如下。

1. 实践性知识的社会化

这是在个人之间分享隐性知识的过程，是隐性知识到隐性知识的转化过程，主要通过观察、模仿和亲身实践等形式使隐性知识得以传递和共享。"师傅带徒弟"就是个体之间分享隐性知识的典型形式。教师在线实践社区利用技术平台的优势，使知识的社会化在更大范围内成为可能。在教师在线实践社区中，可以借助课堂教学行为大数据分析，对不同区域的学校的教师采用不同的师徒制匹配模式，如基于模仿的动态匹配、基于重组的动态匹配以及基于创新的动态匹配等[②]，使得个体之间的观摩学习更有针对性和科学性，建立"新型师徒"关系，通过集体备课、案例观摩和对话交流等一系列的研修活动更好地促进实践性知识的社会化。

2. 实践性知识的外化

这是知识拥有者通过隐喻、假设、归纳、倾听和深度访谈等方式将隐性知识进行外化的过程，是隐性知识到显性知识的转化过程。在教师在线实践社区中，可以通过编码体系和记号体系的课堂观察分析方法形成课堂教学行为大数据分析

---

① 谭支军：《智慧学习环境下教师隐性知识转化螺旋模型设计研究——基于具身认知理论的视角》，载《中国电化教育》，2015(10)。

② 王雅慧、孙彬、郭燕巍等：《基于课堂教学行为大数据的师徒制关系构造模型》，载《电化教育研究》，2019，40(3)。

报告①，从而将教师实践性知识中的教育信念、自我知识、人际知识、策略知识、情境知识和反思知识显性化。此外，教师可利用类比、隐喻、建立模型等方式来表征自己的实践性知识，并借助教师反思数字故事、教育叙事研究报告等实现教师个体的实践性知识的外化。

3. 实践性知识的组合化

这是知识拥有者将零碎的显性知识进行有机组合，形成完整、有序的知识系统的过程，也是自身知识系统不断补充、完善、重构的过程，是显性知识到显性知识的转化过程。知识的组合化也是一种知识扩散的过程，可以将个人的知识转化为组织的知识。在教师在线实践社区中，借助抽象概括的方法与技术，教师利用思维导图、概念图等知识表征工具对显性知识进行组合，使之形成新的显性知识②，实现了实践性知识的组合化。

4. 实践性知识的内化

这是知识需求者将所学到的显性知识再运用到实践中进行检验的过程，是显性知识到隐性知识的转化过程。知识拥有者只有通过实践，才能将获取的显性知识转化为隐性知识，内化为能够指导自己不断优化教学的有价值的知识，这也是实践性知识发展的目标。教师在线实践社区通过组织、安排教师进行课堂教学实践和课后反思会，借助课堂教学行为大数据分析、实践性知识分析等系统，直观地展示教师实践性知识的转化效果③，使教师在"做中学"的过程中实现了实践性知识的内化。

针对教师实践性知识转化过程中受限于传统课堂教学及教师培训④，工学矛盾日益突出，缺乏技术平台的有效支持，缺乏专家的持续引领等问题，教师在线实践社区凭借基于大数据的知识发现服务、基于大数据的课堂观察与诊断分析服务、知识管理方法与技术以及基于大数据的反思实践服务等，成为促进教师实践性知识转化的有力支持。

---

① 王陆、张敏霞：《基于课堂教学行为大数据的课堂观察方法与技术》，80 页，北京，北京师范大学出版社，2019。

② 张敏霞、王陆：《教师在线实践社区的隐性课程设计与实践》，载《中国电化教育》，2018(12)。

③ 王陆：《教师在线实践社区 COP 的绩效评估方法与技术》，载《中国电化教育》，2012(1)。

④ Zhang D. & Nunamaker J. F., "Powering E-Learning in the New Millennium：An Overview of E-Learning and Enabling Technology,"information Systems Frontiers，2003，5(2)，pp. 207-218.

四、大数据驱动下的实践性知识创新 >>>>>>>

知识创新是随着知识经济理论和创新理论的发展与深入而逐步形成的，知识创新的概念源于知识管理领域。德布拉·艾米顿(Debra Amiton)首先提出"知识创新"这一概念，将知识创新界定为：为了企业的成功、国民经济的活力和社会的进步，创造、演化、交换和应用新思想，使其转变成市场化的产品和服务。[①] 由于知识创新这一学科范畴具有广泛性和交叉性，在教育领域中也引起了众多学者的关注。

现代管理学之父德鲁克(Peter F. Drucker)认为，知识创新是指赋予知识资源以新的创造财富能力的行为。[②] 野中郁次郎和竹内弘高将知识创新定义为，通过企业的知识管理，在知识获取、处理、共享的基础上不断追求新的发展，探索新的规律，创立新的学说，将知识不断地应用到新的领域并不断创新，推动企业核心竞争力不断增强的行为。[③] 我国学者史丽萍和唐书林认为，知识创新是一个知识流动和资源重新配置的动态过程，是通过知识的激活、扩散、碰撞和整合，产生新思维、新方法，最终实现价值增值的过程。[④]

通过上述诸多定义不难看出，虽然由于研究视角的差异，学者们对知识创新的描述不尽相同，但学者们对知识创新的特征达成了以下几点共识：(1)过程性，知识创新是一个动态、复杂、多样化的过程，其过程是非线性的；(2)互动性，知识创新是由知识主体、知识客体与环境相互作用而产生的，强调知识创新、技术创新、管理创新等的协同与互动；(3)应用性，知识创新强调将产生的新观点、获得的新知识、创造的新方法、更新的组织形式等应用于新产品的开发和生产过程之中，强调其应用价值；(4)目的性，知识创新是知识管理中最为关键的环节，也是最终目的，需以用户为导向，其目标是实现价值增值。

实践性知识的创新不需要创造出绝对全新的实践性知识，而是要教师根据面

---

① Rogers D. M. A. , "Knowledge Innovation System：The Common Language,"Journal of Technology Studies，1993，19(2)，pp. 2-8.

② [美]德鲁克等：《知识管理》，16～32 页，杨开峰译，北京，中国人民大学出版社，1999。

③ [日]野中郁次郎、竹内弘高：《创造知识的企业：日美企业持续创新的动力》，63～107 页，北京，知识产权出版社，2006。

④ 史丽萍、唐书林：《基于玻尔原子模型的知识创新新解》，载《科学学研究》，2011，29(12)。

临的情境需要更新和改变知识，融合新元素或增加新形式到已有知识中，重构实践性知识并获得新的发展。因此，教师的实践性知识的创新是教师在不断延展的教育领域中，通过内化理论知识、重构教学经验、反思优化教学来建构、运用和创新实践性知识，并通过积极实践不断优化课程教学品质、转变教学形态，最终实现教育价值增值的过程。

由于教师的实践性知识具有行动发展性、情境综合性、个体差异性的特征，因此教师的实践性知识的创新不是一蹴而就的，而是循序渐进、螺旋上升的过程。通过对影响教师的实践性知识创新的因素进行分析，可以看出在教师的实践性知识创新中，障碍主要有以下几点。

第一，教师缺少清晰的职业发展价值观与信念。教师的职业态度是教师价值观的基础，是构成实践性知识中教育信念的重要因素，也是教师专业情意发展成熟的标志。埃文斯(Evans)认为，教师的发展除了功能上的发展之外，还包括态度上的发展。[①] 然而，在与教师的交流中可以深切地体会到，很多教师对于自身职业缺少正确的评价和信念。当与一些教师交流他们对自己职业的看法时，有的教师回答说"教书的"，有的说"教学生的"，也有的说"我只要教好课就行了"。由此可以看出，当下部分教师对实践性知识创新的内涵存在理解性偏差，将实践性知识创新当作与自己日常教学无关的事情，未能在当下的基础教育课程改革中，在对教师知识、教学知识及教学新理念的深入理解和充分把握的基础上，有效结合校本研修进行特色本土化的实践性知识创新。因此，教师对职业的信念是教师在教学中释放创新潜力的关键。

第二，对实践性知识创新的评价不足。改进评价是教育创新的基础，由于缺乏专业而系统的评价，学校和教育系统难以对实践性知识创新的质量、绩效和影响进行评估，难以回答教育创新是否有效，在什么时间段内有效以及基于怎样的标准这些问题。教师也会因为缺少对创新改进过程的实时性评价而难以找出什么是真正管用的因素，什么是不管用的因素，哪些因素是关键的。因此开发一套能够评价创新效果的工具是进行实践性知识创新的关键。

第三，缺乏促进实践性知识创新的治理模式。很多学校管理者没有意识到实践性知识的潜在价值，没有将知识管理纳入学校整体发展规划之中，没有明确实

① Lasky S., "A Sociocultural Approach to Understanding Teacher Identity, Agency and Professional Vulnerability in A Context of Secondary School Reform," Teaching and Teacher Education，2005，21(8).

践性知识创新的方向、目标、策略和方法，缺少成熟的管理模式、管理方案和激励措施，不能有目的、有计划地将教师的实践性知识转化为学校的知识资源库。[①]另外，教师工作任务繁杂、教学压力很大，加之缺少专业的支持指导，教师很难实现自身实践性知识的条理化、系统化和丰富化，也无法构建与完善自己的实践性知识体系。因此，实践性知识创新战略中必须包括适当的治理模式：确定变革的关键推动者和倡导者，确定利益攸关方的角色，解决教师创新中的阻力，创造有利于"创新冒险"的"安全"环境，设计扩大和传播教育创新的有效方法，帮助教师减少抵制情绪和孤独感，使其共享教师实践性知识创新的成果。

从知识治理的视角来看，基于大数据的实践性知识创新是构建一个寻求知识、供给知识、互通知识、共享知识的知识网络，促进不同主体借助丰富的关联与交互作用实现知识的转移和创造，进而实现知识增值的过程。[②] 在教师在线实践社区中，针对上述知识创新中的障碍设计的解决途径如下。

首先，创建清晰的教师专业学习路径。由于成人学习具有较强的实用性，学习动机更为实际和明确。因此，在实践性知识创新的过程中，既要有高屋建瓴的理论引领，又要在教育实践的真实场域中落地。教师在线实践社区整合了库伯的经验学习圈理论和知识转化 SECI 模型，认为教师的专业发展是一个以实践经验为基础的连续过程，是个人与环境、组织互动的动态变化过程，同时也是知识生产与创新的过程。在此基础上，创建了清晰的教师专业学习路径，教师在学习中将经历具体经验获取—反思性观察—抽象概括—积极实践四个阶段。每个阶段，都有清晰的实践性知识创新及课堂教学行为改进的目标及重点，能够实现知识的共享化、概念化和系统化，促进教师实践性知识的获取、共享、应用与创新。[③]

其次，构建系统化、动态式、形成性的实践性知识创新评价体系。针对教师的绩效，要求教师应能将自己的知识和技能应用到具体的工作情境中[④]，因此，对教师的实践性知识创新的评估侧重的是教师对知识的应用及其效果。在教师在线实践社区中，评估教师的实践性知识创新效果，至少可以聚焦两个显性的目

① 朱焱、陈廷俊、李如密：《教师实践性知识管理的问题与对策》，载《中小学管理》，2017(11)。
② 王陆：《教师在线实践社区的知识共享与知识创新的机理分析》，载《电化教育研究》，2015，36(5)。
③ 张敏霞、王陆：《教师在线实践社区的隐性课程设计与实践》，载《中国电化教育》，2018(12)。
④ Wiggins G．，"Assessment：Authenticity，Context，and Validity,"Phi Delta Kappan，1993，75(3)，p. 200.

标：（1）教师的实践性知识的发展；（2）教师的课堂教学行为的改变。教师的实践性知识直接决定教师的课堂教学行为，是衡量教师专业水平的根本标志。在教师在线实践社区中，以教师的实践性知识的增长为价值取向，教师在教育教学实践中综合调用实践性知识的六个维度，并不断进行优化、反思、总结、重构，显著提高了自身的教育教学能力。教学行为是教师实践性知识的外在体现，是教师专业知识和教学技能的具体应用。教师在线实践社区通过长达 20 年的课堂教学行为大数据积累，借助来自全国 25 个省、自治区、直辖市的，不同学科、不同学段的课堂教学行为大数据建立了全国常模数据库，使得教师的课堂教学行为改进有了明确的参考标准，大大提高了课堂教学行为研究的信度和效度。

最后，借助四种知识网络，实现对教师实践性知识的治理。教师在线实践社区中存在着四种典型的知识网络：体验网络（Experiencing Network）、具化网络（Materializing Network）、系统网络（Systematizing Network）和学习网络（Learning Network）。[①] 其中，体验网络的主要作用在于促进教师个体的隐性知识向教师在线实践社区组织的隐性知识流动，是一个促进知识创造者之间交流与共享知识的知识网络；具化网络的主要作用在于促进组织的隐性知识向组织的显性知识流动，将教师个体的隐性知识转化为教师在线实践社区中公共的显性知识，因此，具化网络是一个实践性知识生产创造的网络；系统网络的主要作用在于促进教师在线实践社区组织知识中的碎片化显性知识向系统化、结构化的显性知识流动，是一个知识存储与利用的知识网络；学习网络是建构在体验网络、具化网络和系统网络之上的网络，它的主要作用在于促进组织的显性知识向教师个体的隐性知识转化，由于社区成员每个人面临的教学情境都是千变万化的，每个人的认知图式也是各不相同的，因此，新的隐性知识的应用过程必然会因人而异、丰富多彩，所以这是一个最具动态特色的知识创新网络。[②]

在教师在线实践社区中，每一个教师都是实践性知识的发现者、建构者和创造者，教师在线实践社区以构建体验网络、具化网络、系统网络和学习网络为核

① Seufert A., Back A., von Krogh G., "Unleashing the Power of Networks for Knowledge Management: Putting Knowledge Networks into Action," In *Knowledge Management and Networked Environments: Leveraging Intellectual Capital in Virtual Business Communities*, ed. Beerli A. J., Falk S., Diemers D. New York, Amacom, 2003, pp. 100-134.

② 王陆：《教师在线实践社区的知识共享与知识创新的机理分析》，载《电化教育研究》，2015，36(5)。

心，从关注人的视角出发，以人为本地促进教师知识共享与知识创新，为教师的实践性知识创新提供了方法、技术、途径和保障。

【实践探索】

一、网络研修下实践性知识的专向改进 >>>>>>>

基于多年教师专业发展的研究与实践，并根据海淀区"靠谱COP"项目的具体需求，教师在线实践社区作为开展网络研修活动的环境保障和技术支撑，以280多名研修教师为主导、以解决教学实践问题为核心，为研修教师提供了一系列的专题讨论活动以及丰富的资源共享库，以解决教师研修中的工学矛盾，促进教师实践性知识的共享，提升教师专业发展水平。

第一，创设共同的发展目标和研修文化，为教师实践性知识的共享与管理提供新途径。作为实践社区的一种特定类型，教师在线实践社区是指由中小学教师、大学专家及助学者所组成的一种正式学习与非正式学习相混合的学习环境，是一种基于课堂教学行为大数据，促进教师的实践性知识增长和专业能力发展的学习型组织，是一种将教师学习、研修、培训、资源建设等融合在一起的新型教师专业发展模式。① 教师在线实践社区通过聚焦教师的专业学习、同侪合作与反思性对话，分享教师的教学改进形式、价值观、工具和职责等，为教师专业化发展提供社会的、规范的、资源密集型的、持续不断的学习支持服务。② 因此，教师在线实践社区是一种聚焦教师的实践性知识的新的知识共享与管理途径。

第二，优化网络研修活动设计，搭建教师实践性知识共享平台。作为成人学习者的教师通常采用目标导向的以非正式学习为主的学习方式，受隐性课程和实践活动的影响更大。中共中央、国务院2018年1月31日发布的《关于全面深化新时代教师队伍建设改革的意见》中明确提出："根据基础教育改革发展需要，以实

---

① 王陆：《教师在线实践社区的研究综述》，载《中国电化教育》，2011(9)。
② Mason R.，"Information and Communication Technologies in Education and Training," http：//www. europarl. europa. eu/stoa/publications/studies/stoa106 _ en. pdf. ，2020-01-05.

践为导向优化教师教育课程体系"。近年来，课程改革越来越关注隐性课程、实践活动的设计。教师在线实践社区中的专业学习活动不仅建立在教师的"体验"与"经验"的积累上，并且能够呈现教师在"真实的世界"中会出现的大部分的认知需求，同时兼顾学习的个体属性与社会属性，从个人层面和团队层面设计不同的专业发展活动，并采用基于大数据的知识发现技术，对活动过程进行动态编码，实时监测活动效果，从而有针对性地调整助学服务支持，促进教师的实践性知识的共享。

通过对海淀区"靠谱 COP"项目基线调研的数据进行分析，"靠谱 COP"团队发现实验学校研修教师的情境知识较为匮乏。由于教师的情境知识主要通过教师的教学机智反映出来，因此，"靠谱 COP"团队设计了"我眼中别人家老师的教学机智"网络研修专题活动。该网络研修专题活动联合"海淀区教师素养提升课堂大数据分析项目"、北京市丰台区"靠谱 COP"项目、北京市房山区"靠谱 COP"项目、重庆市璧山区"靠谱 COP"项目、浙江省奉化区"靠谱 COP"项目等多个项目的研修教师，旨在创设一个跨区域的教师研修共同体，提高研修教师以教学机智为主要成分的情境知识水平。活动按照知识共享机制分为知识分享阶段、知识流动阶段、知识创造阶段、知识整合阶段和知识应用阶段，同时"靠谱 COP"团队在整个活动期间提供学术支持、情感支持和认知支持，并作为知识中介者促进研修教师之间的知识分享、知识流动、知识创造、知识整合和知识应用，具体活动流程见表 4-1。

表 4-1 "我眼中别人家老师的教学机智"网络研修专题活动

研修阶段	研修活动
知识分享阶段	通过观看优秀课例视频片段、教师反思数字故事等寻找优秀教师的情境知识（教学机智）
知识流动阶段	教师与教师之间、教师与助学者之间在互动讨论中深化对情境知识（教学机智）的理解，促进情境知识（教学机智）在教师群体间的流动
知识创造阶段	利用"教学机智评价量规"对案例进行评价，观看情境知识（教学机智）微视频介绍，结合教学实践提炼出提升情境知识（教学机智）的策略
知识整合阶段	按照不同的主题，将总结、提炼的教学机智提升策略进行整合，形成教学机智策略集
知识应用阶段	将总结的教学机智策略在今后的课堂中进行运用，验证策略的效度并结合教学实践情况进行优化改进

在知识分享阶段，教师在线实践社区为研修教师提供了丰富的学习资源，包括优秀课例视频片段以及文献资料等，帮助研修教师从文献中了解情境知识（教学机智）的定义、作用，并在案例的观摩学习中分享所提取的其他教师的情境知识（教学

机智)。其中，优秀课例视频片段按照不同学科、不同学段进行分类，方便研修教师根据自己的需求进行观摩学习。"靠谱 COP"团队在知识分享阶段提供的优秀课例视频片段截图如图 4-3 所示。在这个阶段的活动中，研修教师结合对情境知识(教学机智)定义的理解，分别从不同的优秀课例视频片段中提取出不同的情境知识(教学机智)，并在讨论区发表观点，达到了知识分享的目的，为下个阶段的知识流动做好了准备。部分研修教师分享的情境知识(教学机智)如图 4-4 所示。

【小学数学】用数据"说话" 【小学语文】妈妈的账单 【小学英文】Hhe Double … 【高中物理】万有引力与重……

【截取片段—小学语文】妈…… 【截取片段—小学英语】The… 【截取片段—高中物理】万…… 【截取片段—小学数学】用……

如图 4-3 知识共享阶段提供的优秀课例视频片段截图

发表于2019-10-29 23:00:00

在"妈妈的账单"这一课中，一开始老师设计的"精彩三分钟"环节让人眼前一亮，让学生通过提问的方式，一步步地对本节课的内容进行了梳理，在生生互动之中对本节课的内容进行了回顾，同时也锻炼了学生的表达能力。又通过生生之间的评价，鼓励了学生。这里可以体现教师在教学策略方面的教学机智。还有一个细节是当一个学生表述不清楚时，全班同学有一些取笑的意味，面对这样的突发情况，如果老师处理不好的话，就会伤害到学生的自尊心，打击其学习的积极性，这个时候彰显了教师的情境知识，面对这样的情况，老师讲述了一个小例子来解决这样尴尬的局面，同时衔接了课文的内容。这一点令我十分佩服，教师的教学机智一方面要求老师对教材有深入的理解，并且有足够的智慧来处理课堂中的突发问题。这种情况在课堂中并不少见，遇到这样的问题一定要进行深入的反思，如果当时处理不好，也要在之后想出合理的方法，相信通过这样的积累与反思，老师们一定也可以具备这样的智慧。

董萍
清河第四小学
暂时没有填写自我介绍!

赞[3]

图 4-4 知识共享阶段研修教师分享的情境知识(教学机智)截图

在知识流动阶段，"靠谱 COP"团队将对上个阶段研修教师提取的某个优秀课例视频片段中蕴含的情境知识进行梳理而得到的"情境知识主要观点摘要"分享给研修教师，让教师们观看、交流。图 4-5 是"靠谱 COP"团队针对研修教师提取的某节优秀语文课例视频片段中的情境知识进行整理后得到的观点摘要截图。根据研修教师展示出的情境知识水平设置了不同的角色。在确定性知识流动过程中低知识水平研修教师是知识内容的接受者，高知识水平研修教师是知识的贡献者，而助学者是为不同知识水平研修教师搭建知识流动通道的知识中介。在非确定性知识流动过程中，"靠谱 COP"团队组织持有不同观点的研修教师进行观点辨析，引导研修教师作为活动主体进行平等协商和意义建构。在知识流动阶段，教师之间进行交流与讨论，判断课例视频中的行为是否属于教学机智，从而促进了研修教师对情境知识（教学机智）的深入理解。（图4-6）

二、语文课例视频情境知识提取

编号：YW-1
李迪老师设计的"精彩三分钟"利用生生之间的信息资源分享，对课文及生僻词语的理解进行了初步的处理。生生的倾听、交流、互动让学习知识水到渠成。（魏晓敏、吕萍、李颖、苏秋华等）

编号：YW-2
有一个叫"XX"的同学起来回答其他学生的问题："我觉得小彼得是应该为父母做的，妈妈是可以爱管小彼得不管小彼得的。"因为表达不恰当，全班同学笑他了，这时候老师及时通过一个小例子"猜做这份工作的人是谁？"引出了妈妈的工作，不仅照顾到了这个学生的感受，也升华了课文的主题。（王培培、杨启栋、王红、张玉明等）

编号：YW-3
在视频的1分10秒，教师抓住了学生发言的核心问题"到底有什么不同？""稍等，先别放过它，到底有什么不同"来引导学生思考和交流。教师的情境知识在于适时质疑，找准文本矛盾点，引导学生深入思考。（丁艳英、赵海霞、王志坤等）

编号：YW-4
在20~30分，学生在小组中充分交流、探讨问题，最终选出一个问题放到全班解答。问题是由学生问出来的，同样由学生来回答，李老师则作为生生问答之间的引导者辅助学生把问题问清楚，把答案回答透彻，真的把学生放到了课堂的中心，并让课堂在她的引导下朝着探究的方向推进着。
（王方圆、孟文钧、韩立平、鲁涛等）

编号：YW-5
在17分18秒时，李老师提醒孩子们小组合作时要小声说话，李老师的提示语非常机智幽默：同学们小声说话，别让旁边的同学窃取了答案哟！这是李老师课堂机智语言的艺术性。（鲁涛等）

图 4-5　知识流动阶段情境知识观点摘要截图

针对编号：SX-1

主要观点： 我认为这不算是教师教学机智的代表。因为教学机智来源于教师当下的直觉或教学情境中的直接生成，不好把握，又稍纵即逝，是教师在课堂教学中的一种随机应变能力，包括观察力、理解力、判断力等。教学机智总是和某个具体的事件相联系的，表现为教师某种特定的行动方式。（王卫红）

我认为编号SX-1体现了教学机智，而编号SX-2并非教学机智。在编号SX-1的教学情境中，学生回答的"厉害了我的国"，获得了老师和其他同学的强烈共鸣，老师与学生击掌。在我看来，教学机智是超出老师准备的，也是超出学生预期的，试想一下，无论是谁在上课之前也不会想到学生和老师会有"亲密接触"。恰恰是这一个击掌，让学生找到了自信和共鸣，更去除了公开课场面下带来的紧张感，并且恰到好处地渗透了爱国主义教育，多效合一。……

图 4-6　知识流动阶段研修教师辨析过程截图

在知识创造阶段，"我眼中别人家老师的教学机智"网络研修专题活动经历了"寻找""理解""判断"和"评价"这四个环节，很多研修教师已经开始自发思考"如何培养和提升自己的教学机智"了，针对上一阶段研修教师界定情境知识(教学机智)时有争议的地方，"靠谱COP"团队为研修教师提供了"教学机智评价量规"(图4-7)及情境知识(教学机智)微视频介绍，研修教师借助"教学机智评价量规"，对自身的教学实践中蕴含的教学机智进行提取，在基于真实情境的问题解决过程中生成情境知识，"靠谱COP"团队则帮助研修教师归纳、总结提升情境知识(教学机智)的策略。(图4-8)

教学机智分类	具体内容	评价标准（满分10分）
主动教学机智（6分）	教学结构的布局机智（2分）	1.教学活动形式合理，活动之间具有层次性 2.教学活动完成部分或全部教学目标
	教学节奏的调控机智（2分）	1.根据课堂教学实际情况，及时调整教学活动时间 2.教学活动内容安排详略得当
	教学气氛的创设机智（2分）	1.课堂导入环节激发学生学习兴趣 2.抓住课堂生成，调节课堂气氛
被动教学机智（4分）	处理教师自身失误的机智（1分）	意识到自身失误，简单更正，并进行解释
	处理教师环境突变的机智（1分）	准确感知或预测教学环境发生的变化，并进行有效的教学调整
	处理学生失当行为的机智（1分）	积极回应，使学生的注意力转移到教学任务上
	处理学生意外回答的机智（1分）	积极回应，使学生的注意力转移到教学任务上

图 4-7 知识创造阶段"教学机智评价量规"

发表于2019-12-15 23:33:55

课堂是千变万化的，每位同学的阅历和理解力是不同的，上课时往往会出现一些教师意想不到的情况和问题，这样常常让老师防不胜防，对这种情况的处理很是考验教师的教学智慧的。意想不到的情况和问题是生成的问题，往往具有极大的讨论价值和研究意义。如果教师紧紧抓住，巧妙化解，就会达到预设与生成和谐统一，课堂就会因生成而精彩。那么，如何培养语文教师的教学机智，让自己的语文课达到优质上乘呢？我认为要把握以下几个策略：

第一，以静制动。面对偶然出现的骚乱，教师切忌发怒，应该头脑冷静，以静制动。

第二，明察秋毫。善于随机应变的教师应该要有敏锐的洞察力，否则如何做出正确的判断？敏锐的教师只要稍微做一点调查研究，然后说上两句话，之后观察学生脸上表情的变化，就能大概估计出当事人是谁。

第三，顺水推舟。抓住问题特点，顺势将其巧妙地引入正题。

第四，移花接木。把课堂上发生的意外枝节，巧妙地嫁接在教学的主干上，这也是一种极为重要的应变艺术。

成红(助学者)：

袁老师，这个"十六字箴言"总结得非常棒！！！以静制动、明察秋毫、顺水推舟、移花接木，巧妙地运用了语文中常见的成语进行归纳，文学功底显露无遗，为袁老师的机智点赞！

图 4-8 知识创造阶段研修教师提炼的教学机智截图

在知识整合阶段，"靠谱COP"团队通过查阅文献给研修教师提供了教学机智的分类参考：主动教学机智和被动教学机智。研修教师根据主体分类法对上传的资源进行归类，对资源中反映的教学机智的种类、出现的情境时机等进行标注。"靠谱COP"团队则从知识的应用场景、应用条件等角度对研修教师分类提炼的教学机智进行资源分类，形成教学机智宝典、教学机智策略集等。（图4-9）

图 4-9　知识整合阶段生成的教学机智策略集目录截图

在知识应用阶段，研修教师观摩优秀教学视频案例，解构案例中教学机智的应用方法，学习教学机智策略集等生成性资源成果，将线上所学应用到线下教学实践中验证策略的效度，并将实施过程、实施效果、反思收获及其中蕴含的情境知识以发帖的形式在网络研修平台中进行分享。最后，研修教师对给自己的实践过程启发、帮助最大的策略进行投票，策略投票界面如图4-10所示。

图 4-10　知识应用阶段教学机智策略投票界面

整个活动结束后,"案例1:遗落的小红花"中的主人公小 Z 老师做了如下的反思总结。

之前我在上课的过程中,只会关注预设课程的推进情况,关注与我进行互动的那些学生,不知不觉中,视野越来越窄,失去了在课堂中发现美、创造美的眼睛。在参与"我眼中别人家老师的教学机智"这样一个跨区域网络研修活动的过程中,我看到了那么多来自不同地区的优秀教师的课例视频和案例分享,开阔了视野,对我的触动特别大,自己的收获也特别多。我认为,教师要做太阳,把温暖洒向大地的每一个角落,而不要做探照灯,只把关爱放在某些学生身上。虽然课堂是千变万化的,但是我们在处理课堂突发情况或意外时还是有一些共同的教育原则需要遵守。

处理课堂意外的策略=情感原则+民主原则+个性原则+求实原则。

(1)情感原则。对教育事业和学生的爱是一种潜在的应变机智,是促使教师努力提高自己、充实自己的动力。因此,不管发生什么突发情况,出发点都要是尊重学生、爱学生。

(2)民主原则。教学机智的思想基础应该是教学上的民主思想。教师的责任是教育学生,不应以权威压制学生,应运用民主的方式和态度解决问题。

(3)个性原则。教学机智是教师对教育思想、教学原则与教学规律的灵活运用,一切均应视当时的情况而定,即要因人而异,因时有别,因事制宜,不能搞"一刀切"。

(4)求实原则。教师只有熟悉教材教法,了解学生的具体情况,才能驾轻就熟,既能对课堂偶发事件应付自如,也能使生动活泼的课堂氛围得到很好的延续。这种教学机智要讲求实效,要有利于课堂教学,有利于提高学生的思想及技能素质,而不能仅为了"艺术"而摆花架子。

"靠谱COP"团队对研修教师参与本次跨地域网络研修活动前后的情境知识进行了编码对比,发现活动后全体研修教师的情境知识提升率约为 21%,如图 4-11 所示。通过进一步分析发现,研修教师的情境知识在"教学结构的布局机智""教学气氛的创设机智"和"处理教学环境突变的机智"三个方面有比较明显的体现。各实验学校的研修教师群体都能够在网络研修活动中分享自己在教学过程中遇到的问题和解决方案,并在案例观摩、交流分享中学习他人处理教学中的突发情况、捕捉课堂中产生的灵感、调控课堂进程的方法与策略，进而尝试将其迁移运用到自身教学的疑难情境之中，有效地将模糊的经验进行了提炼外化，实现了教师间的知识共享，提升了自身的情境知识水平。

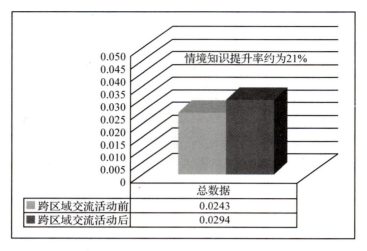

图 4-11　网络研修活动前后海淀区研修教师情境知识增长情况

<!-- chart labels -->
情境知识提升率约为21%

	总数据
跨区域交流活动前	0.0243
跨区域交流活动后	0.0294

二、混合式校本研修下实践性知识的转化 >>>>>>>

"校本研修"作为目前我国学校应用最广泛的教师专业发展制度之一，对于提升学校的办学质量、推进教师专业发展有着极其重要的现实意义和实践价值。其中，"校本"的内涵可以归纳为：为了学校、基于学校和在学校中进行[1]；"研"反映的是活动方式与活动性质，教师作为研究者，要对教育教学中的问题进行研究；"修"反映的是活动的长远目的与意义，教师作为学习者，要不断丰富与发展实践性知识，在教学实践活动中反思成长。[2] 基于大数据的混合式校本研修是将基于大数据的知识发现方法与技术运用到校本研修的问题确定、设计实施与总结评价过程中，并借助教师在线实践社区的专题研修打破校内信息势差逐渐降低的壁垒，通过网络的放大与校际协作，促进教师的实践性知识在个人层面及组织层面的转化。因此，基于大数据的混

①　丁钢：《从国际教育发展看　创建以校为本的教师专业发展模式》，载《广西教育》，2004(1)。
②　戚业国：《校本研修的制度性困惑与机制创新》，载《教师教育研究》，2013，25(5)。

合式校本研修，为促进教师实践智慧的产生以及把握教师实践智慧的确定性规律提供了一条有效的途径。

2017 年 11 月，北京市海淀区清河第四小学(以下简称"清河四小")加入了海淀区"靠谱 COP"项目。2019 年 12 月，校长领导班子经过多轮讨论，认为合作学习符合当今社会的发展需求，开展合作学习可以更好地培养学生 21 世纪的必备技能，提高学生分享、交流、倾听以及解决冲突的能力。但在合作学习的实施过程中，合作学习目标不明确、学生课堂参与度不高、评价模式单一等各类问题逐一暴露，导致很多合作学习活动的开展流于形式，合作学习的优势无法在课堂中真正显现。

于是，学校决定开展以"基于大数据的合作学习优化与改进"为主题的校本研修和区级课题研究，以期在课堂教学中通过优化合作学习模式来提升学生的课堂参与度，激发学生的学习兴趣，提升学生的表达能力、沟通交往能力和探究能力，在促进学生个性发展的同时有效地将以学生为中心的理念真正落到实处，从而彻底变革课堂生态。

在此背景下，清河四小自上而下开启了一系列的借助大数据优化合作学习的实践探索之路。

第一，线上观摩案例，交流研讨，促进实践性知识的社会化。为解决教师的工学矛盾，"靠谱 COP"团队在网络研修平台开设了"合作学习如何淘出新花样"专题研讨活动，并在活动的第一阶段提供了关于合作学习常见误区的微课视频，以及五个合作学习的课堂教学案例，请研修老师通过观摩案例对合作学习中存在的问题、背后的原因，以及如何开展高质高效的合作学习等进行讨论、交流。教师在线实践社区利用网络技术的优势，使实践性知识的社会化在更广的范围内落实成为可能。清河四小的研修教师与其他实验学校的研修教师共同在教师在线实践社区中，通过问题研讨、案例观摩和改进反思等一系列活动，实现了对实践性知识的转化。(图 4-12、图 4-13)

第二，线下开展课堂观察诊断分析，促进实践性知识的外化。清河四小组建了语文、数学、英语、综合等不同学科的教研组，与日常的教科研活动相结合，在课堂教学行为大数据的保驾护航中开展科学范式支持下的校本研修活动。学校以"课堂追踪—专家引领—反思实践"为主线开展校本研修，每周定期

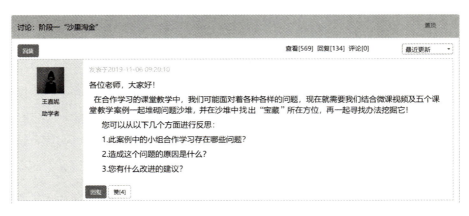

图 4-12 "合作学习如何淘出新花样"第一阶段活动讨论主题

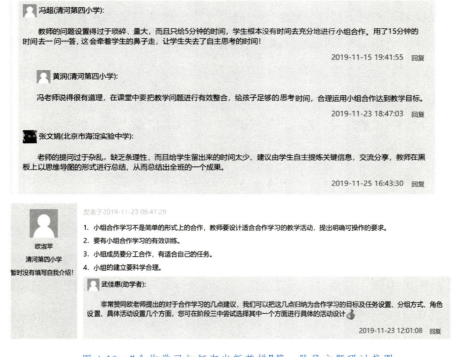

图 4-13 "合作学习如何淘出新花样"第一阶段主题研讨截图

举办两次合作学习的教研活动,并邀请"靠谱 COP"团队协助进行课堂观察。在
"靠谱 COP"团队的指导下,清河四小校本研修团队的成员对每节校本研修研讨
课都进行了多维度的数据采集,形成了课堂教学行为大数据分析报告,从而将
教师实践性知识中的教育信念、自我知识、人际知识、策略知识、情境知识和
反思知识显性化。在课后反思会的研讨中,"靠谱 COP"团队借助类比、隐喻、

建立模型等方式引导授课教师及校本研修团队表征自己的实践性知识，帮助教师在基于课堂教学行为大数据的分析中，通过倾听、研讨等方式将实践性知识进行显性化描述，从而实现了教师的实践性知识的外化。

如图 4-14 所示，通过课堂教学行为大数据分析，清河四小校本研修团队发现，在合作学习中"小组成员的角色扮演"属于短板维度，在"小组责任分配""冲突管理"维度上也需进一步改进。校本研修团队运用多种隐喻、类比等方式对其原因进行了深入剖析，明晰了当前合作学习中存在的问题。例如，小组成员的角色扮演水平较低是因为教师"就没给学生搭建好各显身手的舞台"，角色划分不够明确；冲突管理水平较低是由于"为了合作而合作"，教师合作学习的问题设计不够开放，难以引发学生之间的认知冲突；小组责任分配水平较低是由于缺乏对学生自评、互评的评价设计，导致小组合作出现"一言堂""搭顺风车"的现象。

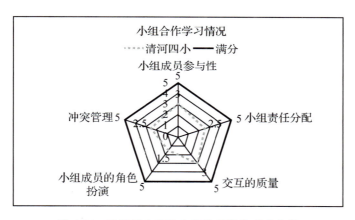

图 4-14　清河四小小组合作学习课堂观察数据

第三，线上、线下多方协同，促进实践性知识的组合化。教师在线实践社区依据每个阶段的实践活动要求，按照教师群体的特征组建了灵活多样的同侪互助小组。在线上活动中，同侪互助小组的研修教师在同课异构、专题研讨、深度交谈等活动中发现自身在合作学习课堂教学方面的经验和不足，并通过对话协商进行修改和完善，从而获取了一定的实践性知识。在线下课堂教学实践后，同侪互助小组的研修老师采用概念图的形式绘制自身在合作学习课堂教学方面所获得的知识图，实现了新、旧实践性知识的连接和结构化，完成了知识组合化的工作。

这种线上、线下多方协同的方式能够将碎片化的显性知识整合、提炼为系统的显性知识，体现了实践性知识组合化的过程。作为资源共享的平台，教师在线实践社区通过展示丰富的教师反思数字故事、各个同侪互助小组制作的合作学习方法策略集等形式实现了知识在更大范围内的传播。（图 4-15、图 4-16）

合作学习 35 策

目录

图 4-15　梳理形成的合作学习 35 策

合作学习小组常用角色
Common Roles for Cooperative Learning Group Members

缩写	角色	基本责任
LDR	组长（Leader）	阐明任务要求；组织课内(外)活动；保证人人参与、活动井然有序
TIM	计时员（Timer）	保证活动在规定时间内完成，保持环境整洁，兼做替补员
CHK	检查员（Checker）	检查所有组员是否理解话题，是否存在分歧，是否理解活动结论
ENC	鼓励者（Encourager）	鼓励每个人都参与并且带头庆祝成功
RCD	记录员（Recorder）	记录小组讨论内容、进程、要点及成果等，撰写书面总结
RPT	报告员（Reporter）	向全班或其他小组汇报本组活动成果
KPR	保管员（Keeper）	保证小组有充足的材料，且精心保管
PRV	提问者（Provoker）	通过问题推动小组工作更加深入
SUM	总结者（Summarizer）	突出小组讨论的主要问题，记录小组活动的进度
ELA	解释者（Elaborator）	联系以前所学知识，阐述发言者的观点，检查理解情况
FLA	表扬者（Flatter）	随时肯定组员的想法、角色及其为全组做出的奉献
SFG	安全员（Safeguard）	保证活动环境安全，防止发生意外
PKR	调停员（Peacekeeper）	调节组员之间的各种矛盾，使合作进程得以恢复
SBT	异议者（Saboteur）	扮演反面角色，提出相反看法和其他可能性，制造组内冲突
SLC	消音员（Silencer）	保证组内声音不过大，帮助教师使小组鸦雀无声
CON	联络员（Contactor）	获取活动所需材料，收发作业单，与其他小组及教师保持联系
OBS	观察员（Observer）	观察小组活动并提供正面及反面反馈、提出改善建议
WLD	替补员（Wildcard）	在有组员缺课时取代　扮演相应角色

图 4-16　梳理得到的合作学习小组常用角色

第四，线下多轮实践反思，促进实践性知识的内化。根据之前进行课堂教学行为大数据分析发现的合作学习的三个改进方向，清河四小校本研修团队开展了新一轮的教学实践反思，将之前总结的开展合作学习的策略及角色分工方法运用到课堂教学实践中，进行优化与改进。其中，小组成员的角色扮演维度需按照合作学习的任务要求及组员特征，按照功能型角色或者体验型角色进行细化；冲突管理维度的改进集中在合作学习的问题设计方面，选择可促进学生高阶思维发展的开放性问题作为合作学习任务；小组责任分配维度则需要从评价设计入手进行改进，设计个人评价、小组评价、教师评价等多元评价机制。同时，任何一个维度的改进都会使其他维度有不同程度的改善。经过一系列的探索，清河四小校本研修团队的合作学习改进效果呈现出系统化、可视化、多样化的特征。

1. 合作的契机：引发学生高阶思维发展的开放性问题

在校本研修课堂教学实践过程中，清河四小的校本研修团队发现，对于能够引发学生高阶思维发展的开放性问题，学生自主探索有困难，并且个人操作常常无法完成，这类问题也会引发学生的争议，此时便是开展合作学习的时机。

经过大家的集思广益和反思实践，校本研修团队在合作学习的备课阶段引入四何问题框架，形成了以四何问题为框架的合作学习问题设计模板（如表 4-2 所示），用以明确合作学习的动机、核心目标、流程，预设学生情况。

四何问题原本是对课堂中教师所提问题的类型进行记录与分析的一种课堂观察方法。麦卡锡（McCarthy）在 4MAT 模型中将问题分为四种类型，即是何类问题、为何类问题、如何类问题、若何类问题，简称四何问题。

合作学习问题设计模板是这样设计的：首先，利用为何问题"针对该知识点，为什么要设计合作学习?"来思考合作学习的动机，避免为了合作而合作，让合作学习流于形式的现象出现。是何问题"通过该活动，要达成的教学目标是什么?"用以帮助教师明确该活动的核心知识点。如何问题"为了完成该目标，我准备怎样设计活动?"帮助教师精细化设计合作学习活动的流程。最后，利用若何问题"如果出现×××的情况，我会怎样引导?"帮助教师思考学生可能出现的情况并预设可以采取的方法与策略。（表 4-2）

表 4-2　合作学习问题设计模板

合作学习问题设计模板			
课例名称			
学科（版本）		年级	
章节		学时	
教学环境			
教学目标			
教学重、难点措施			
学情分析			
教学资源使用			
本节课合作学习问题系统设计			
小组合作活动	针对该知识点，为什么要设计合作学习?（思考合作学习的动机）	通过该活动，要达成的教学目标是什么?（明确核心知识点）	为了完成该目标，我准备怎样设计活动?（设计活动流程）	如果出现×××的情况，我会怎样引导?（预设学生可能出现的情况）

2. 合作学习有效开展的保障：角色互赖及责任分工

之前学校的合作学习课堂中存在一个共性问题：在小组中，只具备小组长、组员两类角色，学生角色、责任分工不够明确。为了避免课堂合作的表面化和形式化，清河四小的校本研修团队设置了小组合作角色体系（表 4-3），完善了责任分工制度。让小组合作由组长统筹包揽转变为组员积极互赖。

表 4-3 小组合作角色表

角色	责任
发起者	组织活动开展、激励组员、保持纪律
记录者	记录、整理本组的讨论过程和成果
计时员	按要求计时，督促小组按时完成任务
资料员	资料收集、保管
汇报员	汇报本小组最终形成的成果

此外，清河四小的校本研修团队根据不同的任务设计了两种模式。针对"操作简单，思考表述"类的任务，采用 2 人合作的方式，并选择"思考、配对、分享"的合作学习结构来开展。如果"思考、配对、分享"结构的操作方式需要学生深入思考话题，那么同学间就快速结伴配对，先进行自主思考，再互相阐述、倾听观点，之后再将两人认可的观点在班级内进行陈述。

针对"操作性强，过程复杂"类的任务，采用 4～6 人合作的方式，在分组时注意"组内异质，组间同质"的分组原则，在组员进行合作时教师要注意提醒：明确合作学习操作步骤；明确分工，各司其职；汇报展示，组员补充；角色轮换，组员调整。

3. 合作学习的激励：多元评价体系

在实践过程中，清河四小校本研修团队构建了针对不同学段的多元评价体系。评价对象为个体和小组，在评价过程中既注重合作学习的过程，又注重合作学习的结果。借助多元化的评价方式，既保证了学生基础知识水平的发展，又能促进学生在情感、态度、能力和策略方面的提升，进而可通过综合评价体系，促进小组成员人人进步。

针对个体评价主体，校本研修团队设计了小组合作学习自我评价指标体系（表 4-4），并在实践中逐步完善了该体系，通过制定自评（图 4-17、图 4-18）、小组互评（表 4-5）、组间互评标准充分培养了学生的评价意识，促进了小组争胜取优。

表 4-4　小组合作学习自我评价指标

评价内容	单项指标	优 4	良 3	中 2	差 1
参与情况	学习投入情况				
	提出问题并发表见解				
合作交流	认真听取别人意见并询问				
	能将自己的资料与大家分享				
情绪状态	自我控制、调节学习的情况，保持良好的学习状态				
	对学习的好奇心和求知欲				
	克服困难的意志与自信心				
学习动机	自己的学习兴趣、学习动机				
	自己参与合作学习的积极性				
学习时间	在规定的时间内完成任务				
	自己制订学习计划				
	有充足的自我支配学习时间				
学习环境	民主和谐的生生、师生关系				
	遇到自己不能解决的问题，主动请教他人				
	能主动找到舒适的学习环境				
学习过程	克服学习过程中的干扰或困难，合理安排和调整情绪，坚持学习				
	学习向既定的目标前进，不偏离学习方向				
	能完成每项学习任务				
学习结果	具有实际的学习成果				
	近期的学习效率				
	及时、主动地对自己某一阶段的学习进行反思				
学习创新	善于发现教师或同学的不足和错误，敢于质疑				
	经常从新角度发现和思考问题				
	经常不满足于获得现成的答案，学习具有独创性				
	对学习内容能够展开独立思考				

根据不同学段、学生认知的不同情况，校本研修团队制定了不同的评价表。

我今天达到了学习目标。

我让自己成为一名学习者。

我帮助别人学习。

图 4-17　低学段自我评价

合作学习自评表	
所在小组：　　　　个人任务内容：	
对自己的评价	
评价指标	**评价标准**
个人学习积极性	□很高 □一般 □有待提高
个人任务完成情况	□很好 □一般 □有待提高
表达是否清晰	□很好 □一般 □有待提高
其他成员对自己的认同度	□很好 □一般 □有待提高
自我成就感	□很好 □一般 □有待提高
对其他任务的了解情况	□了解 □一般 □不了解
对小组的评价	
小组协作活动组织情况	□很好 □一般 □有待提高
小组学习积极性	□很高 □一般 □有待提高
是否都认真履行个人职责	□是 □一部分 □没有
小组总体任务的完成情况	□很好 □一般 □有待提高
日期：	

图 4-18　高学段自我评价

表 4-5 合作学习小组互评表

互评指标	互评标准							
	1	2	3	4	5	6	7	8
学习积极性	□很高 □一般 □有待提高	□很高 □一般 □有待提高	□很高 □一般 □有待提高	□很高 □一般 □有待提高	□很高 □一般 □有待提高	□很高 □一般 □有待提高	□很高 □一般 □有待提高	□很高 □一般 □有待提高
发言情况	□经常 □偶尔 □从不	□经常 □偶尔 □从不	□经常 □偶尔 □从不	□经常 □偶尔 □从不	□经常 □偶尔 □从不	□经常 □偶尔 □从不	□经常 □偶尔 □从不	□经常 □偶尔 □从不
表达是否清晰	□清晰 □一般 □不清晰	□清晰 □一般 □不清晰	□清晰 □一般 □不清晰	□清晰 □一般 □不清晰	□清晰 □一般 □不清晰	□清晰 □一般 □不清晰	□清晰 □一般 □不清晰	□清晰 □一般 □不清晰
任务完成情况	□很好 □一般 □有待提高	□很好 □一般 □有待提高	□很好 □一般 □有待提高	□很好 □一般 □有待提高	□很好 □一般 □有待提高	□很好 □一般 □有待提高	□很好 □一般 □有待提高	□很好 □一般 □有待提高

　　在教育大数据的助力下，学校的校园文化氛围、教师队伍基础、教育教学质量都有了显著的提升，获得了教育主管领导部门、教育同人以及家长和学生的一致好评。在项目研修过程中，清河四小校本研修团队共有 26 人掌握了课堂观察方法与技术，他们能够独立进行数据采集与分析，这为学校课堂教学持续开展深入研究提供了有力支持。在校本研修过程中，校长及教学领导借助多种信息技术工具和信息化资源，引导校本研修团队对信息进行收集、整理、加工与处理，并激励和动员全体师生员工参与研讨，提升了学校的可持续发展与创新超越能力。

混合式校本研修下的实践性知识转化，使得研修教师的教学改进有抓手、有方法，教师的专业素养得到了有效提升，自身成就感得到满足，多位研修教师在全国学术交流观摩活动中获得优秀课例、优秀教师反思数字故事等荣誉，清河四小也走上了基于大数据优化合作学习教学的探索提升之路。

三、实践性知识培育的转型升级 >>>>>>>

教师实践性知识的培育是教师的教育信念、知识储备、实践反思等多元因素与教学情境互动共生的过程。[1] 戴维斯(Davis)等人称这种由不同因素构成的关系整体是"一个复杂的经验网"。[2] 经过两年(四个学期)的研修，"海淀区教师素养提升课堂大数据分析项目"在网络支持环境中通过正式与非正式的研修活动，聚焦教育教学实践中的问题解决，有效地促进了教师间知识及实践的分享、落实和发展，实现了实践性知识培育的转型升级。

第一，教师在线实践社区——拓展实践性知识培育的通道。从课堂教学现场中获取经验丰富的教师的实践性知识是非常必要的，在现代信息技术与社会各个领域相融合的背景下，具有开放性、灵活性、互动性的教师在线实践社区为研修教师实践性知识的培育开拓了新通道。教师在线实践社区以实现教师实践性知识发展和课堂教学实践行为改进为目的，通过项目研修中社区实践学习活动的不断积累，形成了培育教师实践性知识的再生资源库。研修教师通过网络技术平台，建立个人信息，与其他社区成员进行交流，自主建立"学习共同体"，从多个渠道获取他人的实践性知识，从而为自身实践性知识的培育奠定基础。

教师在线实践社区为教师个体之间跨校、跨区域获取其他优秀教师的实践性知识提供了可能，网络研修平台中的课堂教学视频、教学设计、课例分析报告、教师反思数字故事、教育叙事研究报告等都蕴含着教师丰富的实践性知识。此外，教师在线实践社区为研修教师提供了丰富多彩的研修活动，如在线观摩、同

---

① Beijaard D.，Meijer P. C.，Verloop N.，"Reconsidering Research on Teachers' Professional Identity,"Teaching and Teacher Education，2004，20(2)，pp. 107-128.

② Davis B.，Sumara D. J.，"Cognition，Complexity，and Teacher Education,"Harvard Educational Review，1997，67(1)，pp. 105-126.

侪互助、课堂诊断、教学论坛、观点辨析、校本研修等。在研修过程中，不同教龄、不同学科的教师其丰富而具有差异性的实践性知识，在彼此的交流、碰撞中能够更好地激发个体实践性知识的生成，多种研修资源平台以及多种类型的研修活动则拓展了研修教师实践性知识培育的通道。

第二，基于大数据的知识服务——优化实践性知识培育的路径。海淀区"靠谱 COP"项目整合了哲学家卡尔·波普尔(Karl Popper)的知识进化模型和知识转化 SECI 模型，以"靠谱 COP"项目的网络研修平台为依托，形成了基于大数据的实践性知识培育路径，如图 4-19 所示。该路径包括"识别问题—试探性理论—排除错误—确定新问题"四个环节，每个环节环环相扣依次递进，在每个环节的实施过程中，均有基于大数据的知识服务方法与技术来提供反馈，监测教师的实践性知识的发展变化情况。

图 4-19　基于大数据的实践性知识培育路径

识别问题：教师实践性知识培育的起点，教师要面临一个"顽症"，即反复发生却无法解决的难题。[①] 此时，教师会质疑自己习以为常的做法，开启对实践性知识的探索。为了确定具有针对性的教学改进问题，一方面，研修教师可以与"靠谱 COP"团队的专家以及其他研修教师进行交流，在吸收专家建议、借鉴同行经验的过程中提炼问题；另一方面，"靠谱 COP"团队可以对研修教师的实践性知识数据进行分析，以发现教师的实践性知识结构的优势与短板。此时的研修活动能够促进不同的知识创造者之间交流与共享知识，实现实践性知识的社会化，从而帮助研修教师将从不同方面发现的问题进行整合，识别教学改进中需优先解决

①　陈向明：《跨界课例研究中的教师学习》，载《教育学报》，2020，16(2)。

的问题。

试探性理论：针对前期识别出的课堂教学问题，"靠谱 COP"团队依托"靠谱 COP"项目网络研修平台为研修教师设计互助改进的活动。首先，"靠谱 COP"团队以某个具有代表性的教学情境为例，组织不同实验学校的研修教师共同对教学情境进行故事续写，引导研修教师在续写故事时将自己的教育信念及策略知识进行外化。其次，研修教师分组扮演故事中的教师及不同学生，并展开辩论探究，助学团队则提供情感支持，鼓励研修教师充分表达自己的观点，帮助研修教师在协作建构中消解认知冲突。最后，助学团队引导研修教师总结解决问题的方法与策略，并提供文献案例等学术支持，鼓励研修教师形成适合自己的解决问题的理论与方法。此时的研修过程是教师将所秉承的教育信念、所使用的教学方法不断外显解构、明晰意义的过程，实现了实践性知识的外化。这不但有利于紧密联结个人、校本研修团队协同解决问题，并且能够在对话交流中促进教师本土化理论的产生，彰显教师的实践性知识的创造性。

排除错误：教学现象是一个具有高度复杂性的问题，具有多元性、同时性、即时性、不确定性和历时性等特点，这给实践性知识的培育带来了巨大的挑战。进行课堂教学行为大数据分析，能够对课堂教学中的师生行为与对话进行多维度的编码和记录，为教师深入研究教学现象、改进教学行为提供新的思路。在排除错误的过程中，校本研修团队执行的路线是：集体备课，进行教学设计→实施课堂教学→集体研讨反思。助学团队执行的路线是：参与教学设计→进行课堂观察→组织课例研讨。借助课堂教学行为大数据分析，助学团队提供相应的反思支架，引导校本研修团队结合具体情境进行课例研讨，并采用定性与定量相结合的方式评价教学改进效果，实现了实践性知识的组合化。在集体研讨反思中，总结优秀经验，并对出现的问题的根源进行反思，排除教学改进实践过程中的错误。

确定新问题：在整个基于大数据的知识服务过程中，研修教师的课堂教学行为和实践性知识都处于大数据的监测之下。一方面，在研修教师进行授课的过程中，研修团队利用课堂教学行为大数据实时监测，对课堂教学的改进效果进行评估。另一方面，"靠谱 COP"团队通过对研修教师撰写的个人反思自传、教学反思日志以及研修教师在网络研修平台中的发帖等进行实践性知识分析，将研修教师的隐性知识进行显性化。研修教师在迁移运用和总结反思中重构自己的实践性知识和智慧，实现了实践性知识的内化，并基于大数据发现的问题确定新一轮实践性知识培育过程中所聚焦的问题。

第三，基于大数据的绩效评估——评价实践性知识培育的效果。为了客观公正地反映参与海淀区"靠谱 COP"项目的研修教师的实践性知识培育与发展的情况，"靠谱 COP"团队记录了研修教师在网络研修平台中的发帖和作业情况，并采用大数据分析方法进行了内容分析，得出了研修教师在实践性知识的六个维度上的整体数据，并基于大数据进行了多角度的对比分析。数据来源于海淀区"靠谱COP"项目反思性观察阶段和抽象概括阶段教师的平台发帖、个人作业和团队作业，分为个人研修成果和团队研修成果两部分进行分析。其中，个人研修成果包括研修教师的教师反思数字故事、教育叙事研究报告等个人研修作业及"靠谱COP"项目网络研修平台上的个人发帖；团队研修成果为实验学校校本研修报告及区级群体课题报告。（图 4-20）

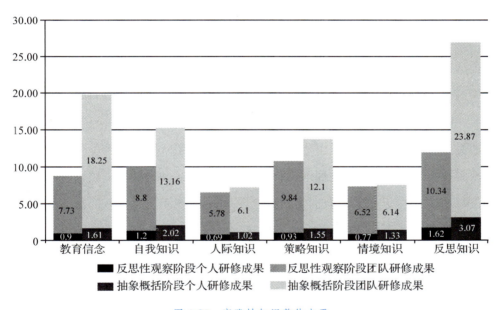

图 4-20 实践性知识整体水平

如图 4-20 所示，从个人研修成果来看，项目研修教师在实践性知识的六个维度上的整体水平均有不同程度的提升。其中，反思知识水平的增长幅度最大且水平最高，人际知识水平的增长幅度相对最小且水平最低。从团队研修成果来看，项目研修教师在实践性知识的六个维度上的水平也均有不同程度的提升。其中，反思知识水平的增长幅度最大，情境知识水平的增长幅度相对最小。

整体来看，在抽象概括阶段，团队研修成果中所体现的实践性知识六个维度上的水平均明显高于个人研修成果，说明团队研修效果显著，校本研修使得实践性知识在研修教师群体中发生了有效的转移。个人研修成果中体现的反思知识水平最高，其次为自我知识与教育信念。这是由于在各实验学校区级群体课题的主题交流活动中，研修教师对所认同或赞赏的教学方法与策略、存在的风险以及想要进一步了解的问题进行了分析，经过多角度的反思，个人研修成果就体现出了较高的反思知识水平，同时教师对个人教学风格以及教育信念也有了更清晰的了解。

同样，团队研修成果呈现出的反思知识水平最高，其次为教育信念和自我知识。对团队作业内容做进一步分析后发现，各校本研修团队能够结合海淀区区级课题的研究主题，结合课堂教学行为大数据开展集体反思，对优化合作学习、促进学生高阶思维发展、提升教师反思能力和促进问题结构改进的教学方法与策略进行分享。团队研修作业充分体现出了研修教师对课堂教学的认识，研修教师对如何将优秀的教学策略、教学理念与自身的教学特点有机整合进行了深入的反思，因此团队研修成果反映出了高水平的反思知识和丰富的自我知识。由于个人作业和团队作业均较少体现出教师与学生、同侪、家长、领导等不同群体构建良好的关系方面的内容，因此出现了个人研修成果和团队研修成果呈现出的人际知识水平均较低的现象，这也提示我们在今后的研修活动设计中，应该有意识地增加人际知识的培育与提升活动，为同校、校际、区域间的不同教师群体搭建有效沟通的平台，促进不同教师群体间实现有效的知识流动，努力补齐人际知识水平低这一短板，促进研修教师的实践性知识全面、均衡发展。

下面从教育信念、自我知识、人际知识、策略知识、情境知识和反思知识六个维度，分别分析项目研修教师的实践性知识培育效果。教师的教育信念是积淀于教师潜意识中的教育价值观，能在教师实施教育行为的过程中不知不觉地支配着教师对学生的态度，使教师不自觉地呈现出自己理解的"什么是好的教育"，自然地流露出自己"如何评价学生的学习"等教育观念。

由图 4-21 可以看出，在抽象概括阶段，团队研修成果所体现出的教育信念水平相对较高；与反思性观察阶段相比，抽象概括阶段的个人研修成果与团队研修成果所体现的教育信念水平均呈上升趋势，且团队研修成果的增幅最大，反映出结合海淀区区级课题开展的校本研修活动有效促进了校本研修团队整体教育信念的优化提升。通过进一步的内容分析发现，研修教师的教育信念集中体现在启发性原则、循序渐进原则以及理论和实践相结合原则方面，其中在启发性原则方面体现得最为突出，说明研修教师在教学中注重巩固学生的主体地位，注重调动学生的学习主动性，注重引导学生独立思考、主动探索，保持积极学习的心态，提升知识建构和解决问题的能力。"聚焦问题"中的小 S 老师在网络研修活动"开启智慧理答"中写道："通过本次研究，我发现很多时候我并没有真正把学生放到课堂的中心。当学生回答时，我虽然有倾听的眼神，有点头回应，但很多时候都在等所谓'标准'答案，而当学生回答出现问题或者有不完善的地方时，我喜欢'包办代替'，而没有追问的意识，导致学生还停留在已有的认识基础上，没有随着老师的引导而深化认识。肯尼基·胡德说'教学的艺术全在于如何恰当地提出问题和巧妙地引导学生作答'，由此可见，教师回应的重要性，只有真正俯下身来，倾听学生，智慧理答，才能让学生知道什么是对的，什么是错的，什么是值得思考的。不要觉得教师回应无关紧要，它不但直接影响课堂生成的精彩程度，还影响学生对学习内容的理解，甚至是学生的学习态度。"这个帖子体现了小 S 老师重新审视了发挥学生主体地位的理念，对教育的最终目的有了深刻的认识，也充分体现了启发性原则、理论和实践相结合原则。

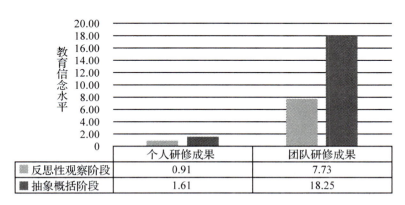

图 4-21　研修教师教育信念整体水平

教师的自我知识包括自我概念、自我评估、自我教学效能感和对自我调节的认识等。例如，教师是否了解自己的角色和地位；是否了解自己的特点(性格、气质、能力等)和教学风格;是否能够扬长避短(扬长补短),适度发展;能否从错误中学习,并及时调整自己的态度和行为。研修教师的个人研修成果和团队研修成果所体现的自我知识水平如图 4-22 所示。

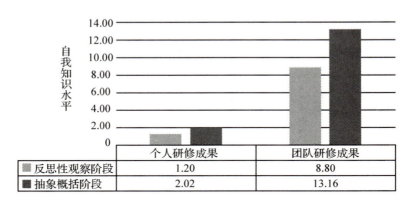

图 4-22　研修教师自我知识整体水平

由图 4-22 可以看出,在抽象概括阶段,研修教师的团队研修成果所体现的自我知识水平较高;两阶段对比可发现,个人研修成果与团队研修成果所体现的自我知识水平均有明显的增长,且团队研修成果的增幅更大。

通过进一步的内容分析发现,研修教师的自我知识在"教师对其角色地位的认识能力"和"教师更新自身技术知识的能力"等方面均有比较明显的体现,其中在"教师对其角色地位的认识能力"方面体现得最为突出,说明在教学中,研修教师对自身的特点(性格、气质、能力等)和教学风格有清晰的了解,对自身在教学中的地位与作用有较为客观的认识。为了满足研修教师的在线教学需求,在抽象概括阶段的网络研修活动中,"靠谱 COP"团队设计了相应的网络活动,以支持研修教师的网络研修,而研修教师在在线教学的过程中,对自身在学生学习过程中的角色定位有了更加深入的思考,并且认识到更新自身技术知识的紧迫性和重要性。

例如,北京市石油学院附属第二实验小学的刘艳老师在网络研修活动"我眼中的优秀教师"中提出:"我认为一名优秀教师应该具备以下品质。(1)应该了解学生,以生为本,教师在教学设计中首先要了解学生,尊重学生的认知规律;(2)应有过硬的专业素养,教师有一桶水才能分给学生一杯水,有了丰富的专业知识,才能授之以渔;(3)应爱钻研,有科研精神,当今时代各种知识更新很快,这就要求教师要不断通过各种途径去学习新知，拓宽自己的知识面。"这个帖子的内容体现出研修教师对课堂中自身的主导作用以及学生的主体地位有了深刻认识，同时体现出教师认识到更新自身技术和知识的重要性，并认识到应具有更新自身技术和知识的能力。

教师的人际知识反映的是教师对学生、同行、家长的感知和了解，其中包括教师对学生的感知和了解（是否关注学生，受到学生召唤时是否能恰当地做出回应，是否能有效地与学生沟通）；热情（是否愿意帮助学生）；激情（是否有一种想要了解周围世界的渴求和一种想要找到答案并向别人解释的欲望，能否用这种激情感染学生）。

由图 4-23 可以看出，在抽象概括阶段，研修教师的团队研修成果所体现的人际知识水平相对较高；两阶段对比发现，个人研修成果与团队研修成果所体现的人际知识水平均呈上升趋势，且个人研修成果的增幅更大。通过进一步的内容分析发现，研修教师的人际知识在教学沟通的能力、了解学生的能力、与同事互助协作的能力以及与同事协商的能力等方面均有比较明显的体现，其中在教学沟通的能力方面体现得最为突出，说明在传统教学模式突然转变为在线教学模式的过程中，研修教师依旧能够快速掌握一定的教学沟通的方法与技术，在课堂中通过合理的教学沟通，激发学生的学习积极性，引领学生的思维发展。不同群体的教师均能在教学与研修中运用合适的沟通方法与技术，与同侪、学生展开有效的交流，增进彼此间的了解，构建和谐的人际关系。

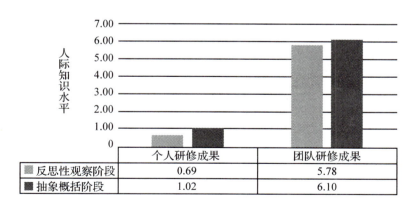

	个人研修成果	团队研修成果
反思性观察阶段	0.69	5.78
抽象概括阶段	1.02	6.10

图 4-23　研修教师人际知识整体水平

例如，首都师范大学附属育新学校的韩玥老师在网络研修活动的专题讨论

"对话深度对发展学生高阶思维的影响"中发布了主题帖:"所谓对话教学,不仅仅是简单的师问生答,真正的师生对话,指的是蕴含教育性的相互倾听和言说,它需要师生彼此敞开自己的精神世界,从而获得精神的交流和价值的分享。它不仅表现为提问与回答,还表现为交流与探讨、独白与倾听、欣赏与评价。课堂的提问不是形式,提问需要引发学生思考,如果学生的回答不是教师想要的答案,那么教师就应该顺着学生的思路去引导他,让他在回答的过程中发现自己的问题,最终回归到教师的点上。通过这几年的教学,对话教学于我而言,感觉就像是苏格拉底的产婆术,不断提问,帮助学生澄清观点。教师要认真、细致地研究问题,让学生既能发散思维,又不至于跑偏。上下过渡的转折语需要更精确些。"这条帖子充分地反映出研修教师具有在课堂中通过实时的教学沟通、环环相扣的追问来打开学生思维空间的意识与能力,并且教师通过合理的引导,可使学生的回答做到"发散"而不"偏离",帮助学生澄清观点。

教师的策略知识是指教师对教学任务的认识、对教学方法的选择和对教学过程的调控,可以从三个方面来描述,分别是教学准备策略、教学实施策略及教学监控策略。

由图 4-24 可以看出,在抽象概括阶段,团队研修成果所体现的策略知识水平最高;两阶段对比发现,个人研修成果与团队研修成果所体现的策略知识水平均呈上升趋势,且团队研修成果的增幅最大。通过进一步的内容分析发现,研修教师的策略知识主要体现在"认知指导策略"和"教学主体分析策略"两个方面,其中在"认知指导策略"方面体现得最为突出。在研修过程中,研修教师能够合理运用复述策略、组织策略、记忆表象策略、已有知识策略、理解策略和元认知策略等认知加工策略,对学生的知识建构提供有效的支持与引导。不同学校的研修教师对学科内容、学科教学法、教育学理论均有较为全面的理解,并能将学科知识与教育理论进行有机整合,借助恰当的教学方法与策略,将课程内容更加生动地呈现给学生。在团队研修成果中,各校对教学主题研究中针对自身学校教学问题实践所得出的优秀方法与策略进行了提炼和总结,过程中展现出了丰富的策略知识。

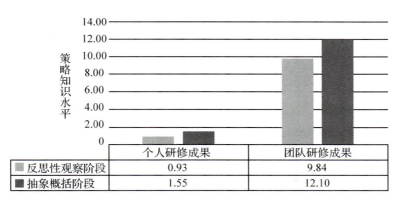

图 4-24　研修教师策略知识整体水平

例如，北京市海淀区前进小学的洪丹老师说道："在培养学生高阶思维的过程中，学生受到语言能力的限制无法自如表达自己的真实思维想法。根据一年级学生的年龄特点和学习兴趣，我尝试采用绘本的拼图阅读(Jigsaw Reading)学习形式，将绘本内容按照不同场景进行划分，让学生选择喜欢的场景进行分组，依托绘本中的核心句型自主提问、合作对话。学习能力较强的学生根据绘本情境，合作开展表演；英语水平中等甚至薄弱的学生，也能从绘本文字中学有所获。我引导学生以教材中的歌谣为蓝本，参考绘本旁白，合作创编歌曲、歌词，培养英语语感。创编歌词为学生应用所学语言提供了素材和资源，在丰富绘本表现形式的同时，学生的思维品质和语言能力获得了同步发展。"这体现了研修教师开展小组合作学习活动的策略知识。

由图 4-25 可以看出，在抽象概括阶段，团队研修成果所体现的情境知识水平最高；两阶段对比发现，个人研修成果所体现的情境知识水平呈上升趋势，团队研修成果所体现的情境知识水平略有下降。通过进一步分析发现，研修教师的情境知识在"教学结构的布局机智""教学气氛的创设机智"和"处理教学环境突变的机智"三个方面有比较明显的体现，其中在"教学结构的布局机智"方面体现得最为突出，反映出研修教师善于根据教学目的、内容、方法、手段等灵活巧妙地安排教学程序，并根据实际情况临时调整教学布局，有效激活学生思维的发展。对抽象概括阶段的研修过程进行分析发现，各实验学校的研修教师群体都能够在网络研修活动中分享自己在教学过程中遇到的问题和解决方案，并在交流分享中学习他人处理教学中突发情况、捕捉课堂中产生的灵感、调控课堂进程的方法与策略，进而尝试迁移将其运用到自身教学的疑难情境之中，有效地将模糊的经验进行了提炼和外化，实现了教师间的知识流动，提升了教师自身的情境知识水平。而在团队研究成果中，研修教师不善于结合具体的情境抽象概括出教育教学的方法与策略。

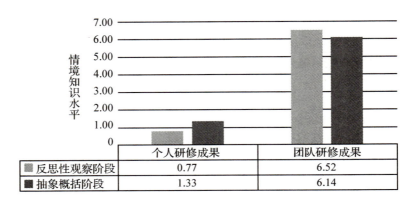

图 4-25　研修教师情境知识整体水平

对研修教师的个人发帖和个人作业进行进一步的内容分析发现，研修教师的情境知识在"处理教学疑难的机智""教学气氛的创设机智"等方面体现得较为明显。

例如，北京市海淀区清河四小的宋玉雪老师在参与抽象概括阶段的"识别困难，突破困境，专题研讨助力教学"主题网络研修活动时分享道："进入高年级之后，怎么安排合适的成员组成一个讨论小组，也是越来越值得注意的问题。学生之间的差异性逐渐明显，安排不合理的话，很容易出现个别同学的话语霸权，因为他们的思维理解力比较高或是反应比较快，一般都是他们在组里起主导作用，另外的同学发言机会较少。教师注意到这种现象后，可以采用发言卡的形式，每位同学三张，发言次数用完后就只能倾听，或在总结阶段再发言。"这个内容反映出研修教师能够聚焦真实的教学突发情境，积极地分享自己对教学情境的认识，以及在此情境中采取的行为取向，并在网络活动中学习他人处理教学中突发情况、捕捉课堂中产生的灵感、调控课堂进程的方法与策略，稳步提升自身的情境知识水平。

教师的反思知识是一种实践取向的思考，是对教师自身实践活动的注意和知觉。反思是对自己的思维过程、思维结果进行再认识的检验过程，它是学习中不可缺少的重要环节。教师的反思知识分为 7 个层级：简单呈现层、简单描述层、专业描述层、初级解释层、高级解释层、综合分析层和批判反思层。

　　由图 4-26 可以看出，在抽象概括阶段，团队研修成果所体现的反思知识水平最高；两阶段对比发现，个人研修成果与团队研修成果所体现的反思知识水平均有明显的增长，且团队研修成果的增幅最大。进一步分析教师的发帖、个人作业和团队作业发现，教师在开展教学与研修的过程中，能积极回顾自身的教学实践，及时发现问题、探讨问题并解决问题。在网络研修过程中，研修教师能够描述教育教学实践，且能够用自身的经验和偏好对教学事件进行分析和解释，其反思知识水平普遍达到了专业描述层和初级解释层。

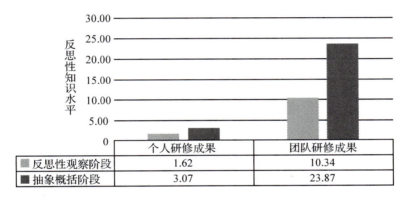

图 4-26　研修教师反思知识整体水平

　　例如，北京市海淀区西二旗小学的丁笑然老师在发帖中提道："在解决这些困难的过程中，我尝试以学生为主体，站在学生的角度进行反思，通过课前查阅文献资料、课前调查、课后测试的形式来明确问题所在，了解学生真实的需求，形成了有针对性的课后反思。同时我会研究、比对同一主题、不同教师的课堂，研究别人的教学长处，通过学习比较，找出理念上的差距，并解析方法上的差异，从而提升自我。"这个内容体现出研修教师能够用专业的术语描述课堂教学，对研究主题进行充分的文献学习和深入的观摩学习，并在反思实践中不断优化自身的教学水平，进而实现反思知识水平的进一步发展。

一、基于大数据的循证评估，成为实践性知识发展的推动器 >>>>>>>

　　实践性知识的发展过程不是一蹴而就的，而是螺旋上升、循序推进的，其中最根本的是"实践性知识持续发展的原动力与惯性维持"。海淀区"靠谱 COP"项目通过研修活动中的不断积累，不仅为教师的实践性知识共享和发展提供了再生资源库，同时也积累了教师个体的实践性知识发展的形成性评价资源，为教师的实践性知识发展的有效评价提供了依据。在海淀区"靠谱 COP"项目的实施过程中，通过对实验学校进行课堂观察，开展基于大数据的循证研究，其中基于课堂教学行为大数据的教学诊断能够解决"拍脑袋"式的依靠个人经验与主观判断做出评价的听评课的弊端；通过量化课堂中的教与学行为，帮助教师精准找到课堂教学中的"难题"，在对问题进行深入剖析后，教师会质疑自己习以为常的做法，进而产生重构、发展实践性知识的强烈意愿与主动性。此外，借助认知临场大数据分析和教师实践性知识大数据分析，"靠谱 COP"团队能够动态监控教师的实践性知识在二级维度和三级维度上的变化与发展情况，及时调整助学策略，为不同群体的教师提供与其相匹配的学术支持服务、认知支持服务以及情感支持服务，从而持续推动教师的实践性知识的发展。

二、基于大数据的活动工具，成为实践性知识发展的解码器 >>>>>>>

　　教师的实践性知识本质上是教师在不同的教育实践过程中，追求高效解决具体实践问题的一系列程序性知识。然而由于教育情境具有具体性、动态性和复杂性，每位教师的实践性知识犹如"黑箱"一样，难以被其他教师学习借鉴。整合经验学习圈理论和知识转化 SECI 模型后，海淀区"靠谱 COP"项目为实验学校搭建了研修共同体，按照四个阶段进行研修活动的系统设计和组织，并借助丰富的活动和工具促进实践性知识的转化。在具体经验阶段，研修教师通过网络研修平台上传教学案例，通过基于大数据的教学案例观摩实现实践性知识的获取和积累，完成隐性知识的社会化。在反思性观察阶段，校本研修团队开展教学案例分析、交流研讨等活动，并借助网络研修平台提供的在线案例分析、电子档案袋、论坛等工具帮助教师深化对实践性知识的理解，以隐喻、类比等形式促进教师隐性知识的外化。在抽象概括阶段，通过专家引领和同侪互助等形式开展关键事件抽取、教学策略萃取、知识地图绘制等活动，以实现新、旧知识的连接和知识系统的建构，促进知识的组合化。在积极实践阶段，对教学重新进行设计，并回到课堂中开展新一轮的实践，形成基于大数据的教学反思实践报告，从而实现知识的应用和创新，完成知识的内化。海淀区"靠谱COP"项目的研修活动强化了教师间的联结与交流，促进了不同教师群体间有效的知识流动，实现了教师间的优势互补。同时，研修中的优秀案例资源对研修教师教学的优化改进起到了积极的指导作用，研修教师能够结合自身的教学特点与教学经验，分享对问题的个性化见解，并对其他研修教师分享的经验进行内化迁移，为教学研究输送源源不断的养料。基于大数据的活动工具，成为实践性知识发展的解码器。

三、基于大数据的协同建构，成为实践性知识发展的加速器

　　教师在线实践社区以其开放、互动的特征，打破了传统实践性知识发展的活动场域，通过构建区域研修共同体的方式来促进研修教师的知识转移和资源共享，使得教师的实践性知识的发展从校内研讨走向校际联动。由于实践是依赖于具体情境且动态发展的，因此教师的实践智慧具有动态性、情境性的特征。在海淀区"靠谱COP"项目的研修活动中，研修教师积极学习掌握了抽象概括的方法与技术，并在研修活动中积极实践，借助抽象概括的方法与技术以及思维可视化工具，以课堂教学行为大数据与实践性知识数据为抓手对教学中优秀的经验、方法与策略进行抽象概括，以教育叙事研究报告、教师反思数字故事、教师反思自传、优秀教学设计、教学研究论文等多种形式进行成果物化。海淀区"靠谱COP"项目通过构建课堂教学行为大数据资源库、优秀课例视频资源库、教师反思数字故

事资源库、教育研究资源库等多种形式的再生资源库，将不同实验学校、不同群体的教师的实践性知识外化为研究证据库，试图建构教育实践领域的普遍规律，并以不同的规律来解决不同类型的问题。随着样本量的不断扩大，时间维度上的不断积累，循证教育学的框架内，将不断汇聚解决实践问题的研究证据，这将更好地支撑与指导教师个人及学校进行实践改善，提升实践性知识发展的速度。

第五章

大数据驱动教师专业发展

教师专业发展是教师在一定的教育教学方针、政策的指导下，通过计划的实施，有目的地进行实践探索、累积经验的过程；是教师以理性认知为依靠，不断创新、加强自身的专业素养，高效运用发展的专业理念、教育教学方针以及课程改革新思潮等创新思想的过程。[1] 简言之，教师专业发展就是教师的专业成长或教师内在专业结构不断更新、演进和丰富的过程。[2] 本章聚焦教师专业发展共同体中的伙伴理论、基于循证的教师实践理论和教师改变理论，开展实践探索，诠释大数据驱动下的教师专业发展的转型升级。

【聚焦问题】

美国教育家杜威在哥伦比亚大学建立了实验学校，并在那个时期建立了大学和中小学之间的合作与协作关系。那时大学研究者与中小学之间建立的是主从关系，也就是大学研究者为主体，作为实验学校的中小学为附属。[3] 在这种主从关系中，作为实验学校的中小学是大学研究者所开展研究的"附属品"和"试验田"，大学研究者在合作研究中承担着主导、主体和"主人"的作用与角色。这种大学研

---

① 孙瑜：《基于转化性学习理论的教师专业发展》，载《教学与管理（理论版）》，2017（11）。

② 叶澜、白益民、王枬等：《教师角色与教师发展新探》，222 页，北京，教育科学出版社，2001。

③ 杨文爽、程耀忠：《关于大学—中小学伙伴协作的理性思考》，载《东北师大学报（哲学社会科学版）》，2014（4）。

究者"居高临下"以指导者自居的大学与中小学之间的关系，其创建目的并不是促进中小学教师的专业发展，主要目的是验证大学研究者所开展的研究中的理论。这种所谓专家指导型的"伙伴关系"，直接导致了大学与中小学的伙伴关系失去了本真，也导致了中小学教师沦为了大学研究者的研究对象、资料提供者、活动执行者和知识消费者，它忽视了中小学教师的主体性。

20世纪60年代以来，随着教师专业化运动在欧美国家乃至全世界的发展，随着"教师即研究者""教师即学习者""教师行动研究"等理论与思潮的传播，中小学教师的角色定位悄然发生了转变。教学即研究，教师即研究者的文化与教师专业发展的理论思潮，促使大学研究者的角色和中小学教师的角色发生了本质性变化，大学与中小学之间的合作关系的内涵也发生了变化。[①]

在北京市海淀区，为了帮助"靠谱COP"项目实验学校实现专业发展，输入更多优质的外部资源，区域教育管理部门和区域基层科研单位牵头，引入了大学与企业联合的"靠谱COP"团队，试图重建新型专业发展伙伴关系，开展基于大数据的循证教师改变与发展的实践探索。

为了更好地与实验学校建立良好的合作关系，精准支持其教师专业发展，"靠谱COP"团队首先聚焦实验学校面临的教师专业发展问题。通过剖析"靠谱COP"项目在启动之初所做的大规模深度调研的数据，"靠谱COP"团队发现实验学校在教师专业发展上存在三个典型问题：(1)实验学校的教师专业发展面临的瓶颈问题是教师队伍问题，大多数校长都认为由于教师待遇、生育政策等原因，学校面临着师资力量不足、学校教师队伍结构不合理、教师年龄阶梯不符合学校发展需要等严重问题。(2)实验学校的一线教师们对教师专业发展抱有较高期望，普遍渴望外部专家资源能够引导教师确定清晰的个人专业发展目标，指导教师制订个人专业发展计划，有效促进教师个体发展；同时，实验学校的校长们都对学校教师专业发展有强烈需求，期望外部专家资源能够协助学校建立完善的培训制度，为学校教师提供更多的培训和专业发展机会，整体提高学校教师队伍的专业能力。(3)实验学校的领导与教师普遍重视教师教学基本功的提升，愿意给教师专业发展提供尽可能的保障，但是学校严重缺乏相关的支持资源，缺乏稳定的专

变革与治理：大数据时代的教师专业发展

① 叶澜、白益民、王枬等：《教师角色与教师发展新探》，208页，北京，教育科学出版社，2001。

家团队给予持续引领与指导，教师改进缺乏相应的证据依据，学校缺乏促进教师专业发展的激励机制，教师的改进成果缺乏展示机会等。

综上所述，如何在现有教师队伍结构不合理、教师专业水平亟待提高的前提下，构建一整套促进教师改变和教师专业发展的支持体系，以带动海淀区"靠谱COP"项目实验学校教师专业发展的转型升级，就成为迫切需要解决的问题。

【理论支持】

教师专业发展的转型升级要以方法论、认识论和价值论为基础。在本章中，教师专业发展的伙伴理论是对教师专业学习共同体理论的发展，也是教师专业发展转型升级的方法论；基于循证的教师实践理论是对教师实践理论的发展，也是教师专业发展转型升级的认识论；教师改变理论是对教师教育理论的发展，也是教师专业发展转型升级的价值论。

一、教师专业发展的伙伴理论 >>>>>>>

学校的改进、教师的专业发展和学生的进步一直是当今教育领域中的难题。以往由政府主导的教育改革，在落地执行期间，往往会因不同的主体而被赋予不同的理解并建构出不同的意义，从而导致了执行阻力的产生及执行误差的出现，严重者还可能导致异化或变质。基于对种种现象的反思，研究者与实践者开始寻求改革路径的转变，其中，多元协同的教育治理为破解这一难题提供了新的路径，并取得了显著的成效。

1887年德国社会学家斐迪南·滕尼斯(F. Tönnies)在《共同体与社会》一书中提到共同体概念，斐迪南·滕尼斯指出共同体是一种强调人与人之间的紧密关系、共同的精神意识，以及个体对共同体的归属感和认同感的组织。[①] 可以说，共同体概念为形成多元协同治理奠定了理论基础。

---

① 潘洪建：《"学习共同体"相关概念辨析》，载《教育科学研究》，2013(8)。

20 世纪 80 年代以来，教师专业发展的范式已从"培训问题"转变为"学习问题"。① 世界教师专业化运动的重心已经由关注教师的地位向关注教师的角色、实践转变，教师发展的路径与策略方面发生了重要转变②，教师专业学习共同体开始成为教师教育研究中最为引人注目的内容之一。20 世纪 90 年代教师专业学习共同体逐渐成为教师专业学习的新范式③，并运用了多元协同治理的具体机制。目前有两种典型的教师专业学习共同体，一种为传统的教师专业学习共同体，包括教学科研平台、跨学科创新团队和学术社团的交流年会等；另一种为基于网络的教师专业学习共同体，其特点是多元化和灵活性强，可以支持教师随时随地展开对话、互动、合作、分享知识和经验，完全不受时间和空间限制，受到了越来越多的重视和应用。④ 目前，采用两种教师专业学习共同体相混合构建而成的混合式教师专业学习共同体已经成为一种新的实践趋势。

教师专业学习共同体包含专业、学习和身份获得三个核心要素。⑤ 专业要素意味着教师具有良好的专业知识基础，在遵守专业伦理的前提下，具有专业的自主权限，其专业性能够得到社会认同。学习要素是教师专业学习共同体的出发点和联结点，所有专业学习共同体中的成员都具有相同的学习与发展愿景，教师的学习目的都指向了为学生提供更多的支持与帮助。共同体是指由具有相同愿景的人，为了相同的目标而集结成的集体。身份获得要素是指教师专业学习共同体强调教师之间通过共同参与、彼此合作、相互依赖和相互支持以及贯穿这些过程的意义协商，而逐渐建立共同的目标、记忆、能力、工具箱和交流规范，并最终建立起以共同体成员资格为表征的身份。⑥ 因此，教师专业学习共同体遵守多元协同治理机制，被认为是典型合作文化中的学习型组织，它要求共同体成员有改进教学和学生学习的

① Cochran-Smith M. & Fries K., "Researching Teacher Education in Changing Times：Politics and Paradigms," In *Studying Teacher Education：the Report of the AERA Panel on Research and Teacher Education*, ed. Cochran-Smith M., Zeichner K. M., New York，Routledge，2005，pp. 66-109.

② 熊燕、王晓蓬：《教师专业学习共同体的内涵及生成要素》，载《当代教育科学》，2010(3)。

③ 原霞：《教师学习共同体：高校教师教学学术发展的一种新范式》，载《福建师范大学学报（哲学社会科学版）》，2012(1)。

④ 陈勤、袁守华、陈谦：《内涵式发展背景下有效学习共同体对教师专业发展的思考》，载《中国教育学刊》，2018(A1)。

⑤ Stoll L., "Professional Learning Community," In *International Encyclopedia of Education*（*Third Edition*），ed. Petersonp P.，Baker E.，McGaw B.，Oxford，Elsevier，2010，pp. 151-157.

⑥ 王晓芳：《从共同体到伙伴关系：教师学习情境和方式的扩展与变革》，载《华东师范大学学报（教育科学版）》，2015(3)。

共同愿景，成员之间为实现共同目的而相互支持和合作，在合作中对改进教学和自身学习不断进行反思性的专业探究，从而真正做到自我反思、同伴互助、专业引领和持续学习。[1] 教师专业学习共同体的合作文化是促成多元协同治理系统的重要基础，也是教师专业学习共同体能够取得专业发展成效的基础保障。

　　国内外诸多实证研究都已经证实，教师专业学习共同体的经验式学习、参与式学习和教师的身份获得三个特点对教师的专业学习产生了积极的影响。库伯的经验学习圈理论描述了两种与经验相关的辩证学习模式，即经验获取模式和经验转化模式，以及四种学习方式——发散、同化、聚合和顺应，其学习过程包含了对经验的积累、批判、重构和发展四个相互关联的因素，并由具体经验获取、反思性观察、抽象概括和积极实践四个相互关联的步骤构成了学习循环圈。库伯所提出的经验学习圈理论指出：学习的本质是学习者适应外部环境的活动，是学习者主观经验与客观经验彼此互动和转型的过程[2]，学习就是持续不断的经验转换而引发的创造知识的过程，知识源于经验的掌握与转换。教师在经验学习的过程中会经历从具体经验的获取到抽象概括的实践性知识的获取，从反思性观察到积极实践的教学行为改进，两个维度上的专业发展。参与式学习通常被理解为参与教学实践的过程，教师通过参与可以让自身对教学活动变得更有见识[3]；教师在共同体中的参与式学习还可以有效支持教师的反思性实践，教师对实践反思的分享与交流，可以有效促进教师的实践性知识的流动与传播，进而实现实践性知识的共享与转移，优化教师的实践性知识，促进实践的改进。成为共同体中的一员就代表着从事某一种实践、参与某一类活动、习得某些特定知识、具备某一种能力，从而也会获得一种身份，这种身份获得会帮助包括新手教师在内的教师重新认识和理解教师身份，产生身份认同。

　　虽然教师专业学习共同体中的合作学习和基于工作场所的学习被认为是协助和刺激教师发生专业学习的重要中介过程[4]，但是：(1)由于共同体具有清晰的边

---

① 熊燕、王晓蓬：《教师专业学习共同体的内涵及生成要素》，载《当代教育科学》，2010(3)。

② Kolb D. A. , *Experiential Learning*：*Experience as the Source of Learning and Development*，Englewood Cliffs，Prentice Hall，1984，pp. 32-34.

③ Adler J. , "Social Practice Theory And Mathematics Teacher Education：A Conversation Between Theory and Practice,"Nordic Mathematics Education Journal，2000(8)，pp. 31-53.

④ Avalos B. , "Teacher Professional Development in Teaching and Teacher Education Over Ten Years,"Teaching and Teacher Education，2011，27(1)，pp. 10-20.

界，教师往往过于追求和谐的同事关系，回避、掩藏彼此的异议和矛盾，从而限制了教师学习的机会和思考的范围，不利于新理念、新做法在共同体中产生和传播；(2)教师共同体的边界难以涵盖教师学习的多样性，并且无法满足变革时代对教育创新的个性化要求；(3)教师共同体的边界，没有考察教师个体对学校共同体的更新和改进作用。鉴于此，有研究指出：仅有教师专业学习共同体是不足以丰富和扩展教师学习的机会与成效的，需要跨越共同体的边界。[①]

针对教师专业学习共同体基于边界的"自上而下"的知识转移及"从边缘到中心"的社会参与所形成的单向"纵向学习假设"的改进，有研究者指出，教师专业学习共同体应该促进学习的进一步转变，实现合作探究式的，以解决问题、获得新的活动模式为目标的知识创建过程；教师的专业学习应该实现"横向"的、对话式学习，并通过跨越不同的组织边界，联结不同的活动系统，辗转于多个活动领域，最终实现知识的创新。[②]

U-S 协作(University-School Collaboration)型专业学习共同体始于 21 世纪初。U-S 协作型专业学习共同体是为了克服传统教师教育中理论与实践脱节的困境，体现教师专业学习共同体发展与变化，顺应大学与中小学伙伴关系的互惠需求而建立起来的专业学习共同体[③]，它超越了单一共同体的边界，将教师的专业学习情境带入大学与中小学两个共同体的重叠区域，即边界地带，从而使来自不同共同体的大学研究者和中小学教师的活动系统与组织发生交叉和重叠，形成了一个以来自不同共同体的多元化成员为主体的，充满了不同视角、不同理念、不同话语和不同实践活动的互动与交流空间。教师学习是由教师所处的情境和背景所介导的(Learning mediated by context)。[④] 跨越不同共同体组织边界的边界地带所创设的教师专业学习情境中，既可能出现因多元主体的彼此竞争而产生的冲突与矛盾，也可能出现多元主体间的合作与融合，从而催生出多元主体之间的伙

---

① 王晓芳：《从共同体到伙伴关系：教师学习情境和方式的扩展与变革》，载《华东师范大学学报(教育科学版)》，2015(3)。

② Engeström Y. , "Enriching the Theory of Expansive Learning：Lessons from Journeys toward Configuration,"Mind，Culture，and Activity，2007，14(1-2)，pp. 23-39.

③ 杨甲睿、张洁：《U-S 协作型专业学习共同体——国外教师专业化发展的新路径》，载《高教探索》，2013(2)。

④ Wong A. & Edwards G. , "Connecting Communities of Practice,"In *Learning in School-University Partnership：Sociocultural Perspectives*, ed. Tsui A. B. M. , Edwards G. , Lopez-Real F. , et al. , New York，Routledge，2009，pp. 132-147.

伴关系，这也使得基于伙伴关系的边界地带蕴含着知识迁移和创新的巨大潜力，更新了教师专业学习的内涵，使得教师的专业学习转变为多元主体的协同治理过程。U-S 协作型专业学习共同体在促进教育改革和学校改善的过程中取得了许多成就，因而一直备受瞩目。

U-S 协作型专业学习共同体的理想是构建大学与中小学的伙伴关系，并促使大学与中小学实现双赢。然而，在实践过程中人们发现，U-S 协作型专业学习共同体由于缺乏支持性环境而面临着较大的阻力与困境。由于 U-S 协作缺乏一种有效的支持性环境，大学与中小学之间存在着明显的文化冲突难以协调，U-S 协作的实际效果评估也影响了 U-S 伙伴关系的深入发展。[①] 针对 U-S 协作型专业学习共同体发展中的掣肘性问题，有研究者提出了需要在 U-S，即大学与中小学之间再设置一个中介角色，以将两个或多个在组织目标与期待上存在显著冲突的系统联系在一起。[②] 由此，受多元协同治理思想的影响，一些研究者改造了 U-S 伙伴关系，构建了 U-D-S(University-District-School) 或 U-B-S(University-Boundary Spanner/Broker-School)等新型伙伴关系型的专业学习共同体。

在我国 U-D-S 新型伙伴关系型的专业学习共同体比较常见。这种引入地方教育部门或地方教育科研/培训机构的新型伙伴关系改革了伙伴关系建构的方法论，具有三个突出的优势：(1)地方教育部门或地方教育科研/培训机构是维护大学与中小学伙伴关系的第三方机构，地方教育部门是有关教育政策的制定与颁布主体，因此，他们介入后形成的三方伙伴关系对保障 U-D-S 伙伴协作评价的"客观性"和提升 U-D-S 伙伴协作的"合法性"都能发挥积极的作用；(2)大学与中小学合作开展的伙伴协作，不仅需要充分利用自身的内部资源，还需要充分寻求地方这一外部环境的资源支持，而地方教育部门或地方教育科研/培训机构拥有相对丰富的地方性资源；(3)地方教育部门或地方教育科研/培训机构在有效化解大学与中小学的文化冲突方面，可以提供"第三方力量"，促使大学与中小学形成新的协作范式。

构建 U-D-S 新型伙伴关系型的专业学习共同体是多元协同治理的一种重要途

① 李国栋、杨小晶：《U-D-S 伙伴协作：理念、经验与启示》，载《外国教育研究》，2013，40(10)。

② Steadman H. J., "Boundary Spanners: A Key Component for the Effective Interactions of the Justice and Mental Health Systems,"Law and Human Behavior, 1992, 16(1), pp. 75-87.

径，需要遵循平权原则、民主协商原则和互惠共生原则。

第一，平权原则。平权原则是多元主体建立伙伴协作关系的重要前提。[①] 在 U-D-S 新型伙伴关系中，三者的权力具有先天性失衡的特征。大学研究者往往被看作知识的创造者和拥有者，他们是阐释教育知识的专业权威，在伙伴关系中往往占有主导性地位；地方教育部门或地方教育科研/培训机构拥有对教师进行评价的权力，所以是典型的行政权威；U-D-S 新型伙伴关系中的中小学教师一般只能扮演"服从者"角色，需要通过赋权才能实现真正的平权原则。教师赋权包括制度赋权和自我赋权两个方面。制度赋权是指在教育治理过程中，建立健全权力共享的平等、多元的协作文化机制，赋予中小学教师在 U-D-S 新型伙伴关系中参与决策并做出决策的权力，促使其能够获得主体性的归属感。[②] 自我赋权是指教师自我释放内在权力的一种专业意识的自我觉醒，也就是教师要具有清晰的专业理想与明确的专业行动，具有主动学习、深入反思和开展实践研究的自我意识、自觉行动和自我激励。可以说制度赋权是引入外力的一种平权机制，而教师的自我赋权是自内向外的平权行为。

第二，民主协商原则。民主协商原则是多元主体建立伙伴协作关系的重要保障。在 U-D-S 新型伙伴关系的实践中，地方教育部门或地方教育科研/培训机构扮演的"第三方"角色是实现民主协商原则最关键的角色。当处于大学的"理性主义"与中小学的"经验主义"的冲突之中时，地方教育部门或地方教育科研/培训机构要特别注意不能采用"折衷主义"的价值取向，那样是不能很好地协调二者之间的矛盾的；由于地方教育部门或地方教育科研/培训机构的视角因其职责的原因会更加聚焦政策条例的执行情况等，因此当遇到大学文化的"探究性"与中小学学校文化的"实用性"产生冲突时，要避免运用"规范性"抹平大学与中小学之间的冲突这样的做法，不追求 U-D-S 新型伙伴关系在排除异议时达成的全体一致性，而应该抓住"发现内在矛盾并把它们作为活动系统内部以及活动系统之间的改变和

变革与治理：大数据时代的教师专业发展

[①] Lefever-Davis S., Johnson C., Peaman C., "Two Sides of a Partnership: Egalitarianism and Empowerment in School-University Partnerships," The Journal of Educational Research, 2007, 100 (4), pp. 204-210.

[②] 杨甲睿、张洁：《U-S 协作型专业学习共同体——国外教师专业化发展的新路径》，载《高教探索》，2013(2)。

发展的最初推动力"①。为此，伙伴关系视域下的民主协商需要借助边界物件（Boundary Object）和中介机制这两个关键要素来达成。课堂教学行为大数据作为伙伴关系中的边界物件，具有突出的"阐释层面的灵活性"（Interpretive Flexibility）和"结构不良"的特性，使得来自大学和中小学不同组织与实践共同体的多元主体在课堂教学行为大数据这一边界物件的双重特性中，在不同的情境中能够保持对课堂教学的不同阐释与理解，推动不同知识之间的互动，形成彼此具有张力的合作关系。伙伴关系中的中小学教师是"实践中的跨界者"，即扮演中介人角色，他们在边界地带中接触和获得与其原有的理念、知识和实践不同甚至相悖的事物，真实地参与跨越边界的活动，并通过意义协商和协调关系，将自己原有领域的实践与大学研究者领域中的实践联结起来，获得新的知识、习得新经验，再将这些知识和经验传递给中小学学校中的其他教师，由此消解冲突、实现合作。在实践中担任中介人的跨界者，往往是中小学的校长、副校长、教学/科研主任、教研组长、学科组长或学校中的骨干教师等。

第三，互惠共生原则。互惠共生原则是多元主体建立伙伴协作关系的重要动力。互惠是社会互动的一种基本规范，是指人们会对收到的礼物、好处等给予回报的行为。② 共生是生物世界最为普遍的现象，"共生的概念首先是由德国真菌学家德贝里（Anton de Bery）于 1879 年提出的"③，具体是指不同类别的生物紧密地生长和生活在一起，按某种共生模式而形成的生态关系。社会交换理论（Social Exchange Theory）指出，人与人在交换的过程中遵循的是互惠原则，这是社会交换持续产生的重要前提。④ 协作式行动研究是贯彻落实 U-D-S 新型伙伴关系的互惠共生原则的最佳实践，为建立真正的伙伴协作关系中的互惠共生提供了一条有效的途径，它可以使大学研究者、地方教育部门或地方教育科研/培训机构和中小学教师形成一种积极的互赖关系，让大家能够就共同关心并且真实存在的问题展开协作，这符合地方教育部门或地方教育科研/培训机构的需求，同时，行动

---

① Roth Wolff-Michael，Lee Yew-Jin.，"'Vygotsky's Neglected Legacy'：Cultural-Historical Activity Theory,"Review of Educational Research，2007，77(2)，pp. 186-232.

② Gouldner A. W.，"The Norm of Reciprocity：A Preliminary Statement,"American Sociological Review，1960，25(2)，pp. 161-178.

③ 袁纯清：《共生理论——兼论小型经济》，1 页，北京，经济科学出版社，1998。

④ Blau P. M.，*Exchange and Power in Social Life*，New York，John Wiley，1964，pp. 110-130.

研究鲜明的实践关怀也有助于破除一线中小学教师对学术研究的误解①，促进理论与实践的良性互动。李子健教授曾经指出伙伴协作式行动研究有必要从 4P 迈向 4R，具体如表 5-1 所示。

表 5-1　伙伴协作式行动研究的转向

4P	4R
澄清问题(Problem clarification)	关系建立(Relationship-building)
拟订规划(Planning)	概念重建(Reconceptualizing)
计划行动(Programme action)	寻求资源(Resourcing)
进展评估(Progress evaluation)	自我反思(Reflecting)

表 5-1 表明，互惠共生原则使得伙伴协作式行动研究由原来刻板的操作性程序转变为了：(1)重视关系的建立，重视共同体成员彼此的理解，重视在共同体成员之间建立一致的愿景的，平等互惠、相互依存的共生关系；(2)重视概念的重建，大学研究者转向重视实际运用的学术成就，中小学教师转向重视具有研究及理论基础的实践，地方教育部门或地方教育科研/培训机构转向强调校本脉络下基于协作探究的知识获得与理论重构；(3)重视寻求资源，共同体成员积极地扩展资源，不仅重视有形资源和人力资源，也开始重视无形资源；(4)重视自我反思，共同体成员都能做到彼此开诚布公、互为诤友，通过反思、对话和分享，对理论上的误区与限制进行研究，对实践的成效进行审视、评估，对理论与实践的落差做出及时的反馈，形成多元主体对教师发展和学校发展的责任担当。在互惠共生原则的关照下，U-D-S 新型伙伴关系型的专业学习共同体从原来的教师个体学习者和协作研究者组成的学习型组织转变为了一种富有使命感和创新精神的基于伙伴关系的教师专业学习共同体。心理学家认为，人们会从自己与他人的互惠行为中感受到快乐，也会因没能履行互惠的义务而感到内疚。②③ 通过共同体成员间相互的给予，共同体成员开始连接在社会情感的网络中④，从而形成了一

---

① 李子建：《大学与学校伙伴协作式行动研究：从 4P 迈向 4R》，载《上海教育科研》，2007(8)。

② Trivers R. , *Social Evolution* , Menlo Park CA, Benjamin-Cummings，1985，p. 176.

③ Becker L. C. , *Reciprocity* , London, Routledge & Kegan Paul，1986，p. 89.

④ Emmons R. A. , McCullough M. E. , *The Psychology of Gratitude* , New York, Oxford University Press，2004，p. 158.

个给予与回报的互惠机制，建立起了一种持续的相互促进的关系①。

二、基于循证的教师实践理论 >>>>>>>

循证实践起始于循证医学，意为以证据为本的医学，后来在人文社科领域得到发展，正在形成一种新的实践样态。针对长期以来的教育研究缺乏科学性与效益低的问题，在21世纪初期，美国掀起了一场旨在让教育研究者通过开展基于证据的研究，为实践"提供确凿证据"的教育实证研究运动(Evidence Based Movement)。② 这场运动对教育领域产生了深远的影响，对教师专业发展也产生了重要影响，不仅强化了教师专业发展理论研究者的证据意识，也促进教师专业发展实践者建立了基于证据的教师专业发展实践机制，从认识论的角度助推了教师专业发展的转型升级。

从教师专业发展理论的视角来看，可以发现教师专业发展理论与教师专业发展实践之间一直存在着割裂的现象。第一，教师专业发展理论的积累速度跟不上教师专业发展实践的速度，导致了在教师专业发展领域中，教师专业发展的基础理论较多，但面向实践的应用理论明显较少，使得一些急需研究的实践问题难以找到良好的、人们普遍认可的研究工具与方法。第二，教师专业发展理论研究关注的内容与教师专业发展实践脱节，教师专业发展的理论研究领域中存在着比较多的重复和脱离实践的研究，这些研究既不能有效地指导专业发展的具体实践，也无法产生教师专业发展所需要的新知识，更无法解决教师专业发展现实中的实践问题。第三，教师专业发展的一些理论在呈现上过于学术化，其理论内容晦涩难懂使得教师专业发展的实践者难以读懂和理解，从而也无法运用这样的理论去指导实践，最终只能导致更严重的理论与实践的割裂，甚至使理论异化为理论研究者"自娱自乐"的工具。第四，教师专业发展的抽象理论与鲜活的实践之间的矛盾逐渐加深，具有普遍适用性的理论只有应用于具体的实践中，才能发展理论和

---

① Bartlett M. Y., DeSteno D., "Gratitude and Prosocial Behavior: Help When It Costs You,"Psychological Science，2006，17(4)，pp. 319-325.

② 柯政：《教育科学知识的积累进步——兼谈美国教育实证研究战略》，载《华东师范大学学报(教育科学版)》，2017，35(3)。

完善理论；反过来，要想用具有普遍适用性的理论来指导具体的实践，就要求实践者具有亚里士多德所说的"实践智慧"，只有这样才能针对情境的变化适当地运用理论并适时地调整自己的实践方式。

从教师专业发展实践的视角来看，可以发现教师专业发展实践长期以来都在排斥教师专业发展理论。第一，一些教师专业发展的实践者奉行经验主义，轻视教师专业发展教育理论，因为这些实践者过分相信自己的主观经验，不愿意或没有能力跟踪理论的最新进展，盲目地认定"实践出真知"，坚持其"理论无用论"的信仰。第二，由于针对同一问题的教师专业发展理论很多，有些理论之间还存在着相互对立、相互矛盾的现象，这造成了教师专业发展的实践者在实践中较难遴选支持其实践的教师专业发展理论，增加了实践者应用理论的难度，导致实践者在实践中无法参考理论的难题出现。第三，教师专业发展的实践者与教师专业发展的理论研究者逐渐分裂为两种不同的阵营，教师专业发展的实践者认为自己充其量是教师专业发展的理论与研究的"消费者"，而获取新知识那是教师专业发展的理论研究者的事，即使质化研究的兴起已开始解决实践者从事研究的方法论问题，但他们仍然坚持实践的目标只是解决具体问题，从一开始就放弃了从事理论研究的主观愿望，将自己与研究者生硬地隔离开。[①]

要解决教师专业发展理论与教师专业发展实践的分裂危机，就需要重塑认识论，教师专业发展的理论研究者要以创建具有最佳应用价值的证据为理论研究取向，而教师专业发展的实践者要在实践中严格遵循科学证据进行专业发展实践，即开展循证实践。

循证实践是指围绕实践中的问题，实践者、研究者和政策制定者运用综合的专业智慧和最佳研究证据，结合实践对象的价值观等确立实践干预方案，并在实施过程中不断评估和优化实践，逐步发现新证据的一种实践样态。[②] 循证实践的根本特征遵循了协同治理的理念，其实施机制包括协同治理中的教育治理决策机制、教育治理执行机制、教育治理监督机制、教育治理协调机制和教育治理服务

变革与治理：大数据时代的教师专业发展

---

① 杨文登、叶浩生：《缩短教育理论与实践的距离：基于循证教育学的视野》，载《教育研究与实验》，2010(3)。

② 裴淼、靳伟、李肖艳等：《循证教师教育实践：内涵、价值和运行机制》，载《教师教育研究》，2020，32(4)。

机制，从而能够有效促进理论研究与实践的融合，提高实践的科学性和有效性。

循证实践具有四个基本特征。第一，问题性特征。循证实践是以教育实践中的问题为出发点的；教师专业发展的实践者只有在寻找现象之间的联系并需要做出统一解释，或发现已有理论与经验事实出现矛盾时才会聚焦问题并提出问题，因此，教师专业发展的实践者往往会提出三种类型的问题，"是什么""为什么"和"怎么样"的问题；解决循证实践中的问题需要运用跨学科思维，多视角、多方面地思考和认识教育实践问题，有时要解决问题，需要横跨人文、社会和自然三类学科。[①] 第二，协同性特征。循证实践需要考虑多方面的因素，需要让循证实践的多元主体都参与到循证实践的过程中来，这就需要各方协同，要平衡多元主体的各方利益，明确各方的责任，使其彼此认同各自的角色与作用。以 U-D-S 新型伙伴关系型的专业学习共同体为例，大学研究者在循证实践中，扮演的是证据提供者和研究者的角色；中小学教师既是循证实践的服务对象，也是实践者，要借助评估后的证据指导自己的实践改进并在实践中促进理论的发展；地方教育部门或地方教育科研/培训机构承担了政策或机制制定者的角色。无论是大学的研究者、地方教育部门或地方教育科研/培训机构，还是中小学教师，在循证实践中都同时担任了证据的评估者的角色，故循证实践的参与者需要包括实践者、政策制定者、研究者等，各个主体需要做到优势互补，增强协同性以开展跨界合作。第三，循环性特征。主要体现在证据的建立、证据的评估、证据的运用和新证据的产生的循环迭代的过程中，循环性特征表明循证实践的科学性与有效性的提高并不是一蹴而就的，而是需要一定的时间周期，需要经过多次循环迭代才能够完成。第四，层次性特征。循证实践可以体现在循证行为、循证思维和循证文化三个层次上。循证行为意味着实践者能够遵照循证实践的过程和步骤开展循证活动；循证思维是指在思维方式上追求科学性、谨慎性和严密性，坚持"用证据说话"；循证文化是指循证是实践者的一种生活方式。

循证实践有助于改变教师专业发展所秉持的哲学范式，对沟通教师专业发展理论与教师专业发展实践，提高教师专业发展研究与教师专业发展实践的科学性和权威性，解决教师专业发展的研究者与教师专业发展的实践者的身份固化等问

---

① 徐文彬、彭亮：《循证教育的方法论考察》，载《教育研究与实验》，2014(4)。

题具有重要的价值。戴维斯曾经指出，循证实践是一整套原则与实践行动，既改变了人们有关教育的思考方式，又提供了教育政策、教学过程的实施策略，还改变了人们进行教育决策的基础。[①]

　　循证实践一共包括五个实施步骤[②]：（1）提问，确定在实践中需要解决的问题，并将此问题格式化，以适合检索的方式呈现出来。（2）获取证据，查看是否已经有解决该问题的指南或手册，如果解决该问题的证据已经存在，则完成这个步骤进入下一步；如果没有则登录相关数据库，检索可以回答上述问题的所有证据。（3）批判评价，评价检索到的所有证据的正确性、有用性，从中找出最佳证据。（4）应用，实施最佳证据所提供的改进方案。（5）效果评估，对实践改进情况进行评估，为今后更有效地开展循证实践总结经验教训，同时形成新的证据。具体环节和步骤如图 5-1 所示。

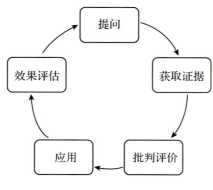

图 5-1　循证实践的实施步骤

　　图 5-1 表明，第一，循证实践催生了实践的转型升级，重塑了认识论，摆脱了仅凭直觉或经验的"拍脑袋"式的实践模式，将经验型实践升级为了基于证据的循证型实践，克服了实践中的随意性，减少了对实践者自身的经历与专业智慧的依赖，明确了实践的方向性和可操作性，并通过对实践效果的评估不断优化证据，提高了实践的科学性。第二，循证实践促进了研究的转型升级，克服了单纯的哲学思辨研究带给研究者的困惑与难题，将单纯的思辨型研究升级为基于证据

---

　　①　Davis P.，"What is Evidence-based Education?,"British Journal of Educational Studies，1999，47（2），pp.108-121.

　　②　杨文登：《循证心理治疗的理论思考》，博士学位论文，南京师范大学，2010。

的混合型研究，大幅度增加了研究的可操作性和研究的信度与效度，有助于研究者揭示实践中的因果关系，发现新知识与新规律。第三，循证实践带动了政策制定方法的转型升级，制定政策时将专业智慧与最佳的、最有效的实验性证据整合起来进行决策，将"一言堂"式的政策制定方法升级为基于证据的多主体协商共治的政策制定方法。U-D-S新型伙伴关系型的专业学习共同体中的成员均可以将个人的智慧和专长与系统研究后得出的最佳外部证据结合起来，通过可获得的研究证据来拓宽个人的经验和判断的基础，同时用生成的决策和相关新证据反过来验证共同体成员的专业经验，获得多视角的解读与政策修改意见，实现多元主体协同决策和共同体的互惠发展。第四，循证实践重塑了实践共同体的关系，一方面共同体中各个主体在循证过程中打破壁垒、跨界合作、优势互补，改变了以往研究、政策与实践相互割裂的状态，将割裂型的关系升级为了多元主体的共生关系；另一方面，U-D-S新型伙伴关系型的专业学习共同体中的成员均同时承担了实践者和研究者的双重身份，两种身份的共融将教师专业发展实践、教师专业发展研究有机、和谐、互动地纳入了一个体系当中。

三、教师专业发展的改变理论 >>>>>>>

在国内外的教育改革实践中，有因教师固守旧有经验，拒不做出改变而导致改革陷入困境的实例。为此，教师改变(Teacher Change)开始进入教师专业发展的研究者和实践者的视野。20世纪90年代以来，教师改变在国外教师教育研究领域中逐步兴起，大量相关成果开始涌现，并且教师改变的概念、类别、层级，教师改变的维度及其互动关系等研究领域中逐渐衍生出了教师改变的理论体系，深化了教师专业发展的价值论。教师改变理论也成为在众多教师教育理论与实践基础上衍生出的新的理论体系，成为当今教师专业发展理论与实践所依赖的重要理论基础。[1]

有研究者指出，通过新课程改革，我国基础教育的教育理念和教育实践都已发生了根本性的改变，而且取得了重要的教育成就，教师的教育观念与教育教学

---

① 赵英：《教师改变：一个亟待拓展的教师教育理论范畴》，载《教育学术月刊》，2013(8)。

方式已经有了明显的转变，因此教师改变已经成为我国教育教学活动中的常态，这也是由教育活动本身的复杂性所决定的。教师改变在我国也逐渐引起研究者和实践者的高度重视，并且他们认为教师改变是凸显教师主体性的重要方式，彰显了教师发展的动态生成性，是重视教师发展过程中的个体差异性的表现。①

教师改变泛指教师在专业实践中的种种变化。所谓教师改变，是指教师通过一个以扰动"惯习"为起点的批判性反思和学习，在内、外部因素共同的推动下，其观念和行为发生整体性变化的复杂而困难的过程。② 所以身处于变革时代的教师，发生教师改变是必然的。教师改变是指教师变更其思考和行为方式的过程，因此包含了两个层面的改变：内隐层的教师信念和个人理论上的改变，外显层的教师专业行为和活动上的改变。③

教师改变是一项系统工程，其中涉及教师知识、信念、观点、态度、行为和兴趣等各种因素的发展和变化，直指教师专业发展的价值取向，故仅仅依靠大学的专家在专业方面为教师提供专业指导是远远不够的。要使教师真正改变，还需要多方面的协同治理。

教师改变的途径有两种：由外向内的改变途径和由内向外的改变途径。前者被称为"以行促知"的改变途径，后者被称为"由知到行"的改变途径。④ 在教师专业发展实践中，只有当两条改变途径深度融合时，才能实现外在力量推动与主体内部变革的统一融合，此时才能真正实现教师改变。由外向内的改变途径类似教师试探性的学习过程，当教师发现其同伴掌握了新的教学方法或创新得到了新的方式能够帮助学生取得理想的学习效果时，就会主动尝试在自己的教学实践中进行行为的改变，当行为的改变产生了正向的效果时，如学生取得了明显的进步，此时教师会反过来修正、重构自己的知识和信念，并且教师知识和信念的重构与变化，会强化教师的行为改进，形成稳固的教师改变。由此可以看出，由外向内的改变途径强调教师改变是一种由外部力量作用而对教师产生影响的过程。由内向外的改变途径犹如一个"跨越门槛"（Threshold Crossing）的过程，教师通过批判

变革与治理：大数据时代的教师专业发展

① 陈祖鹏：《教师改变：教师评价的关键维度与深度诉求》，载《当代教育科学》，2020(2)。
② 周成海：《论教师改变的过程及其促进》，载《教育科学》，2017, 33(2).
③ Hopkins D., Ainscow M., West M., *School Improvement in An Era of Change*（*School Development Series*），London，Cassell，1994，pp. 120-139.
④ 刘梦婷、周钧、韩海英：《西方关于教师改变的研究述评》，载《当代教育科学》，2019(12)。

性的反思和专业学习在知识和理解上实现了根本转向，从而使教师专业认同发生改变，最终促成了教师在实践上的长期改变。[①]由内向外的改变途径强调教师改变是一种由内在的主体性的、适应性的改变引发的外部行为改变，这种改变既可以发生在教师面临改革的情境之中，也可以发生在教师的日常专业实践中。

　　教师改变的层次一共有三个：程序的改变、人际上的改变和观念上的改变。[②]程序的改变是最浅的改变，仅涉及教师运用了新的教学方法或新的技术后因满足了方法与技术变革的需要而发生的行为上的改变。人际上的改变居于中间，主要聚焦教师角色和责任的调整与改变、师生关系的重建，以及创设良好的课堂气氛等方面。人际上的改变是以程序的改变为基础的，同时又是观念上的改变的基础。观念上的改变是最高层次的改变，在这个层次中，教师的实践性知识发生了根本性改变，教师开始在抽象层次上理解教育教学，开始应用自己的语言去解释新的教学实践，并建构个人的知识网络。教师在三个层次上的改变是一个循环上升的过程，这一循环的起点是教师在实践中面临的困境或问题，具体如图 5-2 所示。

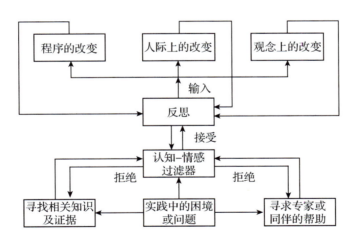

图 5-2　教师改变的三个层次循环

　　图 5-2 表明，教师的改变并不是一种依次深入的线性改变过程，而是一种典型的非线性改变过程，每一个层次的改变都是由教师的认知—情感过滤器（Cogni-

---

　　① Sarah J. Noonan，*How Real Teachers Learn to Engage All Learners*，Lanham，Maryland，The R & L Education，2013，p. 67.

　　② Martha C. Pennington，"The Teacher Change Cycle,"TESOL Quarterly，1995，29(4)，pp. 705-731.

tive-Affective Filter)所接收的信息引发的，发生的改变都会作为反思的焦点引发批判性思考，借助批判性思考后重构的认识与理解判断出的最优证据，才会作为输入信息进入三个不同的改变层次中，由此也会重构教师的新信念。教师改变就是在这种循环往复的螺旋式上升过程中逐渐完成的。① 反思是支持教师改变的核心要素，直接影响着三个改变层次，对教师改变的程度有重要影响。教师的认知—情感过滤器是外部信息输入后要经过的过滤器，直接影响着教师如何改变和改变的程度。②

教师改变有三个方面的结果，教师课堂实践的改变、教师信念和态度的改变，以及学生学习成就的改变，且这三个方面的改变遵循着一定的顺序：教师课堂教学实践的改变会引发学生学习成就的改变，而学生学习成就的改变会引发教师信念和态度的改变③，教师信念和态度的改变反过来会再次影响教师课堂实践的改变，进而形成一种良性循环，从而形成教师改变的一种生态环境，具体如图5-3所示。

图 5-3　教师改变的三个结果

教师改变理论有助于帮助教师专业发展的研究者与实践者克服因正式知识难以运用或教师抗拒等问题造成的教师专业发展困境，深刻揭示教师改变的规律与价值，呈现基于改变原理和最佳证据的专业发展实践设计方法。

---

① Kaasila R.，Lauriala A.，"Interactionist Perspective on Student Teacher Development during Problem-Based Teaching Practice.，"In *Teachers and Teaching：Strategies，Innovations and Problem Solving*，ed. Ollington G. F.，New York，Nova Science Publisher，2008，pp. 257-281.

② 周成海：《论教师改变的过程及其促进》，载《教育科学》，2017，33(2)。

③ Guskey T. R. "Professional Development and Teacher Change，" *Teachers and Teaching：Theory and Practice*，2002，8(3/4)，pp. 381-391.

【实践探索】

　　无论是大学的教师专业发展的研究者、地方教育部门或地方教育科研/培训机构的领导与专家，还是身处于教学实践一线的中小学教师，都无法独自承担教育改革带来的风险和挑战。面对教育改革带来的风险和挑战，只有多方同心协力、携手并肩进行协作式行动研究，才能共同创造出一种新的远景，才能真正解决"畏变"与"抵变"的问题，促进表层的变革走向真正的变革。

　　2017 年，随着海淀区"靠谱 COP"项目的启动，区域教育管理部门和区域基层科研单位以大数据为驱动，帮助大学与海淀区"靠谱 COP"项目实验学校建立起了基于多元协同治理的 U-D-S 新型伙伴关系型的专业学习共同体。

　　每一种教师专业发展观都会创造出不同的教师改变契机。例如，(1)培训中的改变(Change As Training)，此时教师作为被动的学习者，被要求改变；(2)适应中的改变(Change As Adaptation)，此时教师作为回应者，在某种情况下不得不被动地改变其实践，以适应环境的变化要求；(3)个人发展中的改变(Change As Personal Development)，如自我激励型教师往往会主动作为反思性实践者，主动寻求改变，试图提高实践表现或习得其他技能与策略；(4)地方改革中的改变(Change As Local Reform)，教师作为改革者，批判地看待工作场所中的教育教学实践，从而进行工作环境中的改变，推动改革的落实；(5)系统性重组中的改变(Change As Systemic Restructuring)，教师作为实施者，被要求代理并实施外部机构所制定的议程，从而发生改变；(6)成长或学习中的改变(Change As Growth or Learning)，教师作为学习共同体中的学习者，在专业活动中不可避免地发生改变。21 世纪以来，教师专业发展范式发生了重大转变，新范式基于建构主义的观点，遵循教师作为学习者在专业学习和成长过程中的自我导向假设，因此教师改变是教师的学习和成长过程，正在成为学界的主流认识。①

---

　　① Hung H.-T., Yeh H.-C., "Forming a Change Environment to Encourage Professional Development Through a Teacher Study Group," Teaching and Teacher Education，2013，36，pp. 153-165.

一、大数据驱动教师个体循证改变机制 >>>>>>>

哈格里夫斯(Hargreaves A.)指出，教师改变通常不会大规模地发生，它是一系列小的、个人化的步骤的结果，教师教育者应将注意力更多地放在个体教师身上，而不是面向教师整体来开展工作。[①] 在促进教师个体行为发生改变时，需要完成以下三个步骤。(1)帮助教师察觉自己的学习需要；(2)帮助教师找到有用的经验；(3)帮助教师详细地反思自己的经验，最后使教师由内向外地发生行为的改变。[②]

在海淀区"靠谱COP"项目中，参照促进教师个体行为发生改变的三个步骤，U-D-S新型伙伴关系型的专业学习共同体中的多方主体协同设计了大数据驱动的教师个体循证改变机制，具体如图5-4所示。

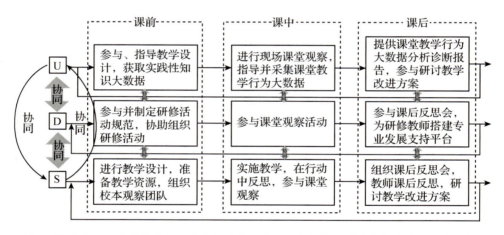

图 5-4 U-D-S 新型伙伴关系型的专业学习共同体中的大数据驱动的教师个体循证改变机制

图 5-4 表明，在课前、课中和课后三个阶段中，U-D-S 新型伙伴关系型的专业学习共同体中的主体分别拥有不同的角色和作用，他们既有不同的分工，又相互合作，体现出了大数据驱动下的多元主体协同的科学决策机制、精细执行机制、实时监督机制、民主协商协调机制和人本服务机制。大数据驱动下的多元主体的教育治理机制有效地支持了教师个体的循证改变，有效地解决了原有教师个体改变中的决策随意，执

---

① Hargreaves A.，"Educational Change Takes Ages：Life，Career and Generational Factors in Teachers' E-motional Responses to Educational Change，"Teaching and Teacher Education，2005，21(8)，pp. 967-983.

② Fred A. J. Korthagen，*Linking Practice and Theory：the Pedagogy of Realistic Teacher Education*，Mahwah NJ，Lawrence Erlbaum Associates，2001，pp. 47-59.

行缺乏目标和方向性，缺乏专家的全程跟踪与反馈，教师个体无法与"外力"进行改进协商，没有改进支持服务等问题，具体的循证改变由以下三个步骤组成。

第一，帮助教师察觉自己的学习需要。来自海淀区"靠谱 COP"项目实验学校西颐小学的侯亚男老师于 2017 年 12 月在区域基层科研单位的统筹和安排下与作为研究者的"靠谱 COP"团队首次合作，"靠谱 COP"团队走进了侯亚男老师的小学语文课堂，进行了基于大数据的课堂教学行为观察与诊断。"靠谱 COP"团队通过 63 个维度的课堂教学行为大数据对侯亚男老师的课堂进行了全方面、细致的分析，重点涉及问题类型、四何问题、对话深度和 S-T 曲线图等几大方面，与课堂教学同步产生的课堂教学行为大数据分析报告可视化地显示出了侯亚男老师这节课的教学行为特征和短板，部分数据如图 5-5 所示。

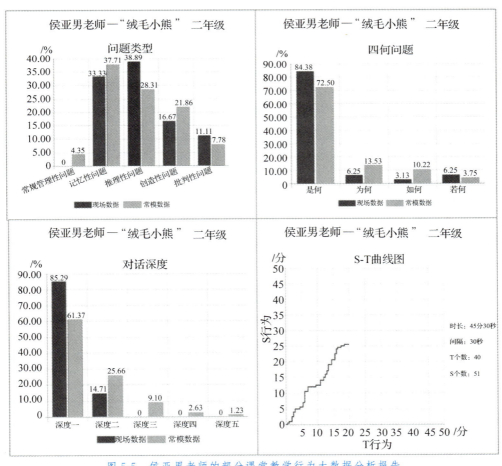

图 5-5　侯亚男老师的部分课堂教学行为大数据分析报告

通过具体的课堂观察和图 5-5 反映出的数据证据链，"靠谱 COP"团队对这节课进行了总结：(1)侯亚男老师在本节课中运用了较丰富的教学方法和教学策略，如运用了授导法、诵读法、角色扮演法和演示法等；课堂中批判性问题和若何问题的比例都高于全国常模数据，说明侯亚男老师在本节课中比较注重对学生批判性思维与迁移性能力的培养。(2)在本节课中，侯亚男老师与学生的对话以深度一的对话为主，深度二的对话的比例低于全国常模数据，没有出现深度三及以上的对话，结合 S-T 曲线图还可以看出，本节课呈现出高频浅层的对话特征。同时可以发现本节课的创造性问题的比例低于全国常模数据，课堂中教师提出的问题的开放度不够。

基于大数据证据链的课堂观察与诊断结果，使侯亚男老师陷入深思。在课后召开的反思会中，侯亚男老师作为主讲授课教师和被观察者，结合观察数据谈了以下三点反思："首先，我从来没有意识到自己的课堂中充满了那么多的记忆性问题和简单的推理性问题，这对促使学生全情投入诗歌情境中的帮助的确很有限。其次，我发现这节课虽然我和学生之间的交互比较频繁，但确实如大数据诊断分析报告显示出来的那样，缺乏深度对话，在课上我给学生进行自主阅读的时间很少，学生的主体性没有充分体现出来，我对学生也缺乏有针对性的指导，课堂生成资源没有把握好。最后，这样的大数据分析结果不禁让我迫切地想知道语文课应该如何上才最有价值？什么样的提问才能真正调动起学生的思维？语文课上类似这样的儿童诗又该如何教学呢？"显然，侯亚男老师已经在课堂教学行为大数据诊断分析报告及课后反思会等的支持下，发现了自己的学习需要。

在这一阶段中，"靠谱 COP"团队在 U-D-S 新型伙伴关系型的专业学习共同体中扮演了服务提供者的角色，区域基层科研单位扮演了管理者的角色，侯亚男老师扮演了被观察者、实践者和反思者的角色。

第二，帮助教师找到有用的经验。在教师清晰地知道自己的需求后，"靠谱 COP"团队需要为中小学教师提供有用的经验。接下来，在区域基层科研单位组织并支持的问题化教学专题教学改进工作坊中，侯亚男老师从"靠谱 COP"团队那里学习到了问题设计方法、策略和经验，也开始积累有关问题设计的基本理论，对专家们提出的理论，开始有了自己的感悟和理解，尤其是美国教育专家格兰特·威金斯(Grant Wiggins)的一段话"现代课程的基本架构是问题，课程改革的主要任务是通过问题设计来重新组织课程内容"引起了侯亚男老师的共鸣。侯亚男老师认为课堂教学需要用一系列精心设计的、类型丰富的、质量优良的有效教学问题来贯穿整个过程，教师要在教学过程中着力培养学生解决问题的认知能力与高级思维能力，这才是有价值的教学模式。

在这一阶段，"靠谱 COP"团队在 U-D-S 新型伙伴关系型的专业学习共同体中扮演了提供外部经验和证据的角色；区域基层科研单位通过鼓励研修教师参与研修活动，扮演了管理者和支持者的角色；侯亚男老师扮演了学习者和反思者的角色。

第三，帮助教师详细地反思自己的经验，最后使教师由内向外地发生行为的改变。在接触利用课堂教学行为大数据对课堂进行诊断分析之前，侯亚男老师接触过的评课、议课大部分都是凭借专家个人的经验进行的局部的、零散的问题诊断，对帮助教师形成深刻反思的支持明显不够。这次借助课堂教学行为大数据，在把课堂教学行为条分缕析得到数据证据链的基础上，侯亚男老师进行了深刻反思。侯亚男老师自己在课后撰写的反思日记中写道："作为一名教师，提出一个问题的目的，并不是要求学生像问答机一样马上给出问题的答案，而是要通过所提出的问题激发学生的思考能力。弄明白这一点，就可以重新审视我的课堂教学，仔细钻研教材了。通过'靠谱 COP'团队指导教师的耐心分析与指导，我明白了，我应当给予学生充足的时间进行诵读，应该采用追问、生生互评以及教师示范等多种方法进行引导，体现出由低到高的诵读层次。除此之外，我深刻地认识到，原来的教学设计中很多问题对学生的认知发展起不到促进作用，我应该首先改变自己的问题设计方式，而且这一改变已经迫在眉睫！我要将以教师为主导的教学转变为让学生主动进行探究性学习的教学，将教师问学生答式的教学转变为学生问师生讨论式的教学。"

教师思想上的改变还需要更多的实践来支撑。经过与"靠谱 COP"团队指导教师一起开展持续的循证实践，侯亚男老师在经历了多次"提问—获取证据—批判性评价—应用—效果评估"的循证实践循环后，于 2018 年 6 月 9 日再次讲了一节自己认为已经有重大改变的课：讲授绘本《傻鹅皮杜妮》。在这节课上，侯亚男老师有意识地去挖掘更深层次的问题，提出了许多开放性的问题，如"你从这个故事题目中了解到了什么?""你还想知道什么?"，初步做到了将学生的问题作为课堂教学的主线。不仅如此，侯亚男老师还设计了对开拓学生思维有价值的一系列问题，鼓励学生根据故事内容为绘本中的六个分散的小故事设计标题，并提出了"请大家思考六个小故事的顺序是否可以打乱？为什么？"等问题，在与学生的深入交流对话中，启发学生体会六个小故事的重要性。在这节课中，侯亚男老师不仅能充分调动起学生学习的兴趣，还能积极开拓学生的思维，实现了使学生真思考、会学习的目的。这节课的课堂教学行为大数据显示，侯亚男老师的课堂的确发生了显著的改变，具体如图 5-6 所示。

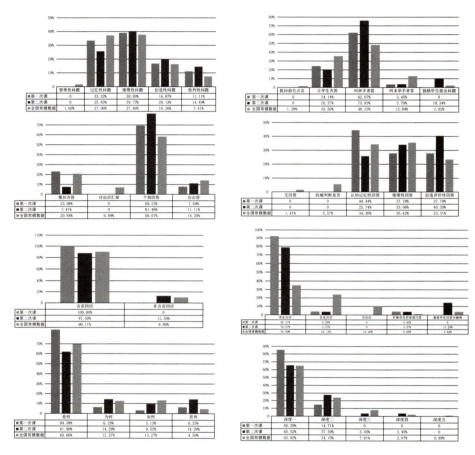

图 5-6 侯亚男老师两次课堂教学行为大数据部分数据对比

从图 5-6 中可以看到：(1)侯亚男老师聚焦的问题设计改进取得了显著效果，其中创造性问题、批判性问题、如何问题和若何问题等高阶问题的比例与第一次的课堂教学行为大数据相比有了显著的提升，除了如何问题外，其余高阶问题的数据均高于全国常模数据；记忆性问题和是何问题等低阶问题的比例有显著下降且低于全国常模数据。(2)师生互动情况有了显著的改进；教师不仅有效减少了言语性回应，还大幅度增加了非言语性回应；对话方式有了显著改进，教师鼓励学生提出问题和学生创造评价性回答的比例均显著高于全国常模数据；对话深度得到了有效提升，其中深度四的对话的比例高于全国常模数据。

在执教"傻鹅皮杜妮"后，侯亚男老师也主动撰写了反思日记："教师问题的改变必然会带来学生的改变，本节课上学生积极踊跃，参与度高，还能说出自己独到的见解，给我印象最深的是当我们谈到皮杜妮说的'这就对了，如果我拿了这本书，爱这本书，我也会有智慧。再也没有谁敢叫我傻鹅皮杜妮了'这句话时，我出示了一个公式'拿书＋爱书＝智慧'，然后我问道'你是否同意这种观点？'，学生能主动联系生活实际进行思考，并提出了和我不同的观点，学生认为光有书和爱书是远远不够的，最重要的是要看书学习，于是将我的公式改为了'拿书＋爱书＋看书＝智慧'。在这节课上我看到了学生的进步与改变，大家的思维在不断碰撞中擦出了一个又一个思想的火花。我想这才是真正的语文课堂，有疑问、有想法、有交流。"

经过侯亚男老师多次精心修改后的"傻鹅皮杜妮"一课，最终获得了全国优秀课例二等奖。在获奖感言中，侯亚男老师写道："我现在理解了'所有的岁月静好，背后总有人为你负重前行'这句话的含义！感谢'靠谱COP'团队的指导教师们一如既往地支持、帮助和陪伴我们中小学教师专业成长，让我在不断反思中前行。'纸上得来终觉浅，绝知此事要躬行。'很庆幸我能勇敢地走出探索教师改变的第一步，很庆幸我能在青春韶华的最美时光中遇见'靠谱COP'团队并得到了细心、认真、严谨、热情和高水平的指导。在成长之路中，这串串脚印会引领我迅速地通往幸福的前方。我期待，基于课堂行为大数据的多维度的综合分析，助力我不断提升课程能力和育人能力，从而在最美的年华中遇见最美的自己。"

在这一阶段，"靠谱COP"团队、区域基层科研单位和侯亚男老师通过三方协同，共同承担了研究者、实践者和反思者的角色，带动侯亚男老师所在学校深入开展校本研修，促进了三方的协同发展。

教师个体的改变还不能等同于教师群体的改变，教师群体的改变需要以教师个体的改变为前提，而要想实现以点带面的教师群体的改变效果，还需要探索更多有意义的循证改变机制。

二、大数据驱动教师群体循证改变机制 >>>>>>>

有研究者区分了两种教师改变的模式：认知模式(Cognitive Models)和协作互动模式(Collaborative Interactionist Model)。[①] 认知模式将教师改变视为个体的认知重构过程，针对的是面向教师个体的改变。协作互动模式将教师改变置于合作性的专业共同体之中，包含两种具体的方式：第一种是共同体成员之间建立起批判性伙伴关系，即诤友(Critical Colleagueship)关系，诤友之间同时具有合作性互动(Collaborative Interactions)和挑战性互动(Challenging Interactions)，能够打破教师良好的自我感觉，使教师在思考和行动方面都感受到真正的紧张，这种紧张也会驱动着教师做出调整和改变[②]；第二种是共同体成员之间建立起师徒关系，师徒关系是指组织内资深者与资浅者之间建立的一种支持性关系[③]，师傅向徒弟提供高强度、高密度的支持与协助，徒弟则需要通过观察、借鉴和模仿等行为，对蕴含于师傅分析和解决问题过程中的知识、技能进行吸收与内化[④]。师徒关系的建立不仅会对师傅和徒弟带来影响，也会对整个组织带来影响。一般师徒关系对师傅的影响包括：获得内在满足感、职业发展和工作绩效提高等。一般师徒关系对徒弟的影响包括：获得进步、职业满意度与组织归属感、职业发展等。师徒关系的建立，能够有效增加师傅的荣誉感和责任感，也可以使新员工更快地融入组织，师徒关系的优化，也有助于减少组织中的人员离职率，促进组织内部沟通，促进组织发展和社会化。[⑤⑥]

当前的中小学中具有较为完善的师徒制制度，师徒双方通过带教协议的方式确定带教目标、带教内容与带教方式，明确师徒双方的职责，其目的是基于教学实际情境帮助新教师解决实际的教育教学问题。这种方式根植于教师的教学实践，以解

① Raimo Kaasila, Anneli Lauriala, "Towards a Collaborative, Interactionist Model of Teacher Change," *Teaching and Teacher Education*, 2010, 26(4), pp. 854-862.
② 周成海：《论教师改变的过程及其促进》，载《教育科学》，2017, 33(2)。
③ 何会涛：《知识共享有效性研究：个体与组织导向的视角》，载《科学学研究》，2011, 29(3)。
④ 孙玺、李南、付信夺：《企业师徒制知识共享与转移的有效性评价》，载《情报理论与实践》，2013, 36(7)。
⑤ 王雅慧：《基于大数据的师徒制关系重构》，硕士学位论文，首都师范大学，2019。
⑥ 宋培林、黄夏青：《员工指导关系对工作满意、组织承诺和离职倾向的影响——基于中国背景的实证分析》，载《经济管理》，2008(Z2)。

决实际问题为导向[①]，能够缩短新手教师熟悉教学常规和教学过程的时间。这种将教师专业学习寓于环境之中的方式，也有利于将师傅的实践性知识转移到徒弟身上，使得徒弟在隐性知识的获取与积累中获得专业能力的提升，实现专业发展。

海淀区"靠谱COP"项目的实验学校中明显缺乏诤友关系，而师徒关系是普遍存在的。经分析发现，由于"靠谱COP"项目启动时师资力量比较薄弱，教师也缺乏对基本理论的积累，所以诤友关系在教师群体中并不常见。经过深入调查还发现，海淀区"靠谱COP"项目实验学校中普遍存在的师徒关系也存在着以下较为突出的问题。(1)由于师徒双方认知度较低，师徒关系并不匹配，且在师徒关系中，焦点一直比较侧重于徒弟的专业发展，造成师傅一方极少获得专业发展支持；(2)由于海淀区"靠谱COP"项目实验学校的师资结构一直存在较多问题且结构不合理，许多学校在校内很难为教师搭建起同一学科内的师徒关系；(3)由于教学情境具有复杂性与独特性，当前的师徒关系在转移与情境密切相关的教师隐性知识时会遇到较大困难，即使发生知识转移，其转移的知识也无法适应不断变化着的复杂的教学环境需求；(4)在当前的师徒关系中，"有知识共享行为，但无知识共享效果"的现象普遍存在。这些难点问题可以归结为师徒资源不足和师徒效果不良两个方面。

"靠谱COP"团队按照"第四范式"[②]首先对海淀区"靠谱COP"项目实验学校一个学期的课堂教学行为大数据进行了聚类分析(Cluster Analysis)和主成分分析(Principal component analysis)，借助数据挖掘，发现在海淀区"靠谱COP"项目实验学校中存在着两类教学风格迥异的教师群体：其中类型Ⅰ被命名为"高问题设计、低理答方式"的教师群体，因为这类教师群体在问题设计方面具有较高水平，而在理答方式上却存在较多需要改进的问题，理答水平很低；类型Ⅱ被命名为"低问题设计、高理答方式"的教师群体，他们在问题设计方面的水平很低，但却在课堂理答方式上有较高的水平。针对海淀区"靠谱COP"项目实验学校中类型Ⅰ和类型Ⅱ两类教师群体的特点，以及师徒关系中师徒资源不足和师徒效果不良的两大难点，U-D-S三方协同后，专门设计了一种基于U-D-S新型伙伴关系型的专业学习共同体的大数据驱动的教师群体循证改变机制，具

① 陈群波：《基于师徒制的教师知识转移研究》，博士学位论文，华东师范大学，2016。
② 王陆、彭玏、马如霞等：《大数据知识发现的教师成长行为路径》，载《电化教育研究》，2019，40(1)。

体如图 5-7 所示。

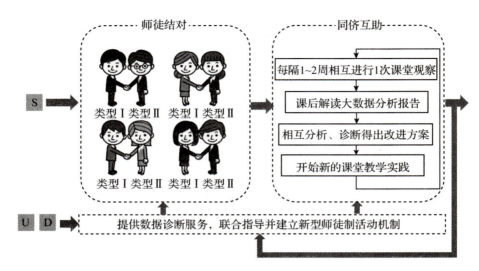

图 5-7　基于 U-D-S 新型伙伴关系型的专业学习共同体的大数据驱动的教师群体循证改变机制

图 5-7 所示的基于 U-D-S 新型伙伴关系型的专业学习共同体的大数据驱动的教师群体循证改变机制，在教师个体循证改变的科学决策机制、精细执行机制、实时监督机制、民主协商协调机制和人本服务机制的基础上，又增加了师徒结对机制和同侪互助机制，从而解决了师徒资源不足和师徒效果不良两个方面的难点问题。师徒结对机制打破了原有的固化的师徒制观念，使学校内相同学科和不同学科的教师均可以互为师徒。在大数据驱动下，对师徒关系中的隐性知识转移进行实时可视化监控，强化了基于外部行为数据证据与教师内在实践性知识数据证据的双证据循证实践，优化了师徒制下的教师群体的改变。经过一个学期的初步尝试，海淀区"靠谱 COP"项目实验学校基于 U-D-S 新型伙伴关系型的专业学习共同体的大数据驱动的教师群体循证改变机制取得了初步成效。[1]

类型Ⅰ的教师群体在师徒结对的改变过程中，在实践性知识和课堂教学行为大数据两个方面都显示出了突出的正向改进效果，具体如图 5-8 和图 5-9 所示。

---

[1]　王雅慧：《基于大数据的师徒制关系重构》，硕士学位论文，首都师范大学，2019。

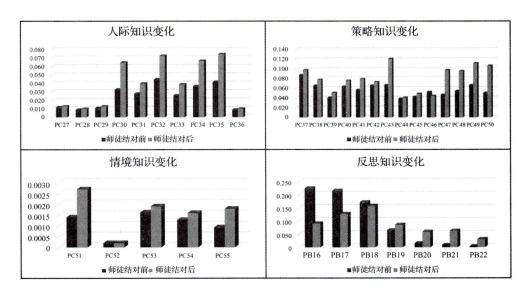

图 5-8 类型Ⅰ的教师群体的实践性知识改变示意图

图 5-8 表明，经过师徒结对，类型Ⅰ的教师群体在实践性知识的人际知识、策略知识、情境知识和反思知识四个维度上发生了显著变化。（1）在人际知识方面，类型Ⅰ的教师群体在师徒结对学习过程结束后，其人际知识在三级维度的 10 个维度上均有所提高，在了解学生的能力（PC30）、教学沟通的能力（PC32）、与同事互助协作的能力（PC34）、与同事协商的能力（PC35）这四个维度上提高幅度较大。这体现出：第一，新型师徒关系有效改善了同侪之间的交互协作，加深了同侪之间的交流深度；第二，类型Ⅰ的教师群体经过师徒结对学习，显著提高了与学生交互的人际知识水平，这为教师在课堂中通过多种方式与学生进行沟通交流，提升理答水平奠定了重要的内在基础。（2）在策略知识方面，类型Ⅰ的教师群体在师徒结对学习过程结束后，其策略知识在三级维度的 13 个维度上均有所提高，在认知指导策略（PC43）、课堂互动策略（PC47）、教学反馈策略（PC48）、现场指导策略（PC49）、教学评价策略（PC50）等维度上提高幅度较大。这体现出类型Ⅰ的教师群体经过师徒结对后在课堂中指导、互动、反馈、评价方面的策略得到了进一步丰富，这为改进教师理答行为提供了策略认知支持。（3）在情境知识方面，类型Ⅰ的教师群体在师徒结对学习过程结束后，其情境知识在三级维度的 4 个维度上均有所提高，在处理教学疑难的机智（PC51）、教学气氛的创设机智（PC55）这两个维度上提高幅度较

大。这体现出类型Ⅰ的教师群体经过师徒结对后，在课堂中处理突发事件的教学机智得到了发展，这为教师改进其理答方式提供了内在的保障。(4)在反思知识方面，类型Ⅰ的教师群体在师徒结对学习过程结束后，其反思知识在三级维度的 7 个维度上均发生了不同的变化。师徒结对前，大部分教师的反思层级集中在简单呈现层(PB16)、简单描述层(PB17)和专业描述层(PB18)三个低层级水平上；师徒结对后，三个高层级，即高级解释层(PB20)、综合分析层(PB21)、批判反思层(PB22)的占比大幅提升，这为教师针对理答方式这一短板与弱势进行改进提供了自我认识与自我完善上的保证。

挑选回答方式				
	提问前先点名	让学生齐答	叫举手者答	叫未举手者答	鼓励学生提出问题
师徒结对前	0.37%	28.44%	61.57%	8.20%	1.41%
师徒结对后	0.34%	28.26%	56.89%	12.09%	2.42%

学生回答方式			
	集体齐答	讨论后汇报	个别回答	自由答
师徒结对前	18.82%	5.80%	65.21%	10.17%
师徒结对后	18.76%	10.38%	60.51%	11.36%

回应方式	
	言语回应	非言语回应
师徒结对前	89.00%	11.00%
师徒结对后	85.62%	14.38%

回应态度				
	肯定回应	否定回应	无回应	打断学生回答或自己代答	重复回答或解释
师徒结对前	78.30%	2.21%	3.00%	3.25%	13.25%
师徒结对后	81.24%	1.51%	2.02%	2.16%	13.07%

图 5-9 类型Ⅰ的教师群体的课堂教学行为改变示意图

图 5-9 表明：(1)在挑选回答方式方面，师徒结对后类型Ⅰ的教师群体中的叫举手者答的比例下降，叫未举手者答和鼓励学生提出问题的比例上升，表明类型Ⅰ的教师群体在课堂中优化了挑选回答方式，更加关注个别学生的情况，并且能通过鼓励学生提出问题这一方式来捕捉学生的观点，发挥学生主体能动性，引领并推进课堂的进程。(2)在学生回答方式方面，师徒结对后类型Ⅰ的教师群体的集体齐答的比例小幅度下降，讨论后汇报的比例上升，自由答的比例小幅度上升，表明类型Ⅰ的教师群体在课堂中不仅限于教师与学生之间的互动，还设计了更多的基于合作学习小组的生生交流与讨论环节，促进了生生之间的知识流动。(3)在教师回应方式方面，师徒结对后类型Ⅰ的教师群体的回应方式有了较大改

进，非言语回应的比例上升，言语回应的比例下降，说明类型Ⅰ的教师群体丰富了回应方式，在课堂中采取了更多的手势、眼神、掌声等非言语回应，增加了学生回答问题的积极性，营造了更加融洽的课堂氛围，非言语回应也拉近了师生的距离，促进了师生之间的情感交流。(4)在教师回应态度方面，师徒结对后类型Ⅰ的教师群体的回应态度有了较大改进，否定回应、无回应、打断学生回答或自己代答、重复回答或解释的比例下降，肯定回应的比例上升，表明类型Ⅰ的教师群体在课堂中更加尊重学生了，能够给予学生积极、及时的反馈，减少了容易打击学生自信心与积极性的负面回应。

类型Ⅱ的教师群体在师徒结对的改变过程中，在实践性知识和课堂教学行为大数据两个方面也都显示出了突出的正向改进效果，具体如图 5-10 和图 5-11 所示。

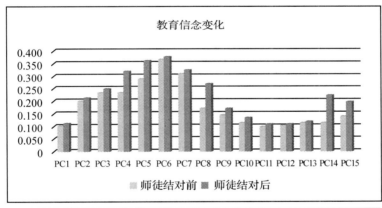

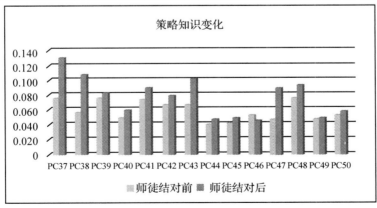

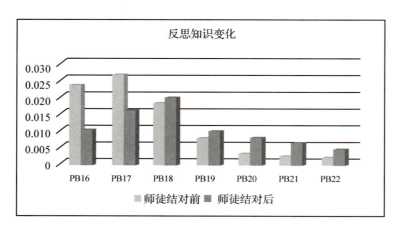

图 5-10　类型Ⅱ的教师群体的实践性知识改变示意图

图 5-10 表明，经过师徒结对，类型Ⅱ的教师群体在实践性知识中的教育信念、策略知识和反思知识三个维度上发生了显著变化。(1)类型Ⅱ的教师群体的教育信念在三级维度的 15 个维度上均有所提高，在启发性原则(PC4)、循序渐进原则(PC5)、因材施教原则(PC8)、对教育目的的认识(PC14)、对教师职业的信念(PC15)五个维度上提高幅度较大，体现出了师徒结对学习后，教师提升了对课堂教学原则与信念的认识，巩固发展了对教师职业的信念，加深了对教育目的的认识，教师在课堂中更加尊重学生，为改进问题设计奠定了重要的内在基础。(2)类型Ⅱ的教师群体的策略知识在三级维度的 13 个维度上均有所提高，在教学目标分析策略(PC37)、教学主体分析策略(PC38)、认知指导策略(PC43)和课堂互动策略(PC47)四个维度上提高幅度较大，体现出了师徒结对学习后，教师丰富了教学目标分析策略和教学主体分析策略，有助于教师设计以教学目标和教学主体特征为出发点的课堂问题，为在课堂中改善基于问题的师生互动奠定了策略性认知基础。(3)类型Ⅱ的教师群体的反思知识在三级维度的 7 个维度上发生了显著变化。师徒结对前，大部分教师的反思层级集中在简单呈现层(PB16)、简单描述层(PB17)和专业描述层(PB18)三个低层级水平上；师徒结对后，教师的反思知识在高级解释层(PB20)、综合分析层(PB21)和批判反思层(PB22)三个高层级中得到了较大幅度的提升。这说明师徒结对，为教师针对问题设计这一短板与弱势进行改进提供了自我认识与自我完善上的保证。

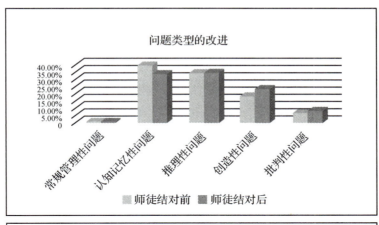

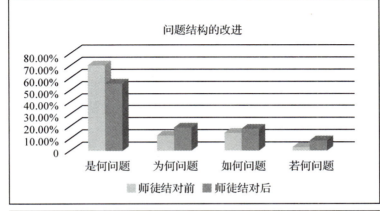

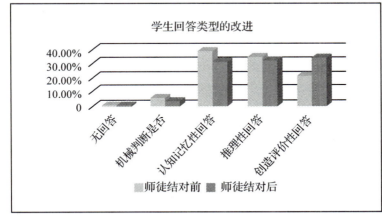

图 5-11 类型 Ⅱ 的教师群体的课堂教学行为改变示意图

图 5-11 表明：（1）在问题类型和问题结构方面，类型 Ⅱ 的教师群体的创造性问题、批判性问题、如何问题和若何问题这些高阶问题的比例均有明显的提升，认知记忆性问题和是何问题这些低阶问题的比例都有明显的下降。这表明教师显

著改进了课堂教学中的问题设计，增加了课堂中高阶问题的数量，使课堂教学可以进一步提升学生的创造性思维和批判性思维等高阶思维水平。（2）类型 Ⅱ 的教师群体的课堂发生了较大的变化，表现为学生回答的类型有显著变化，机械判断是否、认知记忆性回答、推理性回答的比例都有所下降，而创造评价性回答所占比例大幅提升。这表明教师改进了问题类型后引发了学生更多的创造评价性思考，学生在课堂中获得了更多的机会表达自己个性化的观点与想法，这使学生的发散性思维和创造性思维得到了锻炼。

王陆等人的研究表明，实践性知识是教师改变的重要中介变量，实践性知识的改进一定会促进教师教学行为的改变；同时，教师教学行为的改变，也一定会强化甚至重构教师的实践性知识。[①] 自 20 世纪 80 年代起，学者们深入探究了教师改变，构建出了不同的教师改变模型。现有模型可归类为"由知到行"模式、"以行促知"模式、"知行互动"模式三种。不同的模式在知识观、学习理论、内在动因、外在环境四个方面存在着差异，也呈现出了不同的教师改变过程与维度。"由知到行"模式与"以行促知"模式主张教师改变的线性变化，而"知行互动"模式进一步认识到了教师改变的复杂性，关注教师的实践性知识，以情境学习理论为理论基础，弥补了上述两种模式的不足，为研究教师改变提供了新视角。[②] 海淀区"靠谱 COP"项目实验学校中的教师改变就属于典型的"知行互动"模式。

在促进教师群体循证改变的策略方面，彭林顿提出了两个基本策略：一是参与对话的共同体成员要能互相自由地质问，这样才能运用不同的观点对所探讨的实践进行认真的、详细的审查，当然这也需要共同体成员之间建立起融洽的、互相信任的关系；二是对话必须包含最佳水平的冲突和不一致，共同体成员之间的对话，如果只是互相讲一讲自己的教学实践对改变是没有意义的，更重要的是要通过对话评估共同体成员的实践是否具备合理性，也就是评估共同体成员的实践在多大程度上满足了学生多样化的需要。[③] 当然，U-D-S 新型伙伴关系型的专业学习共同体内的公共知识、文化和价值观也是促进教师改变的助推力。

[①] 王陆、彭玏、马如霞等：《大数据知识发现的教师成长行为路径》，载《电化教育研究》，2019，40（1）。

[②] 刘梦婷、周钧、韩海英：《西方关于教师改变的研究述评》，载《当代教育科学》，2019（12）。

[③] Penlington C. ，"Dialogue as a Catalyst for Teacher Change：A Conceptual Analysis，"Teaching and Teacher Education，2008，24（5），pp. 1304-1316.

【经验反思】

美国学者霍普金斯（Hopkins D.）将教师改变定义为教师改变思考和行为方式的过程，指出教师改变包含两个层面的改变，即教师信念与理论的改变和教师专业行为与活动的改变。[①] 这意味着，教师专业发展其实包含了内隐层的实践性知识的改变与外显层的教学行为的改变两个不同的方面，也就是说教师专业发展其实是一个内外兼修的过程。

一、教师专业发展转型升级的重要阶段 >>>>>>>

与一般教师专业发展一样，大数据驱动的教师专业发展也会经历不同的发展阶段，概括起来包括挣扎纠结期、冲击适应期和专业再生期三个阶段。

第一个阶段：挣扎纠结期。这个阶段是教师专业发展的起始阶段，在该阶段中，大学研究者作为教师改变证据的提供者首先要"扰动"中小学教师习以为常的教学行为，此时 U-D-S 新型伙伴关系型的专业学习共同体恰逢建立初期，大数据的数据思维原理和数据价值原理首先得到了体现与初步应用，中小学教师初次面对量化了的教学行为和显性化了的实践性知识的大数据证据，开始将注意力从"为什么"的因果关系上转移到"是什么"的问题上，在学习基于课堂教学行为大数据的方法与技术方面开始表现出热情和兴趣，从而使得 U-D-S 关系得到初步建立。在地方教育部门或地方教育科研/培训机构建立的研修机制下，中小学教师面对量化的大数据形成的最佳实践证据，发现需要跟自己曾经十分熟悉的教学方法以及专业实践模式告别时，内心都会产生抵触和纠结，此时 U-D-S 三方要共同营造让中小学教师有安全感的专业发展环境，给予中小学教师更多的学习支持服务，使其树立一定要进行改变的决心，这样才能最终实现将大数据作为决策、管理、评价的动力源泉，有章可循、有理可依地进行教师改变及教师专业发展的

---

① Hopkins D.，Ainscow M.，West M.，*School Improvement in An Era of Change*（*School Development Series*），London，Cassell，1994，pp. 120-139.

目的。

第二个阶段，冲击适应期。这是教师专业发展的一个中间阶段。[1] 这个阶段中的中小学教师会因为各种不确定性而充满了困惑和不安，进而非常想摆脱这个阶段。因为，这一阶段也是教师专业发展的不稳定期，因为教师在这一阶段中要么下定决心做出改变，开始新的教师专业发展实践；要么抵制改变，退回到旧的专业发展实践中去。此时，大数据的数据价值原理和知识发现原理开始发挥作用。在这一阶段中，作为证据收集者的大学研究者，利用大数据的诊断性分析，在描述性分析基础上为中小学教师进行更深入的教学优势识别与缺陷诊断，揭示中小学教师实践活动中出现一些问题的原因，支持 U-D-S 新型伙伴关系型的专业学习共同体的各个主体共同发现教育现象背后深层次的规律，精确定位影响专业发展的症结，协同地方教育部门或地方教育科研/培训机构给予中小学教师精准的定向引领和支持，帮助中小学教师实现概念重建，奠定跨越式发展的重要基础。

第三个阶段，专业再生期。这是教师专业发展转型升级的标志性阶段。在这一阶段中，教师改变的基本动力来自教师内部，同时外部因素也对教师改变产生了积极的影响。在大数据的数据治理原理的作用下，教师专业发展中的教师改变决策已经从经验主义转向了数据主义，U-D-S 新型伙伴关系得到了升华，多主体协同共同成为研究者、实践者和反思者。U-D-S 新型伙伴关系真正落实了教育决策中的多元主体协同治理的目标，使得教师改变由"粗放式"向"精细化"转变。大数据中的数据科学原理的应用，提升了教师改变过程中的动态监测与智能优化能力，增强了对教师改变系统的多层次、全流程和教育资源全生命周期的精准化管理，助力为系统不断引入新资源、激发新活力的良性发展过程。为了保证所有的中小学教师都能进入这个阶段，不仅 U-D-S 新型伙伴关系中的大学研究者要持续引领，地方教育部门或地方教育科研/培训机构与中小学学校领导也要创设更为宽松的教师改变与专业发展的支持环境。

在海淀区"靠谱 COP"项目实验学校的提升项目中，教师专业发展的三个阶段是循环往复螺旋式上升的，体现出教师专业发展过程并不是一种线性过程，而是

---

[1] 陈祖鹏：《教师改变：教师评价的关键维度与深度诉求》，载《当代教育科学》，2020(2)。

一种具有迭代性和复杂性的群体专业能力的发展过程。在这一过程中，不仅仅是中小学教师得到了跨越式的专业发展，U-D-S新型伙伴关系型的专业学习共同体中的其他主体也均得到了跨越式提升和专业发展。

二、从渐进性改变到根本性改变的关键因素 >>>>>>>

从教师改变的进程性视角出发，可以将教师改变分为渐进性改变和根本性改变两类。所谓渐进性改变是指教师在日常教育实践中不断进行的、程度和规模有限的局部调整，其目标是更有效地完成教学任务，这种改变是对原有行为和实践的一种"延续"，而不是"断裂"。所谓根本性改变是指教师对自己过往经验的重构与再造，它往往会动摇并改变教师既有的教育信念和价值观。[①] 有研究者做过相关调查，一线教师往往渴望与向往的是渐进性改变而不是根本性改变，因为根本性改变挑战了教师固有的确定感，会使教师感到不适应和不安全。[②]

在海淀区"靠谱COP"项目实验学校的提升项目中，教师改变经历了一个从渐进性改变过渡到根本性改变的过程，能够有效促进教师从渐进性改变过渡到根本性改变的关键因素是，以教师的实践性知识为教师专业发展中的中介变量而形成的教师专业发展路径。

在渐进性改变阶段，教师改变面临的第一个挑战是重构其实践性知识。教师实践性知识的重构是从识别可直接观测到的问题开始的[③]：成熟教师与新手教师在实践性知识建构过程中，在试探性理论及解决方案方面其表现有比较大的差异；成熟教师与新手教师之间会相互影响，新手教师在会表现出直接吸取成熟教师的实践性知识的倾向；成熟教师在建构实践性知识时，更容易指向自己的教学改进。基于大数据的知识发现研究发现了在教师专业发展中脱颖而出的优秀教师的实践性知识的特征：优秀教师的实践性知识是以策略知识、教育信念和自我知识为主成分的，其知识结构中呈现出了以"学生"为知识焦点的，由策略、教学和

---

① 赵英：《教师改变：一个亟待拓展的教师教育理论范畴》，载《教育学术月刊》，2013(8)。
② 操太圣、卢乃桂：《伙伴协作与教师赋权——教师专业发展新视角》，72～74 页，北京，教育科学出版社，2007。
③ 王陆、司治国、江绍祥：《教师在线实践社区中的教师实践性知识建构的个案研究》，载《电化教育研究》，2014，35(2)。

学习三大主题的知识簇组成的关系紧密的知识群落。① 教师改变面临的第二个挑战是将实践性知识转化为教学实践，也就是由内向外的改变。教师反思一直被看作是教师协调教师信念与实践之间的矛盾的关键。②③ 杜威曾明确指出：反思也包括对问题解决方案的实施，反思贯穿行动过程，行动者会通过反思来调整、改变自己的行为，这种基于反思的行动被称为反思性行动。④ 通过利用大数据进行数据挖掘，项目组发现，新手教师、胜任教师和成熟教师的反思类型是不同的；新手教师的高层教学反思水平与成熟教师无关，新手教师的高层教学反思水平仅受胜任教师的高层教学反思水平影响，且与其呈现出显著的正相关关系，说明胜任教师的反思水平对新手教师的反思水平具有显著影响。一项关于不同教师群体教学行为改进特征的研究发现：从反思到思考开展基于循证的同化型学习，继而进行实践改变，可能会需要比较长的时间，因为中小学教师在进行实践性知识的转化时是需要比较长的时间才能实现由经验到行为的变化的。因此，针对第二个挑战，U-D-S 新型伙伴关系中的 U-D 为中小学教师提供的专业学习支持服务的质量要求就非常高，此时需要使中小学教师掌握反思的技巧，有意识地锻炼与提高反思的能力，同时持续的专业发展支持服务也是必要条件之一。

在根本性改变阶段，教师改变面临的重要挑战是将外在的行为改变内化为实践性知识的改变，即实现由外向内的改变，从而发生根本性改变。基于大数据的教师成长路径的分析结果显示，一共存在四条促进教师外在的行为改变内化为实践性知识的改变的路径。⑤ (1)第一条路径：教师在课堂中减少打断学生回答或代答的行为，可以有效促进教育信念水平的提高；教师的教育信念水平越高，其在在线学习时就越能发现自己课堂教学中的问题，触发事件的学习行为就会越多，从而对其实践性知识的重构会起到积极的影响作用。(2)第二条路径：教师在课

① 王陆、彭劲、李瑶等：《优秀教师的实践性知识特征——基于大数据的知识发现》，载《课程·教材·教法》，2019，39(2)。

② Breyfogle L. ，"Reflective States Associated with Creating Inquiry-based Mathematical Discourse," Teachers and Teaching：Theory and Practice，2005，11(2)，pp. 151-167.

③ Thompson A. G. ，"The Relationship of Teachers' Conceptions of Mathematics and Mathematics Teaching to Instructional Practice,"Educational Studies in Mathematics，1984，15(2)，pp. 105-127.

④ 约翰·杜威：《我们如何思维》，133 页，北京，新华出版社，2010。

⑤ 王陆、彭劲、马如霞等：《大数据知识发现的教师成长行为路径》，载《电化教育研究》，2019，40(1)。

堂中提出若何问题的行为越多，越能有效促进教育信念水平、策略知识水平和反思知识水平的提高；教师的教育信念水平越高，其在在线学习时就越能发现自己课堂教学中的问题，触发事件的学习行为就会越多；教师的策略知识水平越高，其在线学习中的探究学习行为就会越多；教师的策略知识水平越高，其在线学习中的归纳总结行为也会越多。触发事件的学习行为、探究学习行为和归纳总结行为有利于教师的实践性知识的强化与重构，进而有助于产生新的实践性知识。(3)第三条路径：教师在课堂中提出批判性问题的行为越多，就越能有效地促进情境知识水平的提高；教师的情境知识水平越高，教师在在线学习时就越能面向问题解决进行知识应用，从而就能够更好地强化教师面向问题解决的实践性知识。(4)第四条路径：课堂中深度对话四出现的次数越多，越能有效地促进教师的反思知识水平的提高。教师的反思知识水平越高，在在线学习时探究学习行为就会越多，从而有利于教师的实践性知识的发展。

综上所述，教师专业发展中的渐进性改变是教师专业发展中根本性改变的基础，教师专业发展中的根本性改变是教师专业发展中渐进性改变的必然结果。无论是渐进性改变，还是根本性改变，教师的实践性知识都是促进教师改变的重要中介变量。由于教师由内向外的改变，即教师的实践性知识的改变引发教师实践行为的改变，与教师由外向内的改变，即教师的实践行为的改变引发教师的实践性知识的改变，是同时发生且相互作用的，因此，教师改变就会存在着有序性与无序性交融的特征。基于大数据对教育现象进行量化研究，教师改变也存在着明显的渐变和突变的特征。①

教师专业发展代表着教师专业实践的改善②，教师的正向改变是教师专业发展的核心价值取向。在海淀区"靠谱COP"项目启动之初，U-D-S新型伙伴关系型的专业学习共同体的成员为优化实验学校的教师专业发展项目，建立了相关协同治理机制，并就如何有效支持教师改变进行了认真的讨论和思考。大家在剖析了众多教师专业发展项目后，基于拉斯(Raths J.)的观点③达成了共识，实践证明

---

① 王陆、马如霞、彭玏：《基于经验学习圈的不同教师群体教学行为改进特征》，载《华东师范大学学报(教育科学版)》，2021, 39(2)。

② 崔允漷、王少非：《教师专业发展即专业实践的改善》，载《教育研究》，2014, 35(9)。

③ James Raths，Amy C. McAninch，*Teacher Beliefs and Classroom Performance：the Impact of Teacher Education*，Greenwich，Information Age Publishing，2003，pp. 172-173.

一个能够有效支持教师改变的教师专业发展项目应该：（1）用大数据支持教师更有效地学习优秀教师的经验；（2）用大数据给教师带来更多、更好的课堂体验与经验；（3）运用大数据支持教师的个体反思及集体反思；（4）为教师提供有关学科、教育、教学、学习和学生的理论与应用知识；（5）创设安全、新颖而又具有挑战性的教学改进环境。为此，逐步优化的基于多元协同治理的 U-D-S 新型伙伴关系如图 5-12 所示。

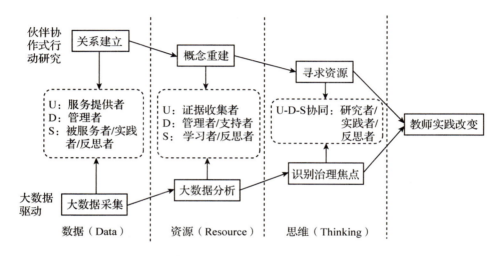

图 5-12　基于多元协同治理的 U-D-S 新型伙伴关系

图 5-12 表明，大数据驱动的过程与伙伴协作式行动研究进行了有机融合，基于大数据驱动的伙伴协作使得共同体中各多元主体在不同的阶段拥有不同的角色，体现出了平权原则、民主协商原则和互惠共生原则。

第六章

大数据撬动教育变革的未来展望

前五章从理论依据、问题聚焦、实践反思和经验几方面展示了大数据在教育领域的应用，以及海淀区"靠谱COP"项目在实验学校中进行的治理、教师专业转型升级及教学实践改进方面的创新应用所形成的"海淀案例""海淀模式"和"海淀经验"。可以看出，在教育变革与创新面临严峻考验的信息化时代，作为教育信息化的重要表现形式，大数据技术正在成为教育优质、均衡发展的新型驱动力，在增加区域优质教育资源总量、促进教育公平、提升学校办学水平和教育质量、提升教师专业能力和教学实践品质等方面发挥着重要作用。未来，随着大数据技术在教育领域的渗透和应用推广，教育发展、变革和创新将在大数据的驱动下完成。

【聚焦问题】

信息化建设是区域促进教育治理体系与能力现代化的重要手段，在当前社会背景下，教育信息化建设在教育改革与发展中具有重要的战略性地位。在区域层面，"治理为本，区域先行"，这是富有中国特色的改革的重要路径，当前我国教育发展不平衡的问题较为突出，深化教育综合改革，维护区域教育的整体发展，促进区域教育均衡发展，增强区域内老百姓的教育获得感，需要大量的区域治理理论与实践经验作为范本和支撑。2019年中共中央、国务院发布《中国教育现代化 2035》，提出要"加快信息化时代教育变革""推进教育治理方式变革""推进管理精准化和决策科学化"。作为信息化手段之一，基于大数据开展教育探索工作，不断积累实践经验和成果，是破解区域教育发展重点、难点问题的重要途径。当前，大数据在区域教育治理进程中面临诸多难题，缺乏相关理论方面的指导和较为成熟的参考模式，在研究与实践的过程中在理论建构、平台建设、资源建设、人员专业素养等方面存在诸多挑战。

在学校层面，国内很多学校开展了将信息技术深度应用与学校变革发展深度融合的探索。一些基础教育学校尝试将大数据项目导入学校，以教育大数据对学校各项工作的决策辅助、支撑和验证为主题开展研究。随着研究成果的推广和应用，以及校长、教师等群体的信息技术素养不断提升，大数据正逐步成为持续引领学校整体发展、促进学校教育信息化发展和破解学校教育教学发展难题的有力工具。当前，大数据技术与学校各项工作的融合是教育理论研究和实践的重点关注主题，但在借助大数据推广数字教育资源的创新应用，有针对性地指导学生个性化学习，有目的性地为教师专业成长提供可靠的证据、为学校内涵发展与品牌建设问诊把脉，提升学校管理的精细化和科学化程度等方面仍有很大的扩展空间。

在教师层面，面对大数据时代的到来，面对学生学习环境、学习方式的巨变以及国家育人目标的转变，教师教育教学面临着诸多挑战。2017 年 4 月，教育部印发了《关于全面推进教师管理信息化的意见》，提出要形成教师队伍大数据。面对教师自身"教"的升级，如何借助教育大数据聚焦课堂改革，提升个人信息技术素养，转变身份角色，促进大数据技术在学校课堂教与学方面的创新应用，探索基于教学改革的融合信息技术的教与学新模式是每一位教师都需要重新思考的问题。面对学生"学"的转变，"新媒体新技术带来的便利性，促使移动互联网时代的学习呈现出了明显的内容跨界化和时间碎片化的特点，学习发生的时间、空间都有了一定程度的改变"[1]，给教师进行数据分析和数据管理增加了很大的难度。

综上所述，帮助教育管理者、实践者、参与者等利益相关主体建立大数据思维，运用大数据分析和呈现技术来深度把握教育大数据治理的现状与短板，在一

---

① 曹晓明：《教育大数据驱动下的现代学校治理》，载《教育信息技术》，2018(3)。

定的理论指导之下制定出科学、合理的解决方案，是教育大数据建设的必然趋势和方向。

朱永新在《走向学习中心——未来学校构想》中提道："关于教育，全世界几乎没有一个国家的人对自己国家的教育是完全满意的"，在具有挑战和压力重重的教育领域，大数据将成为撬动教育改革与发展的新型驱动力。纵观人类社会发展史，几乎每一次重大发展和进步都是在技术这一内生力量的驱动下发生的。在人类社会千百年的演进历程中，技术始终都是破旧立新的重要手段。在《人类简史：从动物到上帝》一书中，作者尤瓦尔·赫拉利（Yuval Noah Harari）以"超神"来形容技术的颠覆性力量："现代科技已经让人类拥有了超过远古诸神的力量，我们的后代肯定将拥有神一样的创造力和毁灭力。我们并不知道眼前的道路会把我们引向何方，也不知道我们那些像神一般的后代会是什么样子。"身处充满变化和挑战的环境中，技术不但帮助人类增强了对抗自然不利条件的生存能力，更让人类拥有了创新和变革自然、社会的改造能力。现今，在万物互联、网络化和智能化不断升级的时代，作为一种正在全面渗透与应用推广的新型技术和资源，大数据在人类社会政治、经济、文化等各个领域中都具有惊人的改造与重塑功能，并逐渐成为社会发展和进步的重要的驱动力量。

一、大数据在教育领域中的发展趋势 >>>>>>>

第一，数据来源更加多样。

"数据是人工智能的'燃料'，人工智能的发展也直接依赖数据的全面性与完整性，数据的结构性缺失也将严重制约人工智能在教育领域的发展。"[1]受技术手段和网络化程度的限制，传统教育数据的数量较少、格式相对单一，随着技术手段的升级和信息化、网络化程度的提高，大数据的来源更加多样化，包括学校管理信息、行政管理信息和教育统计信息等国家、区域教育基础性数据；学校软、硬件设备的运行时间、能耗，空气质量和教学进度等各种教育装备、教育环境以及教育业务的运行状态数据；课堂教学视频、教学 PPT 课件、图片、教学设计、

---

[1] 曹晓明：《教育大数据驱动下的现代学校治理》，载《教育信息技术》，2018(3)。

教学软件、课堂互动、作业、试卷、评价结果等教育过程中各种形态的教学资源数据；学生、教师及教育管理者的学习、教学、科研、教研指导等的行为数据；等等。随着区域或学习信息化建设工作的推进，以及新时代教育、教学理念的变化和调整，更多数据将被纳入教育大数据的范畴，数据来源将进一步多样化。

第二，数据采集更加规范。

采集大数据时，一般会通过多个数据库来接收客户端发送过来的数据，教育大数据采集是对学校、班级、课程和教材等各类数据进行选择、识别、解析、清洗、修复、溯源和传输等的技术加工过程，包括对各种关系数据、平面数据文件等信息进行抽取、清洗、转换、集成并上传到各种数据仓库或数据集市的全过程。数据采集是大数据应用的基础，数据采集的质量、规范性影响着后续数据处理、分析和应用的信度与效度。一直以来，收集数据、分析数据和存储、使用数据的主体都是教育机构，数据收集的主观性和偏向性较强，缺少相对的质量监控。教育是关涉生命成长的特殊领域，出于对个人隐私、生命尊严、教育伦理的维护，数据采集的准确度、采集途径、采集方式和界限将会越来越规范。此外，教育数据收集、使用过程中个人信息的保护、用户明确授权等种种问题都将在行业规范内得到有效解决。

第三，数据处理更加高效。

数据处理是大数据的核心，因为"大数据必须经过清洗、分析、建模、可视化，才能体现其潜在的价值"[1]，数据处理包括数据整合和数据存储两大环节，要对数据进行抽取、清洗、转换、存储等。数据处理需要数据采集端大型分布式数据库或分布式存储集群的支撑，并且要根据数据分析目标的具体要求，从数据库中筛选出与目标任务相关的历史数据、预测数据、汇总数据等各种结构化、半结构化和非结构化的数据集，"教育业务具有较强的差异性和灵活性，因此需要根据教育数据的类型和具体的分析目标，灵活选用或改进数据处理的算法模型"[2]。从目前的技术水平来看，结构化数据的分析其成熟度远高于半结构化和非结构化

---

① 方海光：《教育大数据：迈向共建、共享、开放、个性的未来教育》，131、132 页，北京，机械工业出版社，2016。

② 方海光：《教育大数据：迈向共建、共享、开放、个性的未来教育》，117 页，北京，机械工业出版社，2016。

数据，未来，随着数据库和数据处理技术的升级转型，数据存储量将更大，数据提取、降噪和转换将更加高效，数据分析的效率将更高、周期也会更短。

第四，数据分析更加复杂。

数据分析是从数据中提取出有价值、有意义的信息的过程，是推动应用主体进行决策的"大脑"。针对大数据的独特特征相应地出现了多种可用于大数据分析的方法和工具。目前，最常使用的分析技术主要包括可视化分析、数据挖掘算法、预测分析、语义引擎和数据管理，这些都被证明是能够保证分析结果的真实性和价值性的有力工具。在传统的数据分析中，操作者主要依靠先验知识预先人工建立模型，然后对以结构化的对象单一的小数据集为主的信息进行分析，对于半结构化、非结构化的数据的处理还缺少更加立体化的分析方法和技术，建模经验也相对匮乏。未来，针对半结构化、非结构化的数据，随着人们对其信息价值的认识的加深，将会发展出更加复杂的数据分析工具与技术，以满足深度信息提取的需求。

第五，数据呈现更加生动。

数据呈现即数据的可视化，即利用各种技术对分析结果进行展示，是大数据应用最为重要的一步。在相当长的一段时间内，数据可视化的主要工具是图像和图表。随着技术的发展，数据成指数级增长，数据的呈现方式也随之激增，可以帮助人们更快捷地发现数据背后所蕴含的信息。未来，随着可视化工具的不断升级，数据呈现方式将更加生动，用户可以更加快捷、便利地使用数据呈现工具，其直观性、交互性、体验性和艺术性会更强，使用体验也会更加愉悦。

第六，数据应用更加普遍。

随着信息采集技术的升级，半结构化、非结构化的数据将成为未来大数据的主要构成部分，这些数据具有极大的发掘价值，是潜在的战略资源。随着技术升级和发展，半结构化、非结构化的数据的处理效率和呈现效率将大大提升，可促使大数据的获取和应用更加大众化。利用图形、表格等生动、丰富的形式在视觉上更为直观地来呈现，使得大数据的分析结果可以更加简便、快捷地被人们理解和接受，其效果和价值也将更加显而易见，从而使数据分析成果更容易大范围推广。此外，大数据处理技术的实时性也会得到提升，这将极大地满足需要按分、秒计时的数据分析场合的需求。

（一）提升区域治理水平

大数据是区域教育发展的战略性资源，是推动区域教育治理体系和治理能力现代化的内在需要与必然选择。通过对大数据的深度挖掘和应用，区域教育治理问题和目标更加精准，教育政策、规划和方案的实施更具科学性与实效性。未来，区域教育治理与大数据的结合将更加紧密，"大数据时代海量教育数据的产生为区域教育均衡发展提供了新的思路，合理有效地利用大数据技术将为区域教育均衡发展开辟新的路径"。[①] 区域教育治理将通过更精准的数据来设定治理目标、统筹教育资源和评价改革成果。

1. 目标设定

区域教育治理的重要工作之一是基于未来社会发展对人才的要求，区域教育发展的现实条件、需求和目标进行政策、规划和方案等的顶层设计。不同区域的教育发展基础、历史、现状、问题和发展目标不尽相同，教育治理必须与区域实际相结合。"人类社会迄今为止经历了农业社会、工业社会和信息社会，教育是在三种社会中一直存在并且越来越重要的事业，从农业社会到工业社会，人类的教育理念、模式和目标都发生了重大变化"[②]，区域教育始终处于变化之中，大数据技术能够提供及时、准确、全面的分析结果，更加准确、科学、立体地反映教育问题和发展情况。基于来自教育行政部门的数据和来自学校教师和学生的数据进行区域发展方向与目标的规划，有利于提升教育决策的科学性和客观性，避免仅凭经验和主观判断进行决策的片面性，使区域教育治理目标更加符合区域教育发展的现实、契合区域教育的优势和特点，这样更有利于学校的改革和发展，有益于学生的成长和成才。

---

① 方海光：《教育大数据：迈向共建、共享、开放、个性的未来教育》，88 页，北京，机械工业出版社，2016.

② 鞠光宇：《信息时代的世界教育七大趋势》，载《中国教师报》，2020-12-16。

2. 资源统筹

区域教育发展的不均衡、不充分是当前我国教育发展亟须解决的难题，也是各区域教育管理部门一直努力破解的重点问题。"在大数据时代背景下，区域教育均衡发展应该以数据为基础，准确把握区域教育发展动态，利用大数据技术，从教育环境均衡、教育资源均衡、教育机会均等和教育质量均衡四个方面提供科学依据，进而促进区域教育均衡发展"。[①] 在区域范围内构建科学、便捷的数据采集、存储、分析挖掘与预测、结果输出为一体的服务系统，能够有效打破区域内学校之间的资源和信息壁垒，实现多维度、多层次的数据共建和共享。

在区域信息化设备和大数据技术的支持下，通过网络或数据平台能够实现管理信息的更新、共享、评价、反馈等，为区域教育资源更加科学、合理地进行分配提供了依据。同时，在网络或数据平台的支持下，区域内各学校、教育机构在教育资源、教师、教学场所、体育设施等方面可以实现共享，提高资源的使用效率，为教育环境和资源的均衡分配创造了有利条件。对大数据进行深度挖掘，能够使区域内的学校实现对管理、课程、教学、教师等资源的统筹利用，激活区域教育改革与创新的支持性资源；加强学校之间的相互联系，形成有限区域内教育资源的聚集效应，为学校、教师和学生提供更加公平的选择机会，提升区域整体教育公平的程度。

3. 监测评价

教育数据具有规模大、类型和来源多样、处理速度快、时效性高等特点。随着大数据技术的发展，区域教育领导和督导部门将借助不同的教育测评模型，更多地使用大数据对区域教育的改革与发展进行监测和评价，并将监测和评价结果用于实践中来提升和改进区域教育。

为了更好地引导教育中长期改革和发展，国家教育发展研究中心研制了城市教育现代化监测评价指标体系，中国教育科学研究院构建了教育现代化评价指标体系，北京师范大学构建了中国教育发展指数指标体系。未来，可以借助大数据的采集、处理和分析技术，参考各种教育发展指标，实现对区域教育现代化进

[①]　方海光：《教育大数据：迈向共建、共享、开放、个性的未来教育》，88 页，北京，机械工业出版社，2016。

程、义务教育优质均衡发展情况、校长领导力、学校教育教学质量、课程质量、学生核心素养和学业水平、教师专业发展等的全方位监测，增强教育改革成功的可能性。

借助大数据优化教育评价方式，使过程性评价和发展性评价相结合。黄光扬在《教育测量与评价》一书中提道，评价最重要的意图不是证明，而是改进。教育部在《关于推进中小学教育质量综合评价改革的意见》中强调改进评价方式方法，"注重全面客观地收集信息，根据数据和事实进行分析判断"。未来，区域教育改革与发展，将会在大数据的辅助下，以多途径来源的数据为基础和依据，通过关联、对比和建模分析等多种方法对区域教育改革与发展各方面的工作进行评价，提升评价结果的准确性和可信度，充分发挥大数据的教育评价职能。

4. 预测预警

随着大数据技术的不断升级，其预测预警功能得到了充分彰显和利用。在医疗、水利、交通等领域，大数据的预测预警功能在提高生命安全系数、降低风险等方面为人们生活提供了更大的保障。未来，这一功能在区域教育治理领域、在区域教育发展的重点和难点问题解决方面将发挥更大的作用。

利用大数据的关联、归因、对比等技术，借助区域人口梳理、性别比例、婚育等方面的大数据，可以预测各学段学位需求量，提前做好宣传和相关准备；借助社区人口居住情况、土地规划等方面的大数据，可以对本地区教育资源统筹做出合理规划；借助学校教师的年龄、学科等信息，可以对教师专业成长、职业发展所需要的资源和平台支持进行预测；借助学生家庭情况、学习时间、方法、态度等信息，可以预测学生学业水平并施以个性化指导。尤其是在校园安全事件预警、欺凌霸凌事件预防、心理危机干预等与师生生命安全密切相关的领域，可以通过大数据的深度挖掘，正常数据和非正常数据的比对等方式，对潜在问题进行识别、分类和分级，提前做好宣传、科普和预防工作，出现危急情况及时预测和预警，将结果传达给主管单位或相关负责人，提高对危险事件的防范能力。

（二）推动学校内涵发展

大数据技术在教育领域的应用不断加深，作为一种战略资源，大数据是学校内涵发展的重要辅助工具，通过在学校日常管理、教育教学改革与创新等各维度上发挥作用，已渗透学校工作的方方面面。对于学校的管理者来说，大数据的主要功能在于准确评估学校发展现状、描绘学校发展愿景、制定学校发展规划，以及评估学校办学绩效。

1. 准确评估学校发展现状

学校发展现状是学校内涵发展、变革和创新的现实基础，"以数据为本的教育测评已经成为现代性教育的主导方式，体现为一种数字式或数据化的教育景观。"[1]在传统的学校管理中，对学校发展现状的评估主要依据校长和干部在长期的管理实践中积累的主观经验。而在大数据时代，海量的学校教育数据源源不断地产生，学校文化的认同度、学校管理者的领导力、教师专业素养、课堂教学质量、学生学业水平、学生综合素质、学校实现内涵发展的优势和特色、学校发展的潜力和短板等，都可以通过数据分析、可视化等方式处理成量化的、直观的数据。这些数据能够帮助学校管理者在较短时间内全面了解和掌握每个学段、班级甚至每一个学生学习和成长的信息，从而在开展自我评估与诊断的过程中，避免学校评估落入主观性、片面性、单一性和抽象化的窠臼，使评估更加准确、客观。"尽管当下的教育还没有全然实现智能化的大数据测评，但是，以数据为本的教育测评的大数据化趋势已经明显。"[2]

2. 描绘学校发展愿景

学校发展愿景是对学校发展目标的理想化描述，是学校特有的、全体教职工对学校未来发展图景的共同希望，是驱动学校内涵发展创新和变革的内在动力源之一。传统的学校发展愿景多是由学校管理者基于一定的教育价值观和所在区域人们对教育、对人才培养的期望，结合学校的办学目标、培养目标、工作理念和工作目标等提出的。随着大数据技术的广泛应用，借助大数据的分析、可视化和预测功能，学校发展愿景将更加清晰和可操作，更符合学校的现实基础和全体成员的期望，愿景实现的方向和路径将更加明确。借助大数据来描绘学校未来发展愿景，有利于提高学校全体成员共同的使命感和责任感，使其发展出对学校更加热爱和忠诚的感情，形成驱动学校发展的"内生"力量。

---

① 金生鈜：《大数据教育测评的规训隐忧——对教育工具化的哲学审视》，载《教育研究》，2019(8)。
② 金生鈜：《大数据教育测评的规训隐忧——对教育工具化的哲学审视》，载《教育研究》，2019(8)。

3. 制定学校发展规划

制定学校发展规划需要考虑国家教育政策，区域教育发展目标，学校硬件基础和资源，教育理念，学校课程及各学段和学科的教学情况，教师专业能力和学生学业水平，社区、家长、教师和学生等各种主体的需求等多方面的信息。通过大数据技术对上述因素进行分析和呈现，能够帮助学校更加理性、客观地看待学校发展的起点和目标，"帮助学校修正愿景、提供期望，并向社会公布和展示反映学校绩效的各种成绩数据，进而帮助学校确定发展目标和整体发展策略"[①]，从而使发展规划更具操作性，实施路径更加明晰，发展目标与学校的发展潜力和实力更具一致性，日常实际工作与学校发展规划更加契合，同时，使学校能够通过对发展规划的制定进一步提升学校回应各类教育问题、教育需求的及时性、精准性和有效性。

4. 评估学校办学绩效

学校内涵发展与学校信息化建设工作息息相关。信息化是一个不断完善和推进的过程，目前，学校信息系统条块分割、信息更新和信息分析技术落后等信息管理不足的问题还比较常见。随着区域、学校信息化建设工作的不断推进，大数据技术的应用将在学校教育质量监测与评估过程中发挥重要作用。大数据的及时性特点，能够在规划实施过程中动态、持续地进行形成性评估，帮助学校结合发展规划进行自我评估与反思：学校是否按照规划举措及行动计划表安排各项有关工作，阶段性规划目标是否如期实现，学生发展、教师队伍建设、课程与教学、家校沟通与合作等预期目标的实现程度如何等。评估结果可作为评估学校办学绩效的重要依据，进一步促进学校内涵发展。

（三）为校长提升领导力赋能

办好一所学校，校长是核心人物，也是灵魂人物。面对世界的巨变，面对新技术革命变革的浪潮，面对未来社会的挑战，校长的责任和担当就是要具有面向未来办教育的远见，具有改变现状和坚持正确教育理念的勇气，要高效整合资

---

① 方海光：《教育大数据：迈向共建、共享、开放、个性的未来教育》，181 页，北京，机械工业出版社，2016。

源，带领教师队伍进行创新教育，为学生成为更好的自己提供引导和支持。

1. 面向未来办教育

具有面向未来办教育的远见，是当代校长必须面对的课题。人类社会的每一次技术革命都会带来社会革命，新技术变革将会推动未来世界发生更大的变化，学校教育该如何进行顶层设计，帮助学生为未来做好准备？大数据技术的深度应用能够帮助校长全方位地把握学校发展现状，有针对性地对学校未来教育发展的方向和目标进行思考，及早开始设计富有远见的规划。

从我国教育发展的现实来看，由于人口基数大，短时间内标准化和规模化教育更符合教育资源供给的现实需求。"学校和工厂一样追求标准化流程、大规模生产、技术性统一和同步化进程，这在 20 世纪早期有一定的合理性，但是当今的世界已经不同往日了。"[①]面对未来社会个性化的人才培养需求，校长需要深度思考教育目标和任务，即要培养卓越的人才让每个学生都能成为最好的自己。学校的管理、课程、教学方法、评价体系和资源选择等都要做出相应调整，将为工业时代流水线服务而设计的教育逐渐转变为适应和引领未来的个性化教育，培养学生自主学习、创新、合作、交流等必备能力。

2. 高效整合多维资源

对教育资源进行整合是学校发展的重要战略手段，也是校长领导力的重要组成部分。在学校发展过程中，社区、科研院所、高校、各类教育专家、学校课程、教师、学生家长、互联网上的课程、教学资源、教育机构、周边其他单位等都是学校发展的重要资源。每一所学校的发展基础和需求都不同，对资源的选择和高效整合至关重要。

资源整合和优化配置是相当复杂的系统性工程，"教育管理部门可通过大数据分析教育教学资源建设与应用的适切性、教育政策的有效性等"[②]，借助大数据的收集、处理、分析和呈现等技术，校长能够根据学校软硬件建设、信息化建设、课程建设、教师专业发展、教学变革等过程中产生的需求对不同来源、不同层次、不同结构、不同内容的资源进行激活、选择、融合、配置，使各种资源能

---

① ［美］伊恩·朱克斯、瑞恩·L. 沙夫：《教育未来简史——颠覆性时代的学习之道》，18 页，钟希声译，北京，教育科学出版社，2020。

② 郑燕林：《大数据让学生不再成为"隐形人"》，载《中国教育报》，2017-02-18。

够高效整合，通过大数据实现对学校各类教育资源的统筹规划，实现对学校发展难题的创新性解决，提高自身的管理能力和科学决策能力，通过科学合理的资源配置获得整体资源的最优化利用，最大限度地促进学校、教师和学生的发展。

3. 深度参与教师教学

近年来，国际上的校长领导力研究出现了从关注教学的领导力向关注学生学习与发展的学习领导力的转变。[①] 2019 年 6 月，中共中央、国务院颁布了《关于深化教育教学改革全面提高义务教育质量的意见》，指出"校长是学校提高教育质量的第一责任人，应经常深入课堂听课、参与教研、指导教学，努力提高教育教学领导力"。大数据将成为校长和教师进行交流和对话的专业媒介，帮助校长深度参与、指导教师教学和教研活动。

校长领导力转变为以学生的学习为中心，意味着学校的管理工作重心将逐渐从学校的全方位治理转向对学生学业成绩与全面健康发展的关注。以这一目标为导向，校长将课程和教学置于学校变革与发展的首位。大数据的分析和预测功能能够为校长的研究意识和能力赋能，使校长能够关注到国内外课程和教学发展的最新动态与研究成果，并将这些信息作为交流和研讨的媒介与教师展开相关主题的研究、成果推广和应用。

大数据能够为校长提供学校教师个体及群体的教育信念、教学风格、优势等方面的信息，帮助校长更深入地了解教师及教师队伍的真实情况，有针对性地规划和设计教师专业成长与职业发展的方案。同时，借助大数据积极营造有利于教师专业成长的支持性环境，为教师专业成长提供满足教师个体和教师群体的个性化需求的资源与平台支持，带领教师进行探索性学习，"完成由单纯的学校'秩序管理员'向学校'首席学习官'的转变"。[②]

（四）增强教师的教育胜任力

教师是学校变革与发展的核心力量，是大数据技术与教育深度融合的实践

---

① 荣佳妮、陈霜叶：《从教学领导力转向学习中心领导力：国际校长领导力研究的启示》，载《教师教育论坛》，2019，32(9).

② 周俊：《以学习为中心的学校领导者发展——美国南部地区教育委员会学校领导者发展项目述评》，载《外国教育研究》，2011，38(11)。

者，更是教育变革的主动推动者。今天的教育是在面向未来培养人才，面对难以预测的未知风险与挑战，大数据技术能够为教师赋能，使教师能更快地适应大数据时代的教师新角色，获取更具个性化的专业成长资源，从而不断提升教学质量，在时代巨变之下胜任推动学校改革与发展、培养学生成才的重任。

1. 帮助教师胜任新角色

在大数据驱动的教育新时代，教师职业面临新的要求与挑战，教师角色也在时代环境的变化和要求中发生了转变，教师的职能角色也发生了变化，从传授知识转变为引导和支撑学生朝着广泛、深入、艰巨的学习目标迈进，教师拥有了多重角色：引导者——引导学生养成独立品格；合作者——与学生及家长等共同开展教育；设计者——根据学生的不同需求为他们提供成长方案；成长促进者——为学生创造更多的机会，共同解决问题。

大数据能够提供学生的家庭背景，成长经历，性格特点，学习的主动性、方法、态度、过程、习惯等多维信息，教师将成为拥有数据思维的"分析师"。教师通过大数据分析可以深刻认识每一位学生，把握学生之间的差异，结合学生培养目标，引导学生逐步承担起独立学习的责任，使学生通过解决问题成为独立的思考者，培养学生的独立能力，帮助学生树立独立的人格。大数据可以帮助教师：成为可以自己解决问题、有能力跳出条条框框，敢于突破和创新，既懂得谋生又能懂得生活的人；与学生、家长、社会机构、企业等合作，满足学生个性化学习的需求；设计学习活动，引导学生更多地使用数字资源和工具积极开展深入的学习；创造社会体验，帮助学生筛选、使用相关技术，并为他们创造更多的机会，使其共同解决真实情境中的问题，真实地促进学生成长。

2. 获取专业成长资源

教师专业成长的重要标志是教师的实践性知识结构化，而教师的实践性知识结构化的过程就是教师专业成长发生质变的过程。大数据技术可以像医学一样，对教师的教学行为进行诊断和分析，可以更高效地读懂教师，关注教师个体的微观表现、教学特点及优势。借助大数据分析，教师可以有针对性地调整、设计个性化的自我成长方案，这使得个性不同、需求不同的每一位教师都能获得专业成长的支持性资源。

在信息化程度较低的阶段，在学校的教育教学活动中收集和处理教师的行为数据比较困难，在大数据时代，随着移动终端的普及、云计算服务的发展和大数据分析技术的突破，对教师课堂行为大数据进行专业化处理已经变得简单易行了。对于教师来说，大数据分析技术帮助教师透视自己的教学行为，将教学行为数据化、显性化，帮助教师完善自我、提升自我，使经验式的教学模式转变为数据服务式的教学模式，助力教师转型升级，使教师从使用传统教学方式向使用以学生为中心的现代教学方式转变，进而使教师满足未来教育对其的要求和期待。

3. 优化教师教学实践

大数据的收集、处理、分析和可视化等技术为教师整体把握教学、优化教学过程中的每一个细节提供了证据和支持，进而可提高教学质量。

在教学设计环节，大数据分析结果能够指导教师选择更符合学生需求的教学内容和资源，设计更适合学生的教学方法。通过对学生的行为数据进行分析，掌握学生的认知基础、学习需求、学习风格、学习进展等情况，进而不断调整教学内容、方法、资源和评价方式等，根据不同学生的成长需求，制定相应的教学方案。

在教学实践过程中，大数据呈现技术将课程内容变得更加直观、艺术、简明，使得学习内容变得更加生动，可以提升学生的学习兴趣，加深学生对知识的理解，引发学生主动学习、自主探究，提高学生的系统化思维水平；大数据能指导教师选择适合的方法"因材施教"，满足学生个性化的学习需求；大数据能及时反馈教学情况，使教师对自己的教学过程和教学目标的实现有一个直观的审视，为教师进行自我评估、自我反思提供了依据。

在教学评价环节，可运用大数据对学生进行总结性评价和过程性评价，帮助教师规划学生的个性化学习方案和培养路径。借助学生学习过程的可视化呈现，教师可以进行过程性评价，也可以在总结性评价中，对学生的多元智能发展情况进行综合评测。

4. 打造支持性学习生态

成为学习中心是学校未来转型的趋势和方向，打造学生个性化学习生态将成为学校管理和教师教学的工作核心。联合国教科文组织在《学会生存——教育世界的今天和明天》中提出，教育要"把一个人在体力、智力、情绪、伦理各方面的因素综合起来，使他成为一个完善的人"。教育大数据是教师为学生的个性化教育提供有效支持的手段。例如，基于大数据对学生个性进行诊断或基于大数据为学生个性化的学习提供支持；借助教育大数据对每个学生的学习方法、特点、风格、态度等进行精确画像，制定和规划个性化学习方案，从而精准提供差异化的学习资源与学习路径。

对于教师来说，每个学生都是独特而有个性的存在，其在学习动机、学习兴趣、学习能力、学习态度、学习方法等方面都是有差异的，因而学习所需要的资源和支持也是因人而异的。"基于大数据的学业评价有助于教育者了解学生的真实学习状态与发展过程中面对的困难，为优化教育教学环境、提供适宜的学习资源与有效的学习支持提供依据。"[①]大数据挖掘技术能够帮助教师对学生的各种学习需求和资源供给情况进行判断，实现学习的定制化和个性化；帮助教师对学生学习所需要的实物资源、人力资源、平台资源等进行筛选、整合和创新，构建一个支持性的学习生态，为学生的泛在学习与终身学习提供支持，这有助于学生的终身学习与可持续发展。

5. 撬动学校发展改革

教师是学校变革与发展过程中最重要的人力资源，学校的变革与发展亦离不开教师的参与和推动。在大数据时代，教师是学校最主要的大数据生产者和消费者，在学校改革与发展过程中，教师可以借助教育大数据的加持，成为撬动学校发展与变革的推手。

学校的发展与变革，一方面受学校中长期发展目标牵引，另一方面也得益于学校发展实践过程中破解教育问题的经验推动。教师是教育改革的重要参与者，既是教育新理念、新方法的实践者，也是发现、破解教育问题，探索教育改革新方向、新路径的主力军。未来，大数据技术在教育教学中的应用深度和广度都将有所提升，可以将教师从部分重复性的教育教学工作中解放出来，使教师拥有更多开展学习、研究和进修的机会和时间；与此同时，在大数据的助力之下，教师对科学化、精准化、智能化和个性化的教育教学展开科学探索的能力不断增强，

---

① 郑燕林：《大数据让学生不再成为"隐形人"》，载《中国教育报》，2017-02-18。

这也增强了教师撬动学校发展与变革的能力和实力。

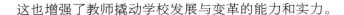
【经验总结】

　　"靠谱 COP"团队借助大数据分析技术，帮助"海淀区教师素养提升课堂大数据分析项目"的实验学校提高了管理和决策效率，以及教学领导力；通过大数据分析将信息技术与教学实践相融合，帮助教师提升了专业能力，提高了课堂教学质量；借助大数据，学校组织教师对课堂教学过程中的问题积极开展课题研究，先后立项 40 多个小课题，形成了论文、优秀课例、优秀教学设计等一系列研究成果，提升了教师的研究能力和学校整体科研水平，促进了教学实践问题的解决，取得了良好的成效。据统计，项目实施期间，在中央电化教育馆举办的学术观摩活动和交流展示平台上，海淀区实验学校的校长和教师多次斩获殊荣：19 位教师荣获了全国优秀课例一等奖，7 位教师荣获全国优秀课例二等奖，19 位教师荣获优秀奖，33 位教师荣获全国优秀教学设计奖，18 位教师荣获优秀数字故事以及优秀教育师的奖项，还有 21 位教师获得"'靠谱 COP'明星教师"的荣誉称号，3 个学校的研修团队被评为优秀的研修团队。此外，有 3 位实验学校校长在全国级别的论坛当中进行了主题发言，引起了与会嘉宾的广泛好评，为海淀教育赢得了荣誉，极大地激励了校长、教师的发展信心。"靠谱 COP"团队将项目实施期间的大数据进行了分类管理和存储，形成了具有教学特色的资源库、优秀课例视频资源库、研究论文资源库、教师反思数字故事资源库和教学研究资源库，为区域整体教育发展和区域学校的进一步发展积累了战略资源。

　　"海淀区教师素养提升课堂大数据分析项目"的良好收效，得益于"靠谱 COP"团队在理论、实践方面的引领和指导，同时，也是区域教育管理部门、基层科研单位和各学校校长、教师等多方"合力"的结果，具有体经验如下。

一、准确把握时代变化，勇于先行先试 >>>>>>>

　　在长期的发展过程中，海淀区形成了以"求真务实的科学精神、百折不挠的创业精神、追求卓越的创新精神、产业报国的奉献精神"为主要内涵的创新文化，这种精神和文化是驱动海淀教育与时俱进、追求卓越的内核。面对时代巨变，海淀教育始终对时代发展变化保持着敏锐的觉知力，保持着敢于创新、大胆尝试和追求卓越的奋斗精神。

海淀区的教育基础好、体量大、门类全、样态多、影响广，各种各样的教育新技术、新产品都可以在海淀区先行先试，早在 2014 年年初，海淀区就在全国率先提出了"智慧教育"的概念和"建设三类智慧环境、提升四类智慧服务、建立五个保障体系、实施六大板块工程"的建设框架。近年来，海淀教育在区域发展总目标的指引下，更加重视科技对教育改革的推动作用，将教育研究与教育信息化进行整合，加强了教育信息化的应用导向，大力发展互联网教育，依托互联网和人工智能等高科技，促进区域教育均衡发展，建立了高质量的教育保障体系。

与此同时，海淀教育积累了海量名师同步课堂、名师教学分析视频和案例等相关资源。与北京大学教育学院合作开展学习科学项目、与清华大学合作开展教师人工智能教师培训项目、与首都师范大学合作推进"靠谱 COP"项目、与中国教育科学研究院合作设立未来学校建设项目等，培养了大批的优秀信息化应用教师，极大地促进了技术与教育的融合发展。

二、持续强化教育决策者的大数据思维 >>>>>>>

思维方式是外在行动的内在驱动力，也是教育改革与发展的理念资源。在"海淀区教师素养提升课堂大数据分析项目"中，增强学校校长、干部的大数据思维始终是靠谱 COP 团队的重要工作之一。从根本上说，区域教育发展、学校发展与变革的理念和行动模式等是在区域教育决策者、学校管理者等的推动下形成的。

在大数据时代，教育决策者和管理者不但要具备领导区域教育发展、学校发展的专业能力和相对丰富的管理经验，还要培养并增强自身的大数据思维，用大数据思维来指导自身的专业成长、引领区域教育和学校变革；以大数据思维为基本依据来处理日常工作，推进区域教育和学校的改革创新。

大数据思维是关系式思维、综合性思维，也是过程性思维。强化教育决策者和管理者的关系式思维，可以使他们通过挖掘大数据资源进行整体分析、归因分析和过程分析，帮助他们发现改革与发展过程中，各要素、各事件背后相互联系、相互渗透、相互包含的关系，进而使其可运用一种系统性思维深入地、系统地把握区域教育改革与发展过程中内外环境、文化、制度、课程、教师、学生等每一个要素的存在、发展过程及其相互作用关系，从而本质性地把握、推进复杂、生动的改革与发展进程。

强化教育决策者和管理者的综合性思维，可以使他们超越就事论事、就现象谈现象的表面化理解，将看似关联性不强的零散问题放置到整体背景和框架中，超越对单一视角、单一维度或细节的关注。对于学校而言，不论是改革还是创新，都涵括于区域社会生态与教育生态的整体性现实背景之中，并受制于学校历史的经验文化积累和现实基础，上述要素共同构成了一所学校教育改革的时空背景，因此，整体思考、把握零散教育问题和事件的本质、对其属性进行综合性的分析和诊断，是做出正确的、接地气的、可操作的改革与创新决策的前提保障。

强化教育决策者和管理者的过程性思维，可能使他们超越仅仅关注事情结果、以结果为唯一指标进行评价的思维模式，对事物发展和变化的过程给予更多关注。对于区域教育而言，其发展与变革是价值观、文化和制度不断完善与创新的过程，是由多个系统变革组成的整体系统改变的过程，具有非线性、不确定、复杂关联和不可控等多重特点，对此有深刻的认知，才能充分重视"渐进""渐变"的过程，运用过程性思维来设计各种方案和评价方式，并根据过程中出现的变化随时调整，让区域内学校改革与发展、师生成长与进步的每个瞬间和阶段都充满教育意蕴。

三、高度重视培养教师的信息技术素养 >>>>>>>

北京师范大学未来教育高精尖创新中心编制并发布了《人工智能＋教育》蓝皮书，提出智能教育环境、智能学习过程支持、智能教育评价、智能教师助理、教育智能管理与服务五大"人工智能＋教育"应用场景，全面勾画了人工智能时代的教育信息化发展蓝图。互联网、人工智能为教师提供了全新的工作环境，同时也对教师基本素质提出了变革性要求，教师必须具备信息技术认知、应用能力和互联网终身学习能力，才能在信息化背景下开展教育教学，信息技术素养成为教师根本素养之一。

　　海淀教育高度重视对教师信息技术素养的培养，通过智慧教科研平台积极引导教师进行网上研修学习；搭建了教师发展平台，开展指向教师个体的教育大数据应用，通过平台、移动终端及各类资源，帮助教师实现伴随式、定制式成长；通过智慧教室、课程系统、学情分析、学生个性化发展等各类教学系统及辅助教学系统的建设，使教师能够充分利用信息技术进行教学模式创新；启动"人工智能＋教师"队伍建设行动，充分发挥海淀区高等学校和科技企业等的协同创新能力，开展教师职前职后相衔接的智慧教育应用能力培训，将教师智慧教育教学应用能力纳入岗位聘任、职称晋升、绩效考核等评价体系。借助政府和社会资本的合作模式，建立集智慧管理、智慧校园、智慧教学、智慧教研、智慧培训于一体的网络化、数字化、个性化、终身化的教师专业发展体系。

四、注重挖掘潜力促进学校内涵发展 >>>>>>>

　　在教育高质量发展的时代，百姓的教育需求发生了显著的变化，即从原来的"有学上"发展为现在的"上好学"。时代的发展，加剧了优质教育资源供给和需求之间的矛盾。从学校发展建设的现状来看，海淀区绝大多数学校都能够达到甚至超过国家关于义务教育学校的各项规定的基准线，在硬件建设方面追加投入收效并不明显，要在现有条件的基础上实现优质教育资源的增加，学校需要通过多种途径和方式走内涵发展的道路。

　　在内涵发展这一目标驱动下，区域教育管理部门协同区域基层科研单位帮助实验学校寻找内涵发展的"抓手"，通过对学校进行调研、摸底，形成了关于学校的数据化图像。之后，以数据为证据，通过数据分析、对比等，挖掘学校在校长干部领导力提升、教师队伍专业素养提升、教学实践优化、特色课程精品化、校园文化重塑、信息化建设等方面的发展潜力，实现不同学校各具特色的发展。在"海淀区教师素养提升课堂大数据分析项目"中，通过 SWOT 分析，"靠谱 COP"团队帮助实验学校进行资源基础、文化特点、课程特色、教师培训、课堂教学等方面的自我分析和诊断，制订了阶段性的学校改进规划，从学校内部着手，激发学校领导及教师的发展信心和积极性，逐步摆脱对外部专家资源、行政资源等的依赖，重视学校自有优势、盘活学校内部资源，实现了学校自有资源的再开发和再利用。

大数据在教育中的应用范围非常广，但作为一种技术和方法，大数据并非全知全能的，应该理性看待大数据手段的工具价值，不过度倚重数据，应为大数据的使用范畴划定边界，同时也要注意规避大数据使用过程中的风险。

1. 过度数据化

在大数据时代，利用大数据来发现、解决和预测问题已经成为未来学校建设、教师发展、学生学习的必然方向。在观念层面，大数据被看作是一种新的方法论，一切皆可数据化，一切决策皆可依赖算法。在实践层面，随着大数据技术的升级，数据收集、处理和分析软件的操作难度也在不断降低，使用者可以相对容易地获取某个教育问题的分析结果，并将其运用到相关研究中。这就造成一些过度分析数据、过度使用数据而忽略研究问题本身的现象出现，从而出现过度数据化的不良倾向。

在大数据的使用过程中，使用者应该始终对测评方法与测评对象的适切性保持清醒的认知。因为"不论运用什么样的数据技术，不论测评的过程与方式如何客观，教育测评所能够测评的，只能是那些外表的可测评的现象或表象"[1]。以人为本是教育事业永恒的核心价值观，这一价值追求在大数据时代不应被改变。经验世界不可能被高度抽象化变为数据，人的成长和教育过程也不可能被完全数据化，过度使用和依赖数据，人的主体性就会被数据和算法碾压，从而背离教育的宗旨和追求。

2. 被数据、算法操纵

随着信息技术的逐步发展，大数据分析与教育的融合程度越来越高，"用数据说话，用数据决策"的能力成为新时代学校校长、教师，甚至家长的能力与素养的重要组成部分。

---

[1]　金生鈜：《大数据教育测评的规训隐忧——对教育工具化的哲学审视》，载《教育研究》，2019(8)。

用数据进行决策的前提是通过大数据分析技术记录和量化某种教育行为，挖掘其中的规律，对问题进行现状判定，并在众多决策中遵循效益最大化原则择优选择。但在现实中，"数据为本的教育测评是现代性教育的重要装置，它已经成为主导、控制学校教育的新型权力"①，作为一种技术工具，大数据和算法有可能被用来控制和操纵决策主体。尤其是"教育产品潜在客户"，其在社交平台上的每一个行为都有可能遭到细致拆解，被时刻监测和计算，并转化为商业流量。因此，作为辅助工具的技术反过来操纵甚至取代决策者的风险也在逐渐升高。

3. 过度理性的分析

教育是关于人的成长与成才的事业，是教育艺术、教育技术、教育价值、师生心理变化等显性要素和隐性要素共同发挥作用的复杂系统，在这个系统中，情感交流和人文关怀是师生之间重要的互动方式，是教师能够真正对学生产生积极影响的必要条件，如怀特海（Whitehead）所说：在教育过程中，"一旦你忘记了你的学生是有血有肉的，那么你就会遭遇悲惨的失败"。苏霍姆林斯基也强调，教学不是冷冰冰地把知识从一个脑袋装进另外一个脑袋，而是师生之间无时不在的情感交流。教师与学生的关系处于教育过程中最重要的关系范畴内。师生关系具有强烈的情感性和互动性，教师要能捕捉到学生行为背后复杂的心理因素，从而施以带有饱满情感色彩的教育和指导。

数据及大数据分析技术固然能够帮助学校管理者、教师和家长以更加高效、便捷的方式了解学生状态，但"大数据化的教育测评狭隘地测评人的发展与教育，把教育过程、学习行为标准化，导致对教育价值与意义的认知简单化，造成对学生作为人的发展的内在性、唯一性与完整性的忽略"②，尤其是师生交往过程中的情感和心理状况并非都能通过外显的行为精确地表达出来，且行为背后的动机、态度等难以通过简单的维度划分转化为数据，因此，单纯靠技术手段及理性的数据无法多维度地洞悉和呈现学生的心理与情感需求，从而遮蔽了教育应有的感性维度。

4. 隐私泄露

凡事都有两面性，大数据技术是一把双刃剑，在大数据时代，数据流量最大

---

① 金生鈜：《大数据教育测评的规训隐忧——对教育工具化的哲学审视》，载《教育研究》，2019(8)。
② 金生鈜：《大数据教育测评的规训隐忧——对教育工具化的哲学审视》，载《教育研究》，2019(8)。

化、数据共享绝对化就会带来隐私难以得到保护的安全隐患。大数据技术开发与运用越深入，保护学校、教师、学生等主体的隐私，维护数据安全的难度也就越大。《中国网民权益保护调查报告2016》显示，"54％的网民认为个人信息泄露严重"。社会上屡屡出现因数据存储和管理不当而造成的学生和家长的联系方式、家庭住址等私密信息泄露的事件。未获得授权，非法收集、使用学生数据向家长进行推销牟利的事件也屡见不鲜。

保护教育对象的隐私是教育大数据收集、分析和使用时的重要原则及底线，在大数据时代，由于大数据蕴藏着巨大的商业价值，在立法、监督等还相对薄弱的前提下，工具理性常常会凌驾于价值理性之上，人的隐私权、知情权、尊严等往往在技术应用的过程中被忽视。例如，在关乎教师、学生、家长等主体的教育数据的收集和使用过程中没有按照知情原则和最小原则进行操作，导致数据被采集者对数据的收集范围和使用途径没有知情途径。欧洲联盟在2018年正式实施了《通用数据保护条例》，这是大数据隐私保护立法的先例，率先把大数据时代的隐私保护提升至国家法律的高度。数据安全涉及教师、学生、家长等教育主体的切身利益，学校教育管理者和决策者需要在挖掘数据价值的同时保护好教育主体的信息安全。

5. 分析结果专业性不足

数据的采集、存储和处理的专业性是确保数据具有良好的价值性、准确性和应用性的技术保障。教育大数据每时每刻都在增长，大到国家教育改革与发展、小到课堂教学过程中的每个细节，时刻都有海量的结构化、半结构化和非结构化的数据产生，对这些音频、图像、视频等进行专业的、精准的整理、筛选、提取、输出和存储，是后期进行数据挖掘和应用的必要条件，更是准确把握各类教育问题和现象的重要前提。

从技术层面来讲，教育大数据的采集、处理和分析是极其专业的领域，从业人员不仅需要具备专业的大数据采集和存储设备，数据处理和分析能力，还需要具备深厚的理论积淀、对教育的深刻理解，以及对教育问题背后的社会政治、经济、文化背景的深刻认识，否则将无法从海量数据中捕捉到有用信息，也无法透过数据解读来解释现实，更遑论发现规律、发现问题，或者对某一趋势进行预测。

大数据技术与教育的深度融合还处于摸索阶段，兼备大数据技术和教育解读能力的复合型人才处于供不应求的状态，而专业人才的培养又无法在短时间内满足市场需求，因此，大量数据处于沉没状态，无法发挥其战略价值。即便是已经被提取到的数据，依然有大部分仅停留在浅层的、模糊的统计分析层面，因此，提升大数据分析技术的专业程度，还需要进行长期的探索。

参考文献

【中文文献】

[1][美]·德鲁克，等．知识管理[M]．杨开峰，译，北京：中国人民大学出版社，1999．

[2]操太圣，卢乃桂．伙伴协作与教师赋权——教师专业发展新视角[M]．北京：教育科学出版社，2007．

[3]曹勇军．语文，我和你的故事[M]．北京：商务印书馆，2015．

[4]陈洪捷．关于教师实践性知识研究的三点疑问[J]．北京大学教育评论，2018，16(4)．

[5]陈勤，袁守华，陈谦．内涵式发展背景下有效学习共同体对教师专业发展的思考[J]．中国教育学刊，2018(A1)．

[6]陈群波．基于师徒制的教师知识转移研究[D]．上海：华东师范大学，2016．

[7]陈霜叶，孟浏今，张海燕．大数据时代的教育政策证据：以证据为本理念对中国教育治理现代化与决策科学化的启示[J]．全球教育展望，2014(2)．

[8]陈向明．跨界课例研究中的教师学习[J]．教育学报，2020，16(2)．

[9]陈向明．实践性知识：教师专业发展的知识基础[J]．北京大学教育评论，2003，1(1)．

[10]陈祖鹏．教师改变：教师评价的关键维度与深度诉求[J]．当代教育科学，2020(2)．

[11]褚宏启．教育治理：以共治求善治[J]．教育研究，2014，35(10)．

[12]崔允漷，王少非．教师专业发展即专业实践的改善[J]．教育研究，2014，35(9)．

[13]邓涛，鲍传友．教师文化的重新理解与建构——哈格里夫斯的教师文化观述评[J]．外国教育研究，2005(8)．

[14]刁秀丽，宋正国．教师实践性知识是教学设计的源泉和归宿[J]．电化教育研究，2009(2)．

[15]丁诚．基于组织知识共享的障碍及策略[J]．管理现代化，2008(1)．

[16]丁钢．从国际教育发展看　创建以校为本的教师专业发展模式[J]．广西教育，2004(1)．

[17]广东省社会科学院科技与社会研究中心课题组．大数据更是一种技术性战略资源——大数据与广东创新驱动发展战略(上)[N]．南方日报，2015-04-23．

[18]郭殿东．企业隐性人力资本：知识转化与核心竞争力提升[D]．大连：大连理工大学，2019．

[19]何会涛．知识共享有效性研究：个体与组织导向的视角[J]．科学学研究，2011，29(3)．

[20]何克抗．《教育传播与技术研究手册(第四版)》：主要缺陷与不足——对美国《教育传播与技术研究手册》(第四版)的学习与思考之七[J]．开放教育研究，2017，23(6)．

[21]何克抗．如何实现信息技术与教育的"深度融合"[J]．课程·教材·教法，2014，34(2)．

[22]胡昌平，晏浩．知识管理活动创新性研究之协同知识管理[J]．中国图书馆学报，2007，33(3)．

[23]胡颖廉．推进协同治理的挑战[N]．学习时报，2016-01-25．

[24]黄甫全．新课程中的教师角色与教师培训[M]．北京：人民教育出版社，2003．

[25]黄其松，邱龙云，冯媛媛．大数据驱动的要素与结构：一个理论模型[J]．电子政务，2020(4)．

[26]姜美玲．教育公共治理：内涵，特征与模式[J]．全球教育展望，2009(5)．

[27]金生鈜．大数据教育测评的规训隐忧——对教育工具化的哲学审视[J]．

教育研究，2019(8).

[28]靳嘉林，王曰芬．大数据环境下知识发现研究的变化及其发展趋向[J].数字图书馆论坛，2018(5).

[39]柯政．教育科学知识的积累进步——兼谈美国教育实证研究战略[J].华东师范大学学报(教育科学版)，2017，35(3).

[30]赖先进．国家治理现代化场景下协同治理理论框架的构建[J].党政研究，2020(3).

[31]李·舒尔曼，陆勤超，崔允漷．宽恕但要记住：经验学习的挑战和机遇[J].全球教育展望，2014(4).

[32]李国栋，杨小晶．U-D-S伙伴协作：理念、经验与启示[J].外国教育研究，2013，40(10).

[33]李珩．教育大数据：开启教育信息化2.0时代[M].重庆：重庆大学出版社，2019.

[34]李新，杨现民．教育数据思维的内涵、构成与培养路径[J].现代远程教育研究，2019，31(6).

[35]李子建．大学与学校伙伴协作式行动研究：从4P迈向4R[J].上海教育科研，2007(8).

[36]联合国教科文组织国际教育发展委员会．学会生存——教育世界的今天和明天[M].华东师范大学比较教育研究所，译．北京：教育科学出版社，1996.

[37]林东清，李东．知识管理理论与实务[M].北京：北京电子工业出版社，2005.

[38]林慧．职业教育治理现代化的内涵、要求与路径[J].教育与职业，2015(32).

[39]刘峰．创新思维与领导决策力[J].群众，2015(7).

[40]刘建义．大数据、权利实现与基层治理创新[J].行政论坛，2017，24(5).

[41]刘梦婷，周钧，韩海英．西方关于教师改变的研究述评[J].当代教育科学，2019(12).

[42]刘三女牙，杨宗凯，李卿．计算教育学：内涵与进路[J].教育研究，2020，41(3).

[43]刘雍潜，杨现民．大数据时代区域教育均衡发展新思路[J].电化教育研

究，2014，35(5).

[44]柳春艳.教育技术学：从循证走向智慧教育[J].中国电化教育，2018(10).

[45]鹿斌，金太军.协同惰性：集体行动困境分析的新视角[J].社会科学研究，2015(4).

[46]罗俊，罗教讲.数据密集型知识发现的边界与陷阱——以美国大选预测为列[J].学术论坛，2017，40(3).

[47][英]维克托·迈尔-舍恩伯格，肯尼思·库克耶.大数据时代：生活、工作和思维的大变革[M].盛杨燕，周涛，译.杭州：浙江人民出版社，2012.

[48]宁虹.教师教育：教师专业意识品质的养成——教师发展学校的理论建设[J].教育研究，2009，30(7).

[49]潘洪建."学习共同体"相关概念辨析[J].教育科学研究，2013(8).

[50]裴淼，靳伟，李肖艳，等.循证教师教育实践：内涵、价值和运行机制[J].教师教育研究，2020，32(4).

[51]戚万学，谢娟.教育大数据的伦理诉求及其实现[J].教育研究，2019，40(7).

[52]戚业国.校本研修的制度性困惑与机制创新[J].教师教育研究，2013，25(5).

[53]戚义明.坚持理论和实践的辩证统一[N].中国纪检监察报，2019-02-26.

[54]荣佳妮，陈霜叶.从教学领导力转向学习中心领导力：国际校长领导力研究的启示[J].教师教育论坛，2019，32(9).

[55]阮一峰.未来世界的幸存者[M].北京：人民邮电出版社，2018.

[56]申霞，夏豪杰.大数据背景下教育治理运行机制现代化[J].教育研究与实验，2018(6).

[57]盛欣，姜江.协同治理视域下高等教育治理现代化探究[J].当代教育论坛，2018(5).

[58]史丽萍，唐书林.基于玻尔原子模型的知识创新新解[J].科学学研究，2011，29(12).

[59]史颖博，王卫东.中小学教师专业发展困境的研究现状及其改进：基于2006—2015年研究成果的分析[J].教育科学研究，2017(1).

[60]宋培林，黄夏青．员工指导关系对工作满意、组织承诺和离职倾向的影响——基于中国背景的实证分析[J]．经济管理，2008(Z2)．

[61]宋宇，卢晓中．大数据驱动下区域教育治理探析[J]．教育研究与实验，2020(1)．

[62]宋宇，卢晓中，郝天永．区域教育治理与大数据应用[M]．广州：华南理工大学出版社，2020．

[63]孙玺，李南，付信夺．企业师徒制知识共享与转移的有效性评价[J]．情报理论与实践，2013，36(7)．

[64]孙瑜．基于转化性学习理论的教师专业发展[J]．教学与管理(理论版)，2017(11)．

[65]谭支军．智慧学习环境下教师隐性知识转化螺旋模型设计研究——基于具身认知理论的视角[J]．中国电化教育，2015(10)．

[66]王海莹，秦虹．现代职业教育治理机制理论、条件与趋势[J]．天津市教科院学报，2019(1)．

[67]王陆，马如霞，彭玏．基于经验学习圈的不同教师群体教学行为改进特征[J]．华东师范大学学报(教育科学版)，2021，39(2)．

[68]王陆，彭玏，李瑶，等．优秀教师的实践性知识特征——基于大数据的知识发现[J]．课程·教材·教法，2019，39(2)．

[69]王陆，彭玏，马如霞，等．大数据知识发现的教师成长行为路径[J]．电化教育研究，2019，40(1)．

[70]王陆，司治国，江绍祥．教师在线实践社区中的教师实践性知识建构的个案研究[J]．电化教育研究，2014，35(2)．

[71]王陆，张敏霞．基于课堂教学行为大数据的课堂观察方法与技术[M]．北京：北京师范大学出版社，2019．

[72]王陆．教师在线实践社区COP的绩效评估方法与技术[J]．中国电化教育，2012(1)．

[73]王陆．教师在线实践社区的研究综述[J]．中国电化教育，2011(9)．

[74]王陆．教师在线实践社区的知识共享与知识创新的机理分析[J]．电化教育研究，2015，36(5)．

[75]王陆．未来学校前进之路——校长信息化领导力的愿景与实现[J]．中小学信息技术教育，2010(10).

[76]王陆．信息化教育研究中的新内容：互动关系研究[J]．电化教育研究，2008(1).

[77]王陆，马如霞．基于教育大数据的知识发现方法与技术[M]．北京：北京师范大学出版社，2019.

[78]王天平．大数据诱发教学深度变革的实现方式[J]．中国教育学刊，2017(9).

[79]王宪平．课程改革视野下教师教学能力发展研究[D]．华东师范大学，2006.

[80]王晓芳．从共同体到伙伴关系：教师学习情境和方式的扩展与变革[J]．华东师范大学学报(教育科学版)，2015(3).

[81]王雅慧，孙彬，郭燕巍，等．基于课堂教学行为大数据的师徒制关系构造模型[J]．电化教育研究，2019，40(3).

[82]王雅慧．基于大数据的师徒制关系重构[D]．北京：首都师范大学，2019.

[83]王宜鸿，叶鹰.DIKW概念链上数据科学的理论与技术基础简论[J]．图书馆杂志，2020，39(12).

[84]王永颜．大数据与教育治理现代化[J]．教育研究与实验，2017(2).

[85][美]薇薇恩·斯图尔特．面向未来的世界级教育：国际一流教育体系的卓越创新范例[M]．张煜，李雨英子，张浩然，译．杭州：浙江人民出版社，2017.

[86]熊川武．说反思性教学的理论与实践[J]．上海教育科研，2002(6).

[87]熊燕，王晓蓬．教师专业学习共同体的内涵及生成要素[J]．当代教育科学，2010(3).

[88]徐峰，吴旻瑜，徐萱，等．教育数据治理：问题、思考与对策[J]．开放教育研究，2018，24(2).

[89]徐文彬，彭亮．循证教育的方法论考察[J]．教育研究与实验，2014(4).

[90]许晓东，王锦华，卞良，等．高等教育的数据治理研究[J]．高等工程教育研究，2015(5).

[91]杨卉.教师在线实践社区知识服务模式研究[J].电化教育研究，2016，37(4).

[92]杨甲睿，张洁.U-S协作型专业学习共同体——国外教师专业化发展的新路径[J].高教探索，2013(2).

[93]杨京，王效岳，白如江，等.大数据背景下数据科学分析工具现状及发展趋势[J].情报理论与实践，2015，38(3).

[94]杨开城.教育何以是大数据的[J].电化教育研究，2019，40(2).

[95]杨开城，许易.论现代教育的基本特征与教育信息化的深层内涵[J].电化教育研究，2016，37(1).

[96]杨敏."国家—社会"互构关系视角下的国家治理与基层治理——兼论治理技术手段的历史变迁及当代趋向[J].广西民族大学学报(哲学社会科学版)，2016，38(2).

[97]杨文登.循证心理治疗的理论思考[D].南京：南京师范大学，2010.

[98]杨文登，叶浩生.缩短教育理论与实践的距离：基于循证教育学的视野[J].教育研究与实验，2010(3).

[99]杨文爽，程耀忠.关于大学—中小学伙伴协作的理性思考[J].东北师大学报(哲学社会科学版)，2014(4).

[100][日]野中郁次郎，竹内弘高.创造知识的企业：日美企业持续创新的动力[M].北京：知识产权出版社，2006.

[101]叶澜，白益民，王枬，等.教师角色与教师发展新探[M].北京：教育科学出版社，2001.

[102]叶鹰，马费成.数据科学兴起及其与信息科学的关联[J].情报学报，2015(6).

[103][美]伊恩·朱克斯，瑞恩·L.沙夫.教育未来简史：颠覆性时代的学习之道[M].钟希声，译.北京：教育科学出版社，2020.

[104]尹睿，彭丽丽.Web2.0个人学习环境的知识共享方式及评价[J].开放教育研究，2015，21(2).

[105][以]尤瓦尔·赫拉利.人类简史：从动物到上帝[M].林俊宏，译.北京：中信出版社，2017.

[106]俞可平.治理和善治：一种新的政治分析框架[J].南京社会科学，

2001(9).

[107]袁纯清. 共生理论——兼论小型经济[M]. 北京：经济科学出版社，1998.

[108]原霞. 教师学习共同体：高校教师教学学术发展的一种新范式[J]. 福建师范大学学报(哲学社会科学版)，2012(1).

[109][美]约翰·杜威. 我们怎样思维·经验与教育[M]. 姜文闵，译. 北京：人民教育出版社，2005.

[110]张弛. 大数据思维范畴探究[J]. 华中科技大学学报(社会科学版)，2015，29(2).

[111]张刚要，李艺. 教学媒体：由技术工具论、工具实在论到具身理论的范式转换[J]. 中国电化教育，2017(4).

[112]张敏霞，王陆. 教师在线实践社区的隐性课程设计与实践[J]. 中国电化教育，2018(12).

[113]张燕南，赵中建. 大数据时代思维方式对教育的启示[J]. 教育发展研究，2013，33(21).

[114]赵磊磊，代蕊华. 区域教育治理：内涵、目标及路径[J]. 教育科学研究，2017(9).

[115]赵英. 教师改变：一个亟待拓展的教师教育理论范畴[J]. 教育学术月刊，2013(8).

[116]赵中建. 全球教育发展的历史轨迹——国际教育大会 60 年建议书(1934—1996)[M]. 北京：教育科学出版社，1999.

[117]郑勤华，陈耀华，孙洪涛，等. 基于学习分析的在线学习测评建模与应用——学习者综合评价参考模型研究[J]. 电化教育研究，2016，37(9).

[118]钟启泉."实践性知识"问答录[J]. 全球教育展望，2004(4).

[119]周成海. 论教师改变的过程及其促进[J]. 教育科学，2017，33(2).

[120]周俊. 以学习为中心的学校领导者发展——美国南部地区教育委员会学校领导者发展项目述评[J]. 外国教育研究，2011，38(11).

[121]周思勇. 教师专业发展：问题与症结[J]. 基础教育，2014，11(4).

[122]朱焱，陈廷俊，李如密. 教师实践性知识管理的问题与对策[J]. 中小

学管理，2017(11).

[123]朱永新．走向学习中心——未来学校构想[M]．北京：中国人民大学出版社，2020.

[124]祝军，何清华，叶丹丹．基于扎根理论的重大工程组织公民行为模型[J]．工程管理学报，2017，31(1).

【英文文献】

[1]BLEI DAVID M, SMYTH PADHRAIC. Science and data science[J]. Proceedings of the National Academy of Sciences of the United States of America, 2017, 114(33).

[2]DATA INTERNATIONAL. The DAMA guide to the data management body of knowledge[M]. New Jersey：Technics Publications, LLC, 2009.

[3]USAMA FAYYAD, GREGORY PIATETSKY-SHAPIRO, PADHRAIC SMYTH. The KDD process for extracting useful knowledge from volumes of data[J]. Communications of the ACM, 1996, 39(11).

[4]PEDRO GALEANO, DANIEL PEЙA. Data science, big data and statistics[J]. TEST, 2019, 28(2).

[5]JIMERSON J B. Thinking about data：Exploring the development of mental models for "data use" among teachers and school leaders[J]. Studies in Educational Evaluation, 2014, Vol. 42.

[6]PTAC. Data governance and stewardship[EB/OL]. [2020-03-05]. https：// dasycenter. org/data-governance-and-stewardship/.

[7]THE DGI DATA GOVERNANCE. The DGI data governance framework [EB/OL]. [2020-03-05]. http：// www. data governance. com/the-dgiframework/.

[8]ACKOFF R L. From data to wisdom[J]. Journal of Applied Systems Analysis. 1989, 16(1).

[9]ANSELL C, GASH A. Collaborative governance in theory and practice [J]. Journal of Public Administration Research and Theory, 2008, 18(4).

[10]BERLINER D C. The development of expertise in pedagogy[J]. Begin-

ning Teachers, 1988.

[11]BRYSON J M, CROSBY B C, STONE M M. The design and implementation of cross-sector collaborations: Propositions from the literature[J]. Public Administration Review, 2006, 66(1).

[12]EMERSON K, NABATCHI T, BALIGG S. An integrative framework for collaborative governance[J]. Journal of Public Administration Research and Theory, 2012, 22(1).

[13]TOLLE K M, TANSLEY D, HEY A J G. The fourth paradigm: Data-intensive scientific discovery[J]. Proceedings of the IEEE, 2011(8).

[14]KOLB A Y, KOLB D A. Experiential learning theory: A dynamic, holistic approach to management learning, education and development[A]. In ARMSTRONG S J, FUKAMI C(Eds.) Handbook of management learning, education and development[M]. London: Sage Publications, 2008.

[15]MEI CAO, QINGYU ZHANG. Collaborative advantage as consequences[M]. London: Springer, 2013.

[16]O'LEARY R, VIJ N. Collaborative public management: Where have we been and where are we going? [J]. American Review of Public Administration, 2012, 42(5).

[17]RUBIN R S, DIERDORFF E C, BACHRACH D G. Boundaries of citizenship behavior: Curvilinearity and context in the citizenship and task performance relationship[J]. Personnel Psychology, 2013, 66(2).

[18]UNESCO. Medium-term strategy 2002-2007[EB/OL]. [2021-11-20]. http://unesdoc. unesco. org/ images/0012/001254/125434e. pdf.

[19]BEGLE E G Teacher knowledge and student achievement in algebra, School Mathematics Study Group Report Number 9[R], 1972.

[20]BEIJAARD D, MEIJER P C, VERLOOP N. Reconsidering research on teachers'professional identity[J]. Teaching and Teacher Education, 2004, 20(2).

[21]COCHRAN-SMITH M, FRIES K. Researching teacher education in changing times: Politics and paradigms[A]. In COCHRAN-SMITH M, ZEICHNER K M

(Eds.), Studying teacher education: the report of the AERA panel on research and teacher education[M]. New York: Routledge, 2005.

[22]DAVIS B, SUMARA D J. Cognition, complexity, and teacher education[J]. Harvard Educational Review, 1997, 67(1).

[23]ELBAZ F. The teacher's "practical knowledge": Report of a case study[J]. Curriculum Inquiry, 1981, 11(1).

[24]GAGE N L. Handbook of research on teaching[M]. Chicago, Rand McNally & Co, 1963.

[25]KOLB D A. Experiential learning: Experience as the source of learning and development[M]. Englewood Cliffs: Prentice Hall, 1984.

[26]LASKY S . A sociocultural approach to understanding teacher identity, agency and professional vulnerability in a context of secondary school reform[J]. Teaching and Teacher Education, 2005, 21(8).

[27]LEE J N. The impact of knowledge sharing, organizational capability and partnership quality on IS outsourcing success[J]. Information and Management, 2001, 38(5).

[28]MASON R. Information and communication technologies in education and training [DB/OL]. [2020-01-05]. http://www.europarl.europa.eu/stoa/publications/studies/stoa106_en.pdf.

[29]OLIVER C. Sustainable competitive advantage: Combining institutional and resource-based views[J]. Strategic Management Journal, 1997, 18(9).

[30]ROGERS D M A. Knowledge innovation system: The common language [J]. Journal of Technology Studies, 1993, 19(2).

[31]SCHWAB J J. The practical: A language for curriculum[J]. The School Review, 1969, 78(1).

[32]SENGE P. Sharing knowledge: The leader's role is key to a learning culture[J]. Executive Excellence, 1997(14).

[33]SEUFERT A, BACK A, VON KROGH G. Unleashing the power of networks for knowledge management: Putting knowledge networks into action[A]. In

BEERLI A J, FALK S, DIEMERS D(Eds.), Knowledge management and networked environments: Leveraging Intellectual capital in virtual Business communities[M]. New York: Amacom, 2003.

[34] VAN DEN HOOFF B, DE RIDDER J A. Knowledge sharing in context: The influence of organizational commitment, communication climate and CMC use on knowledge sharing[J]. Journal of Knowledge Management, 2004, 8(6).

[35] WiGGINS G. Assessment: Authenticity, context and validity[J]. Phi Delta Kappan. 1993, 75(3).

[36]ZHANG D, NUNAMAKER J F. Powering e-learning in the new millennium: An overview of e-learning and enabling technology[J]. Information Systems Frontiers, 2003, 5(2).

[37]ADLER J. Social practice theory and mathematics teacher education: A conversation between theory and practice[J]. Nordic Mathematics Education Journal, 2000(8).

[38]AVALOS B. Teacher professional development in teaching and teacher education over ten years[J]. Teaching and Teacher Education, 2011, 27(1).

[39] BARTLETT M Y, DESTENO D. Gratitude and prosocial behavior: Help when it costs you[J]. Psychological Science, 2006, 17(4).

[40]BECKER L C. Reciprocity[M]. London: Routledge & Kegan Paul, 1986.

[41]BLAU P M. Exchange and power in social life[M]. New York: John Wiley, 1964.

[42]BREYFOGLE L. Reflective states associated with creating inquiry-based mathematical discourse[J]. Teachers and Teaching: Theory and Practice, 2005, 11(2).

[43] PENLINGTON C. Dialogue as a catalyst for teacher change: A conceptual analysis[J]. Teaching and Teacher Education, 2008, 24(5).

[44]DAVIS P. What is evidence-based education? [J]. British Journal of Educational Studies, 1999, 47(2).

[45]DEWEY J. How we think[M]. New York: Dover Publications, 1997.

[46]ENGESTRÖM Y. Enriching the theory of expansive learning: Lessons from journeys toward configuration[J]. Mind, Culture and Activity, 2007, 14(1-2).

[47]FRED A J KORTHAGEN. Linking practice and theory: The pedagogy of realistic teacher education[M]. Mahwah NJ: Lawrence Erlbaum Associates, 2001.

[48]GOULDNER A W. The norm of reciprocity: A preliminary statement[J]. American Sociological Review, 1960, 25(2).

[49]GUSKEY T R. Professional development and teacher change[J]. Teachers and Teaching: Theory and Practice, 2002, 8(3/4).

[50]HARGREAVES A. Educational change takes ages: Life, career and generational factors in teachers' emotional responses to educational change[J]. Teaching and Teacher Education, 2005, 21(8).

[51]HOPKINS D, AINSCOW M, WEST M. School improvement in an era of change(School Development Series)[M]. London: Cassell, 1994.

[52]HUNG H-T, YEH H-C. Forming a change environment to encourage professional development through a teacher study group[J]. Teaching and Teacher Education, 2013, 36.

[53]JAMES RATHS, AMY C, MCANINCH. Teacher beliefs and classroom performance: The impact of teacher education[M]. Greenwich: Information Age Publishing, 2003.

[54]KAASILA R, LAURIALA A. Interactionist perspective on student teacher development during problem-based teaching practice[A]. In OLLINGTON G F(Eds.), Teachers and Teaching: Strategies, innovations and problem solving [M]. New York: Nova Science Publisher, 2008.

[55]EMMONS R A, MCCULLOUGH M E. The psychology of gratitude [M]. New York: Oxford University Press, 2004.

[56]MARTHA C PENNINGTON. The teacher change cycle[J]. TESOL Quarterly, 1995, 29(4).

[57]RAIMO KAASILA, ANNELI LAURIALA. Towards a collaborative, interactionist model of teacher change [J]. Teaching and Teacher Education,

2010, 26(4).

[58] ROTH WOLFF-MICHAEL, LEE YEW-JIN. "Vygotsky's Neglected Legacy": Cultural-Historical Activity Theory [J]. Review of Educational Research, 2007, 77(2).

[59]SARAH J NOONAN. How real teachers learn to engage all learners[M]. Lanham, Maryland: R & L Education, 2013.

[60]LEFEVER-DAVIS S, JOHNSON C, PEAMAN C. Two sides of a partnership: Egalitarianism and empowerment in school-university partnerships[J]. The Journal of Educational Research, 2007, 100(4).

[61]STEADMAN H J. Boundary spanners: A key component for the effective interactions of the justice and mental health systems[J]. Law and Human Behavior, 1992, 16(1).

[62] STOLL L. Professional learning Community [A]. In PETERSON P, BAKER E, MCGAW B (Eds.), International encyclopedia of education (third edition)[M]. Oxford: Elsevier, 2010.

[63]THOMPSON A G. The relationship of teachers' conceptions of mathematics and mathematics teaching to instructional practice[J]. Educational Studies in Mathematics, 1984, 15(2).

[64] TRIVERS R. Social evolution [M]. Menlo Park CA: Benjamin-Cummings, 1985.

[65]WONG A, EDWARDS G. Connecting communities of practice[A]. In TSUI A B M, EDWARDS G, LOPEZ-REAL F, et al., (Eds.), Learning in school-university partnership: Sociocultural perspectives[M]. New York: Routledge, 2009.

[66]WILNOWSKI J, DEUTSCH A, RUSSELL D M. Student skill and goal achievement in the mapping with Google MOOC[C]. Proceedings of the first ACM conference on learning @ scale conference. New York: ACM, 2014.

变革与治理：大数据时代的教师专业发展

　　本书是北京市海淀区"教师素养提升课堂大数据分析项目"的研究成果之一，也是对"靠谱COP"项目在北京市海淀区30余所实验学校开展教育大数据应用的实践经验的总结与提炼。本书是课题组对大数据赋能学校创新治理与变革、优化教师教学行为和提升课堂教学质量等核心问题进行反复钻研与探索的结果。

　　教师是学校变革与发展的主力军，也是提升课堂教学质量的中坚力量，帮助教师建立在信息化背景下进行专业能力提升与发展的信念，提升教师循证改进的能力，是学校整体提升教师育人能力的新课题。海淀教育一直在努力探索信息技术与教育教学深度融合的方法和路径，也一直高度重视提升教师的信息技术素养。尤其是海淀区也是教育部"基于教学改革，融合信息技术的新型教与学模式"实验区，我们必须抓住这一创新发展的可贵契机，鼓励和支持一些学校率先开展现代技术应用实验，把学校和教师变成借助大数据循证前行的先锋。

　　一方面，技术的快速发展给教师日常教育教学工作和专业发展带来了新挑战，同时，"双减"等政策出台，对课堂教学质量提出了新要求，这些都促使教师进行教学思维和教学观念的变革，要从传统的基于经验的教学、基于主观判断的教学向基于证据的教学过渡和转变；另一方面，先进的、人性化的信息技术也为教师日常教育教学的优化和更高品质的专业发展提供了条件。借助现代信息技术，教师教学过程、教学情境和教学结果的过程性和结果性数据能够被全程监控和全面监测，我们可以通过教学行为分析技术对其进行深度剖析，提取出教师平时不易察觉的、有潜在应用价值的知识、信念和模式等信息，为教师改进自身教学行为提供有力的科学支持。这也正契合了当前学校管理者对不同年龄、不同教龄和具有不同优势特长的各具风采的教师进行个性化、多元化培养的新需求，有助于打造学校培训和教师专业发展的新格局。

在过去，在学校的教育教学活动中收集和处理教师的行为数据比较困难，管理者与教师在教学改进方面的沟通成本也非常高。而今，随着大数据分析技术在教育领域的应用，记录和分析教师课堂行为大数据变得简单易行。大数据技术可以像医学一样，对教师的课堂教学行为进行诊断和分析。通过对个体教师相关数据的分析，管理者可以有针对性地调整、设计个性化的教师的成长方案，从而使个性不同、需求不同的每一位教师都能有所发展、有所成就。对于教师来说，大数据分析技术可以帮助教师透视自己的教学行为，将教学行为数据化、显性化，可以让教师更有针对性、有步骤、有重点地对教学行为进行改进，逐步完善自我，提升自我；大数据分析技术可以使经验式的教学模式变为数据服务式的教育模式，助力教师的传统教学方式向以学生为中心的现代教学方式转型升级，从而使教师能满足未来教育对其的要求和期待。

在项目实施的三年中，海淀区实验学校的教师们在大数据赋能之下取得了丰硕的成果：课堂教学行为改进率平均达到17.35%，远超起初立项时的预期；发表教学领域论文等近百篇；有 40 个小课题立项；在中央电化教育馆每年举办的"基于网络的教师实践社区学术交流观摩活动"中，累计共有 160 位教师的课例、教学设计、数字故事、教育诗等获得了国家级奖项；涌现出了一批"靠谱（COP）"项目明星教师和优秀研修团队；3 位实验学校校长在论坛中进行了主题发言，在全国范围内产生了积极的影响。这些优秀的校长和教师不但在全国性的舞台上为海淀教育赢得了同行们的认可、尊重和称赞，还在本书的编写过程中提供了大量生动的案例、宝贵的建议，持续地贡献着自己的光和热。

本书就是在这种集体智慧的托举之下写作而成的。对于本书的编写，北京市海淀区教育科学研究院吴颖惠院长进行了总体设计并担任主编，对全书的组织策划、统稿及修改提出了大量宝贵的建议；江虹博士承担了第六章的撰写工作、全书统稿及各章节的修改工作；"靠谱 COP"项目首席专家、首都师范大学博士生导师王陆教授负责第二章和第五章的撰写工作；"靠谱 COP"项目团队指导教师王红梅、路征和张薇分别撰写了第一章、第三章和第四章的内容；北京市海淀区教育科学研究院、北京师范大学的王晶莹教授为本书的撰写提出了建设性意见。项目实施期间，北京市海淀区教育委员会和实验学校的校长与教师们对项目给予了大力支持：李春梅、张红、陈东培等校长，陈奕含、李珊、董萍、于坤、王媛、刘伟、李春阳、周羽、王雅慧、冯超、黄润、欧淑苹、宋玉雪、张文娟、刘艳、韩玥、洪丹、丁笑然、王丹、侯亚男等教师，为本书的写作提供了丰富的案例；海淀区教育科学研究院的肖明、孔伟和刘丹姐，山东师范大学、辽宁师范大学、青岛大学、福建教育学院、北京景山学校等单位的张贤金、马龙敏、李胜涛、王猛、郝淑颖、郭明眉，以及研究生宋倩茹、尚巧巧、孔凡贵、弋草、姜安琪、杨雪梦、孙旭欣、贾珍珍和李婷婷等参与了相关的研讨活动。北京师范大学出版社的编辑王剑虹对本书的策划与出版提出了宝贵的意见和建议。在此，对以上各位专家、校长、教师和学生的奉献和付出表示衷心感谢！

由于时间和精力所限，本书难免有疏漏之处，敬请广大读者不吝赐教！

项目组

2021 年 3 月

变革与治理：大数据时代的教师专业发展